高等学校心理学专业应用课程教材 发展与教育心理学系列

儿童心理学

谷传华 编著

中国轻工业出版社

图书在版编目（CIP）数据

儿童心理学／谷传华编著．—北京：中国轻工业出版社，2010.6（2014.2重印）
（发展与教育心理学系列）
高等学校心理学专业应用课程教材
ISBN 978-7-5019-7588-4

Ⅰ．①儿…　Ⅱ．①谷…　Ⅲ．①儿童心理学－高等学校－教材　Ⅳ．①B844.1

中国版本图书馆CIP数据核字（2010）第059549号

总 策 划： 石　铁
策划编辑： 徐　玥　　**责任终审：** 杜文勇
责任编辑： 徐　玥　李晓夏　　**责任监印：** 吴维斌

出版发行： 中国轻工业出版社（北京东长安街6号，邮编：100740）
印　　刷： 中国电影出版社印刷厂
经　　销： 各地新华书店
版　　次： 2014年2月第1版第2次印刷
开　　本： 740×1050　1/16　**印张：** 18.50
字　　数： 260千字
书　　号： ISBN 978-7-5019-7588-4　**定价：** 36.00元
读者服务部邮购热线电话： 010-65125990　65595090　**传真：** 65288410
发行电话： 010-65128898　**传真：** 85113293
网　　址： http://www.wqedu.com
电子信箱： wanqianedu@yahoo.com.cn
如发现图书残缺请直接与我社读者服务部（邮购）联系调换
100046J6X101ZBW

前　言

对许多人来说，心理是一种难以触及的抽象的东西，儿童心理也是如此。实际上，心理是我们每个人每时每刻都在“运转”的东西，对每个儿童来说，也是如此。儿童期是我们每个人都要经历的阶段，儿童心理是我们每个人都会有或者都曾经有过的东西。我们可能曾经有过或正在经历着各种各样的困惑。儿童期的记忆和深刻体验正是我们学习儿童心理学的基础。儿童心理学的基本出发点之一，就是让人们了解自己，了解自己的儿童时代，了解自己是怎样走过来的，同时让人们了解身边的儿童。从根本上讲，儿童各种各样的心理和行为问题、各种各样的人际冲突，包括亲子冲突、师生冲突、同学或朋友冲突，都可能起因于人们缺乏对儿童心理的理解。由于缺乏理解，人们可能在无意中为儿童创设了一种不恰当的成长环境，这是导致儿童心理发展失调的重要原因，许多成年人对此都深有感触。

本书作为学习儿童心理学的入门教材，在写作过程中突出了以下几个方面：

1. 力求涵盖本学科的基本知识结构。从内容上看，本书主要涉及从受孕一直到青少年期之前的各个时期，概括描述了各个年龄阶段心理发展的基本规律，力求以最简化而恰当的形式，涵盖儿童心理学的基本问题。同时，本书所涉及的研究主要是那些为各种发展心理学教材广为引用的基本研究。

2. 力求促成读者的问题意识，促进读者对儿童心理发展的实际问题的思考，提高读者学以致用的能力。读者阅读的目的不仅仅是记住某些事实，更重要的是发现自身创造知识的潜力。知识本身来自人类对各种问题情境的思考和探索，在学习和阅读过程中，同样不可缺少这种思考和探索。在本书中，每章都设有案例分析，还针对具体的内容有针对性地设置了一些专门的问题，提出了一些人们在实际生活中广泛关注的话题，读者可以在独立思考的基础上，与别人进行讨论或辩论。这些设计旨在引发读者的思考和深入阅读，促进读者科学思维能力的提高。另外，读者还可以反思自身的成长经历，以求真正将所学内容与自身的实际生活结合起来。

3. 重视对阅读和学习方法的指导。每章开头都设有学习目标和探索性问题，作为读者在学习和阅读之前预设的目标，也作为引导读者探索每章内容的基本问题。而且，每章末尾都设有小结，以帮助读者了解每章的基本结构、基本观点、基本结论。另外，书中还设有与各章内容相应的重要术语和提示，以便于读者阅读和学习。

4. 力求拓宽读者的视野，促进读者的自主探索能力。每章都设有专栏或拓展阅读栏目，提供了一些有关的参考读物和自主探索的信息，读者可以根据兴趣自主安排和学习。

每个读者都有自己的观点，本书在许多问题上都未做定论，为读者提供了发表自身观点或看法的空间。事实上，儿童心理学的许多问题本身迄今尚无定论。这为读者提供了探索的机会和余地。本书还提供了一些新的观点，供读者思考和批判。让每个读者成为有自己思想的人，这也是本书写作的一个出发点。让我们通过儿童心理学走进儿童的心理世界，为儿童创造一种健康的生活环境，同时也理解自己，找到自己吧！

衷心感谢万千心理总策划石铁先生，他的创意促成了本书的写作。感谢徐玥编辑在提纲拟定和结构规划等方面所给予的真诚帮助。同时，还要感谢在本书写作过程中直接或间接地给予我各种支持的人们，包括家人、同事和朋友以及书中所涉及的各类文献的作者。需要说明的是，本书是我独立完成的，由于能力所限，书中不妥之处，恳请读者批评指正。

谷传华

目 录

第一章

儿童心理学：认识与研究

学习目标与探索性问题

- 你知道儿童心理学是一门什么样的学科吗？
- 你了解儿童心理学的过去、现在和未来的状况吗？
- 学了儿童心理学，对我们有什么用处？
- 科学的儿童心理学是怎样产生的？又是怎样发展过来的？
- 目前的儿童心理学是怎样的？我国的儿童心理学又是怎样的？
- 如果对儿童心理发展的某个问题感兴趣，应怎样去研究？

在孩子成长日记中，妮娜的父母这样写道：妮娜出生后，好像就特别喜欢妈妈的声音，妈妈的说话声最容易引起她的注意；还在襁褓中的时候，周围的人似乎都能引起她的兴趣，让她高兴，但是，到了7个月大的时候，她却认生了，而更喜欢她的妈妈，在陌生人逗她的时候，她会把头转向她的妈妈。到了1岁以后，她开始一个人摇摇晃晃地走路，到两三岁的时候已能走得很稳，很喜欢到处跑；同时，她也变得越来越不那么听话了，什么事情都要自己来。3岁时把她送到幼儿园，她很喜欢跟别的小朋友在一起玩，特别喜欢做游戏，而且很喜欢听老师讲童话故事；她经常问这问那，好像对什么事都要问个“为什么”。进入小学以后，她好像变成了另外一个人，学会了认认真真地听课、做作业，经常受到老师的表扬。语文、数学是她学习的主要课程，不过，她更喜欢数学课，也更喜欢教数学课的老师。今年秋天，妮娜参加了学校的运动会，还得到了老师发给的一张奖状。

上面这段话，描述了妮娜的成长历程，你能看到她随着年龄的增长而发生的变化吗？为什么在不同的年龄会发生不同的变化？

第一节 什么是儿童心理学：从心理学到儿童心理学

上面的问题涉及儿童心理学的研究内容。儿童心理学到底是一门什么样的学科？它是研究什么的？下面主要从儿童心理学与心理学的关系、儿童心理学的研究任务和研究内容等方面，对儿童心理学进行简要的介绍。

一、心理学与儿童心理学

要了解什么是儿童心理学，就必须了解儿童心理学这个概念中所包括的两个“子概念”：心理和心理学。我们知道，心理是这个世界上“最瑰丽的花朵”，对于人和其他高级动物而言，它主要是具有不同遗传特点的脑对客观现实的主观能动的反映。如果把世界分为“能动”的物体与“不动”的物体，我们就会发现，物体的“能动”主要是由它们的心理活动决定的。这些物体主要是包括人在内的各种各样的动物，它们的行动或行为主要是由它们的心理活动引起的。由心理活动引起机体特定的内部活动（包括内部的生理反应）和外部的身体的活动，就是行为。人类历史上各式各样的伟大创造都来自这种心理活动。虽然植物也会动，但它们的“运动”机能主要体现于一种最基本的立足于“本土”的生命机能。它们不能像人类和其他动物那样通过心理活动支配肢体的运动，而只能停在特定的空间内“静静”地适应自然环境。

就人类而言，心理主要是具有不同遗传特点的人脑对客观现实的主观能动的反映。它主要包括这样几层意思：①心理主要是人脑的机能，现代科学研究表明，脑是心理发生和发展的物质或生理基础，脑的病变或损伤将直接导致心理的异常。②心理是人对客观现实的反映，环境是心理发生和发展的外因，它主要提供特定的刺激或信息，促使个体对环境做出特定的反应，进而在环境与个体之间达成某种互动。③心理是能动的反映，人们适应环境、与环境互动的过程体现着主动性或能动性，同样的环境或刺激对于不同的人可能导致不同的反应（包括看不见的内在机体反应和看得见的外在行为），或者说，不同的人与相同环境的相互作用方式是不同的。另外，不同的人具有不同的遗传素质或基因，遗传与环境对人的心理均具有不可忽视的影响，在心理发生和发展的过程中，它们以十分复杂的方式起作用。

从最低等的单细胞动物（如变形虫），到较高级的哺乳动物（特别是灵长类哺乳动物，如黑猩猩），都有相应的心理活动。这些动物心理活动的具体形式是不同的，例如，单细胞动物能够对光刺激做出趋避反应，具有了明显的刺激感应性心理；蜜蜂、蚂蚁等无脊椎动物能够对刺激的特定属性（如形状、气味）产生感觉（如触觉）；鱼和蜥蜴等脊椎动物能够形成对特定事物的整体知觉，辨别一个物体是什么；哺乳动物特别是类人猿，则能进行简单的思维活动，运用简单的工具解决问题（如用石头砸开核桃），模仿人的动作。与其他各类动物相比，人类的心理活动最复杂，能够进行各种基本的和高级的认知活动，而且具有各种复杂的情绪活动、个性和社会性特点。同时，人和动物的心理又有个体心理与群居心理、个别心理与种系心理之分。心理学这门科学就是要揭示人类和动物的个体和群体的不同形式的心理活动的特点和规律，最终运用这种规律促进人和动物的心理发展，达到人与自然的和谐共存。

那么，儿童心理学是什么呢？顾名思义，儿童心理学就是研究儿童心理、揭示儿童心理活动特点和规律的科学。

高度的发展性和可塑性是儿童心理的突出特点，因而，儿童心理的发展规律构成儿童心理活动规律的最主要的内容。儿童是一个特殊人群，它是人类根据个体的年龄以及与年龄相应的身心发展特点划分出来的。心理学家们一般把成年之前统称为儿童时期，把成年之前的人们统称为儿童。从具体的年龄范围来看，从出生一直到十七八岁的孩子都可以看做儿童。孕期，即从受精卵的形成一直到出生这段时间，是儿童身体逐渐形成的过程，可以看做儿童心理发展的开端期和奠基期。出生之后，儿童从母体环境转入“体外环境”，感觉、知觉、注意、记忆、思维、想象等认知活动与情绪、动机活动以及各种个性、社会性品质迅速发展起来，在十一二岁进入青少年时期之后，儿童的各种心理活动逐渐接近成年人。虽然儿童的年龄范围是从出生到十七八岁，但孕期的心理发展也应当列入我们的研究范围。

因此，一方面，儿童心理学家可以在特定的时间点上，研究处于特定年龄阶段的儿童的心理活动特点，从这个意义上说，以儿童为研究对象的心理学分支，包括生理心理学、发展与教育心理学、社会心理学以及各类应用心理学，都可以看做广义上的儿童心理学；另一方面，心理学家可以以时间为自变量，检验儿童在不同年龄阶段的心理发展过程，或者把不同年龄阶段的儿童心理加以比较，考察不同年龄阶段的儿童心理的基本特点，这一意义上的儿童心理学实际上是狭义的儿童心理学，也是我们通常所说的儿童心理学或儿童发展心理学。简言之，狭义的儿童心理学就是研究儿童心理发生、发展规律的科学。运用儿童心理发展的规律，促进儿童心理的发展，同样是儿童心理学的研究任务。

二、儿童心理学的任务和研究内容

要了解儿童心理学是一门什么样的学科，就必须了解儿童心理学的任务和研究内容。

（一）儿童心理学的任务

儿童心理学的任务包括两个方面：理论研究任务和实践促进任务。

理论研究任务在于，儿童心理学要揭示人类从受精卵的形成一直到十七八岁期间心理发生、发展的基本原理和年龄特征，揭示儿童心理变化的过程和心理的连续性、稳定性。简单地说，儿童心理学首先要查清儿童的心理，包括感知觉、注意、记忆、思维、想象等认知活动和情绪、动机及个性、社会性品质，是如何发生的，也就是要查明儿童心理发展的起点，同时，还要查明这些心理活动和心理品质在产生之后是如何变化的，或者说是怎样发展的。前一阶段的发展与后一阶段的发展之间的关系或连续性如何？哪些方面发生了变化？哪些方面相对稳定？在特定的年龄阶段，儿童心理的典型、本质特点是什么？

简言之，在理论研究中，作为一门基础科学，儿童心理学要描述各年龄阶段儿童心理活动的特点及发生、发展规律（说明“是什么”），对儿童的心理和行为现象进行解释（说明“为什么是这样”），在此基础上，对儿童将来的心理发展或心理与各种因素的关系进行预测（说明“在某些条件下会怎样”）。

实践促进任务在于，儿童心理学要对儿童心理的发展进行有效的控制或干预，能够预测特定条件（特别是环境条件）下儿童心理变化，并有效地促进儿童心理的发展。这也是儿童心理研究的根本目的和最终的落脚点。

在这里，我们可以举一个例子，来说明儿童心理学的研究任务。针对儿童的心理健康问题，儿童心理学家首先要弄清楚当前儿童群体的心理健康状况，这是在执行“描述”的任务；在描述的基础上，他们要澄清导致这种状况的原因或各种因素对心理健康的影响机制，这是执行“解释”的任务；在“解释”的基础上，他们就能够推断，在哪些条件下可能出现哪些心理问题，在哪些条件下儿童的心理健康状况会更好一些，这是在执行“预测”的任务；如果心理学家们能够相对精确地预测，在哪些条件下儿童的心理健康状况会更好，或者在哪些条件下儿童的心理问题会因有效的干预而减少，那么，他们就能有目的地创造这些利于儿童健康成长的条件，避免那些可能会增加儿童心理问题的情况发生，提高儿童的心理健康水平，减少他们的心理问题，这是在执行“控制”的任务。描述、解释、预测、控制不仅是儿童心理学的研究任务，也是所有科学门类的共同任务。

心理：对于人和其他高级动物而言，它主要是具有不同遗传特点的脑对客观现实的主观能动的反映。

心理学：研究人和动物的心理活动规律的科学。

儿童心理学：研究儿童心理活动特点和规律，尤其是发生、发展规律的科学。

（二）儿童心理学的研究内容

从大的方面来看，儿童心理学的研究内容可以分为两部分：一是儿童心理发展的基本原理或规律，回答儿童心理学的基本问题；二是儿童心理发展的年龄特征。

思考

你知道儿童心理发展的基本规律涉及哪几个基本问题吗？

儿童心理发展的基本原理或规律包括：遗传与环境对于儿童心理发展的影响；心理发展的内因和外因及其关系；心理的变化性和稳定性、阶段性和连续性。也就是说，儿童心理学的研究要揭示：遗传与环境因素是如何影响儿童心理的？它们的贡献各有多大？它们之间又存在怎样的关系？儿童自身的因素与外部的环境因素各自起着怎样的作用？它们又是如何相互作用的？儿童的心理是不断变化的还是相对稳定的？儿童心理发展是分阶段的（质变为主）还是连续的（量变）？儿童心理发展是主动的还是被动的？（谈谈你对这些问题的看法）

儿童心理发展的年龄特征是指儿童在不同的年龄阶段所表现出来的一般的、典型的和本质的特征。其中，年龄特征的一般性是指在某个年龄阶段，某些心理特征是普遍存在的，而不是只能从个别人身上看到；典型性是指这一阶段的某些心理具有足够的代表性，能够代表这一阶段心理发展的整体面貌；说年龄特征是一种本质特征，是指这些心理特征是这一阶段所特有的，是其他年龄阶段所没有的，或者说是这一阶段区别于其他阶段的基本特征。就以儿童思维的发展为例，在幼儿期（3 – 6 岁），儿童的思维以具体形象思维为主，必须有实际事物或者实际事物的形象作为支持，才能进行有效的思维活动。如果让这一年龄段的儿童计算“1+1= ？”他们可能回答不上来，但如果让他们计算“1 个苹果加上 1 个苹果是几个苹果？”他们就能很容易地给出答案，他们需要借助于眼前看到的“苹果”或者头脑中的苹果形象，才能完成这个任务。而到了青少年早期（11、12 – 14、15 岁）或初中阶段，儿童就逐渐以形式逻辑思维为主了，他们不仅能够对抽象的或形式化的数字符号或代表数字的符号进行抽象的运算，能够学习“代数”，而且，他们还能在一个问题情境中，根据问题的已知条件，提出假设，进行验证，最终找到可行的问题解答方案。因此，具体形象思维可看做幼儿期心理的一般、典型或本质特征，即年龄特征，而形式逻辑思维可以看做青少年早期心理突出的年龄特征。

儿童心理学的研究内容实际上就是儿童心理学家要描述、解释、预测和控制的内容。具体地说，就是要描述儿童心理发展的一般过程、普遍的行为模式以及个别差异，如儿童思维的发展过程以及相应的行为表现、言语、动作的发展过程及个别差异；解释儿童心理发展的特点、影响因素或心理发展机制，如儿童思维发展的特点及其与个人动机、家庭环境、学校环境、社会环境的关系；预测儿童心理发展的趋势或方向，推断可能出现的发展结果，如在不同的父母养育方式下儿童可能会表现出来的个性特点；控制儿童心理向着积极的方向发展，如通过改善父母的养育方式，促使儿童形成健康的个性特点。

三、发展和心理发展

在分析儿童心理学的研究内容时，需要理清发展和心理发展的内容、性质及毕生发展观问题，也涉及儿童发展心理学的基本理论问题。下面对这些问题做一简要讨论。

发展是从受精卵的形成一直到死亡，个体在生理和心理上发生的系统的变化及连续性。在这里，“系统的”是指生理和心理上的变化是有序的，表现为特定的模式，而且是相对持久的，而不是瞬间即逝的或不可预测的；“连续性”是指我们在生理或心理上保持不变，或者仍然反映着我们的过去。也就是说，发展过程包括变化与相对稳定两个方面。就以思维的发展来说，儿童思维的发展是按照直观行动思维（婴儿期）、具体形象思维（幼儿期）、由具体形象思维向抽象逻辑思维的过渡期（童年期）、抽象逻辑思维（青少年期）的顺序逐渐发展的，每种思维都具有某种突出的特点，如具体形象思维的特点是思维必须借助于实际的物体或具体的形象进行。在每一个时期，思维发展的特点是相对稳定的。

上述变化包括量的变化与质的变化。量的变化就是在生理和心理上发生的数量或程度的变化，如身高、体重或词汇量的变化。质的变化就是在性质、结构或组织上的变化，如从非言语性的交流到言语性的交流。量变是质变的基础，质变是量变的结果，二者是不可分割的。需要指出的是，发展既包括生命各个阶段中的积极变化或获得，如词汇量的增长、能力的提高，也包括消极的变化或丧失，如言语学习敏感性的降低。

儿童心理发展的年龄特征：儿童在不同的年龄阶段所表现出来的一般的、典型的和本质的特征。

发展：从受精卵的形成一直到死亡，个体在生理和心理上发生的系统变化及连续性。

思考

你知道发展分为几大领域吗？你知道不同方面的发展之间的关系吗？

另一方面，发展又可分为三大领域，分别是生理发展、认知发展、个性和社会性发展，后两个方面的发展属于心理发展。生理发展包括身高和体重的增加、各个器官的成长、身体系统功能的增强、衰老迹象的出现、运动能力的变化，等等。认知发展包括知觉、言语、学习、记忆、问题解决和其他心理过程的变化和持续性。个性和社会性发展包括动机、情绪、人格特质、人际交往技能和人际关系、在家庭内外所承担的社会角色等方面的变化和持续性。

为了分析的方便，心理学家喜欢针对发展的某个方面进行具体的描述，但事实上，它们是密不可分的。每个人都是一个整体的人，某个方面的发展必然影响着其他方面的发展。各个方面相互影响，成为一个整体。

就身心发展的关系来看，生理发展与心理发展是不可分割的。首先，生理发展是心理发展的物质基础，没有身体各大系统的充分发育，就不可能有动作和认知的发展。在此过程中，神经系统尤其是脑的发育尤为重要，只有在脑的发展达到一定程度之后，感知、记忆、思维等认知能力和动作能力才能获得相应的发展，儿童才有可能发展起基本的生活自理能力和社会交往能力。其次，心理发展也会反作用于生理，制约和影响生理的发展。一个兴趣广泛的孩子更可能积极地参加各种运动和社会活动，更愿意探索自然环境，其身体的各个系统因得到较多的锻炼，可能变得更健康。

动作发展与认知、社会性发展的关系可能更有代表性。例如，一个孩子学会爬，他的动作的发展扩大了他的探索范围，提高了他的认知能力，通过尾随着父母爬行，也锻炼着他的社会技能；认知能力的提高又促进了他们与父母之间的社会交往或相互作用，形成良好的亲子关系，而良好的亲子关系、父母良好的教养态度和行为又会进一步促进儿童各方面心理的发展。

单就心理发展的各个侧面而言也是如此。心理本身是一个不可分割的整体，心理的每个侧面的发展都会影响到其他侧面的发展。认知的发展与个性、社会性的发展协同一致、难以分割。通常，感知、记忆、思维、想象、注意等认知能力只有发展到一定的程度，某些个性和社会性品质的形成才有可能。很难想象，一个缺乏基本的思维能力的孩子会发展起高级的道德推理能力，形成高尚的品德和积极的价值观，形成良好的人际关系。另一方面，个性与社会性的发展又可以促进或影响认知能力的发展。具有勤奋、坚韧等性格特征的孩子可能更愿意努力学习，喜欢思考和探索，他的思维能力和其他认知能力的发展水平可能更高，取得优秀的学习成绩，而作为一种结果，这种认知能力的发展和优异的学习成绩又可以进一步强化他的这种性格特征。显然，心理各个侧面之间是以循环往复的方式相互影响的。

当然，个性和社会性的发展与认知的发展也有不协调的时候，例如，时下一些家长过于注重发展孩子的智力和学习成绩，而忽视了孩子健康个性的培养，结果，这些孩子尽管学习成绩很好，但缺乏健康的个性品质，表现得极端任性、自私、缺乏同情心，甚至缺乏基本的生活自理能力。

理清生理发展与心理发展、认知发展以及个性与社会性发展的关系，对于形成身心发展与心理发展的整体观，辩证地看待儿童心理发展的各个侧面，具有重要意义。因此，它们之间的关系也是儿童心理学的重要研究内容。

心理发展还有种系发展与个体发展之分。心理的种系发展指从动物到人类的心理演变过程，包括动物心理的进化过程与人类心理的进化发展过程。一般而言，动物心理的发展是沿着这样一种顺序发展的：刺激感应性阶段（如变形虫、草履虫）→感觉阶段（如蜜蜂等昆虫）→知觉阶段（如鸟类）→思维萌芽阶段（高等哺乳动物）。这是动物心理学的研究任务，它旨在查清从低级动物到类人猿为止的心理是怎样发生的，又是怎样在适应自然的情况下逐步从低级形态（感应性）向高级形态（思维的萌芽）发展的。人类心理的发生和发展过程主要是民族心理学（主要是原始人类心理学）的研究内容，它主要研究原始人类，即从类人猿到文明人类的心理和意识的发生和发展。我们通常所说的发展心理学主要是针对个体发展而言的。

四、儿童心理学的年龄分期及其与毕生发展的关系

（一）儿童心理学的年龄分期

顾名思义，儿童心理学的研究对象是人类的儿童。那么，处于哪个年龄范围的人才能叫做儿童呢？这涉及心理发展的年龄分期问题。其实，关于心理发展的年龄分期的思想由来已久，我国古代教育家孔子就曾说过，“吾十有五，而志于学，三十而立，四十而不惑，五十而知天命，六十而耳顺，七十而从心所欲，不逾矩”（《论语·为政》）。如何划分心理发展的年龄阶段，至今没有一个十分统一的意见。由于所依据的标准不同，学者们划分的年龄段并不完全相同。有的根据生理发展进行划分，如伯曼（Berman，1911），以内分泌腺作为划分标准，把人一生划分为胸腺时期（幼年时期）、松果腺时期（童年时期）、性腺时期（青年时期）、内分泌的全盛期（成年时期）和内分泌缺乏时期（老年期），其中前三个时期属于儿童期；有的根据智力发展划分，如皮亚杰（Jean Paul Piaget，1980）把心理发展划分为感觉运动阶段（0 － 2 岁）、前运算阶段（2 － 7 岁）、具体运算阶段（7 － 12 岁）、形式运算阶段（12 － 15 岁）；有的根据性心理的发展划分，例如，弗洛伊德（S. Freud）；有的根据个性发展特征划分，例如，埃里克森（Erikson，

1963）分为八个阶段：信任感对怀疑感（0 – 1 岁）、自主性对羞怯或疑虑（1 – 3 岁）、主动对内疚（3 – 6 岁）、勤奋对自卑（6 – 12 岁）、同一感对同一感混乱（12 – 18 岁）、亲密感对孤独感（18 – 25 岁）、繁殖感对停滞感（25 – 50 岁）、自我完善感对失望（老年期）；其他的分段标准还有活动特点和生活事件等。

尽管上面的各种分期有所不同，但在分期的转折年龄上又有某种一致性。由于儿童心理的发展表现在生理、智力、个性等各个方面，对儿童年龄阶段的划分也应综合考虑这多个方面。根据心理发展的总体情况，我们把一个人一生的发展划分为以下八个阶段：

阶段 1：产前期或孕期（从怀孕到出生）

这一时期是一个人生命的开端，个体主要在母体环境中发展。怀孕或受精卵的形成是最为关键的事件。从受精卵的形成一直到发育成一个完整的人，个体先后经历了胚种期、胚胎期和胎儿期。在这一阶段，一个新生命的各个器官和基本的身体结构逐渐形成，身体成长最迅速，也容易受环境的影响。各个器官的发育都存在关键期或敏感期，可以说，这一时期的发展对于一个人出生后各个时期的发展都会产生巨大的影响，一旦某个器官的发育过程出现问题，在后天环境中常常是很难弥补的。但是，这一时期，儿童已经显示了最初的学习和记忆能力的萌芽，对感觉刺激的反应能力正在发展。胎儿对母亲的声音已经形成偏好反应。也就是说，这一时期个体已经孕育了心理发展的各种可能性。优生是这一阶段最重要的任务。

阶段 2：婴儿期（从出生到 3 岁）

这一时期，儿童经历了从母体环境到母体外的自然和社会环境的转变。儿童对各种环境刺激都非常敏感，因而容易形成对特定刺激的敏感性和特定的行为倾向。感觉、知觉等心理活动迅速发展起来。在外界环境的刺激下，脑的结构迅速复杂化；身体成长和动作技能发展迅速，从最初的躺卧和无意识的动作逐渐发展为随意的动作。而且，在最初的几周内就已表现出学习和记忆能力。到第二年末，运用各种符号和解决问题的能力开始发展起来，言语理解和运用能力也迅速发展。在这一时期，儿童与父母或其他养育者的依恋构成儿童早期最重要的社会关系。同时，儿童的自我意识开始发展，从最初完全依赖成人的状态逐渐发展到能够独立地做些事情；对其他儿童的兴趣不断增强，对情绪的理解力增强，产生了最初的自我概念和自尊，独立性、主动性、自我控制能力也在逐渐提高。这一时期是早期教育的关键期。

阶段 3：童年早期（3 – 6、7 岁）

又称为幼儿期或学前期。在这一时期，儿童开始进入幼儿园，接受系统的学校教育。身体平稳地成长，身体比例更像成人；手的精细动作和大动作技能不断增强，变得更为协调；思维具有自我中心特点，不能站在他人的角度思考问题，认知的不成熟会导致不合逻辑的思维，思维具有高度的具体形象性，但是理解他人的能力增强。儿童能够运用口头言语与别人交往。性别意识和道德感逐渐发展起来，游戏成为这一时期的主导活动，家庭仍是社会生活的中心，但也开始与同辈儿童形成最初的同伴关系。这一时期是系统的学校教育的开端，同时也是接受学龄期系统教育的准备期。

阶段 4：童年中期（6、7 – 10、11 岁）

这一时期又称为学龄初期，是儿童开始接受系统的学校教育、学习系统的知识和技能的时期。这一时期，儿童身体生长的速度减慢，体力和运动技能增强，经常有一些呼吸道疾病，但健康状况总体上好于其他任何一个时期。儿童的自我中心倾向减弱，能够借助具体的事物或形象进行抽象逻辑思维，逐渐从以具体形象思维为主过渡到以抽象逻辑思维为主；有意记忆能力进一步提高，书面言语能力迅速发展起来。一些儿童表现出特殊的受教育的需要和特殊才能。自我概念更加复杂，自我控制能力增强，儿童对自我、他人及人际关系的认知能力显著提高，儿童的社会交往范围进一步扩大，同伴开始发挥越来越大的影响。这一时期是道德发展的重要时期。

阶段 5：青少年期（11、12 – 17、18 岁）

这一时期是儿童向成人过渡的时期。儿童在生理上发生了剧烈的变化，身高和体重都接近成人，生殖系统逐渐成熟，具备生殖能力，这种生理变化会带来深刻的内心体验，产生很强的成人感，引起情绪情感的波动。饮食障碍、药物滥用等都可能成为危害他们健康的因素。抽象思维能力和科学推理能力发展起来，为进入大学或就业做好准备；出现认同危机（identity crisis），积极寻求自我同一性或自我认同，包括性别认同。他们通常能与父母保持良好的关系，但表现出很强的独立自主的愿望。同伴群体会发挥十分重要的影响，良好的同伴关系有助于形成积极的自我概念，但也可能产生消极的影响。这一时期是自我认同感形成的重要时期，形成明确的理想和积极的价值观并为之奋斗是这一阶段的主要任务。

阶段 6：成年早期（18 – 35 岁）

这一时期，一个人的身体达到最佳状态，生理机能的发展达到顶峰，随后会逐渐下降；他们的生活方式容易导致一系列健康问题。他们发展起较高的认知能力和道德判断能力，思维具有辩证性。他们还要决定选择什么样的职业，形成相对稳定的人格特征，要恋爱、结婚，并为人父母，要形成亲密的人际关系和自己的生活方式。立业、成家是这一时期的主要任务。

阶段 7：成年中期（35 – 55、60 岁）

这一时期又称为中年期。感觉能力出现某些衰退，健康、耐力和爆发力开始下降，妇女会进入更年期，可能出现“更年期综征”；许多能力达到高峰，各种社会技能和实际的问题解决能力高度发展；表现出高度的创造性；一些人职业发展顺利，达到事业发展的顶峰，另一些人则频繁“跳槽”或倦怠。他们会在自我评价的基础上形成新的生活目标；他们这一时期的担子最重，担负双重社会责任，既要照顾、培养孩子，又要照顾、赡养年迈的父母。可以说，中年期是事业发展的高峰期，承担多种社会责任是中年期的主要任务，也是这一时期最突出的特点。

阶段 8：成年晚期（60 岁到死亡）

这一时期又称为晚年期或老年期。一个人的健康状况在走下坡路，生理机能不断下降，但良好的生活方式可以延缓衰老；感知、记忆等认知能力下降。他们从工作岗位上退休，并要适应这种变化，要面对个人的衰老和死亡问题，形成对死亡的积极态度。子女成人，离家独立，会出现空巢现象，这与丧偶、健康状况恶化等问题一起，会引起较强的孤独感和无助感，但与家庭成员和亲密朋友的亲密关系有助于消除消极情感。许多老年人为疾病、不能再承担社会责任而感到沮丧。健康和“社会贡献感”的丧失是成年晚期的突出特点，而适应老年期的变化和死亡，寻找生活的意义，是老年人最重要的任务。

案例点评

本章开头的那个案例，实际上描绘了儿童在不同年龄段的心理发展特点，包括动作、认知和个性、社会性的发展特点。

从广义上看，在上面的八个阶段中，成年之前的五个阶段都属于儿童期。也就是说，从受精卵的形成一直到 18 岁的人，都可以称为儿童。这个群体是儿童发展心理学的研究对象。在狭义上，通常将个体出生后一直到 18 岁这段时间称为儿童期。在这段时间内，通常又分为儿童期（0 － 11、12 岁）和青少年期（11、12 － 17、18 岁）。本书内容主要涉及从受精卵的形成到十一二岁这段时间的心理发展。

提示

关于青少年期的界定，人们的看法并不一致。例如，有的人认为是从十一二岁到二十一二岁，还有的人认为从十一二岁到二十四五岁。在本书中，将十一二岁到十七八岁这段时间划分为青少年期。

促进儿童心理的健康发展，为他们成年后承担相应的社会责任做准备，是儿童发展心理学研究的落脚点。与成年人尤其是中老年人相比，儿童的心理发展过程主要是一个不断增长和获得的过程，他们的各项生理机能不断增强，各种认知能力不断提高，逐渐形成一系列人格品质，随着年龄的增长，他们所掌握的知识、技能不断增加，而人际交往的范围不断扩大，社会交往能力和社会关系不断扩展，承担的社会责任和所做出的社会贡献也不断增加，社会地位也不断提高。而这一系列积极的变化都需要具备有利的条件，特别是社会环境条件，才能实现，了解儿童在各个阶段的心理发展规律，促成这些变化的发生，是儿童发展心理学的根本目的。

（二）儿童心理发展与毕生发展的关系

儿童心理发展是毕生发展的一部分。20 世纪六七十年代兴起的毕生发展观主张，心理的发展是持续终生的，而不是仅仅局限于儿童期。就以智力的发展来看，以神经生理为基础的流体智力，包括反应速度、机械记忆能力、对空间关系的知觉能力等，在成年早期会达到顶峰，随后逐渐下降，而晶体智力，包括词汇量、语言理解能力等，会随着年龄的增加而增长，甚至到了老年期仍然会有所增长（见第五章第四节）。以毕生发展观来看儿童心理的发展，我们应当认识到以下几点：

链接

缪小春．心理学中的一个新兴的研究领域——毕生发展心理学．心理科学通讯，1990，4

1. 儿童期的发展是毕生发展过程中的“必经阶段”

一方面，它是成年期心理发展的准备期或奠基期，儿童知识技能的积累、能力的提高为成年期承担社会责任，提供了必要条件。另一方面，成年期的发展也是儿童期发展的自然延续。不能抛开儿童期孤立地看待成年期，否则就不能理解成年期行为的发展过程，同样，也不能抛开成年期看儿童期，否则就难以理解儿童期心理发展的意义和影响，不能理解儿童心理发展在毕生心理发展历程中所处的位置，也不能看到人一生心理发展的全貌。

2. 儿童心理发展是高度可塑的

早期儿童特别是婴幼儿的心理、神经系统尚处于旺盛的发育过程中，对环境的影响极为敏感，因而，环境刺激的性质在很大程度上决定了一个人会获得什么样的知识和经验。研究表明，丰富的刺激能够促进儿童脑的发育和智力的发展。接受过早期教育的

儿童期：从广义上看，从受精卵的形成一直到 18 岁，都可以称为儿童期。在狭义上，通常把出生后一直到 18 岁这段时间称为儿童期。

人与没有接受过早期教育的人在认知能力和对特定刺激的敏感性上都存在着很大的差异。在不良环境的影响下，儿童可能会形成一些不良的心理和行为。例如，如果一个青少年经常与那些有不良嗜好的同伴交往，关系密切，他就可能会形成一些不良的行为习惯。这本身即说明了儿童心理发展的可改变性，这种可改变性也意味着，在进行了有效的干预、创设了有利的条件之后，儿童的这种不良行为习惯是可以消除的。

3. 儿童心理发展是多维度、多方向的

儿童心理的发展具有多维性，同时也具有多向性。就发展的维度或侧面而言，儿童心理发展可以分为认知发展、个性社会性发展，其中，认知发展又可以分为感知、记忆、注意、想象、思维等方面的发展，个性社会性发展又可以分为动机、情绪、性格、气质以及社会性行为等方面的发展。就发展的方向来看，不同维度或侧面的发展分别具有不同的发展趋势和发展方向，即使同一维度的不同方面，其发展方向也可能是不同的。例如，晶体智力和流体智力是两种不同的智力形式。前者是以个体通过记忆储存的社会文化经验为基础的智力，包括词汇、言语理解、生活常识等，后者则是以神经生理或神经系统的成熟为基础的智力，包括知觉速度、机械记忆、图形知觉等能力，它受教育和文化经验的影响相对较小。从总体上看，二者随着年龄增长而不断提高，但是，到了青少年期特别是成年早期，流体智力逐渐达到顶峰，随后由于神经生理机能的逐渐衰退，逐渐下降；晶体智力则随知识经验的增长而逐渐提高，在成年期保持相对稳定（见本书第五章第四节）。

4. 儿童心理发展会受到年龄阶段、社会历史环境、非规范事件的多重影响

毕生发展观认为，任何一种心理发展过程都是由年龄阶段、历史阶段、非规范事件三种影响系统共同决定的。其中，年龄阶段的影响是指在特定的年龄阶段影响个体发展的生物学因素和环境因素，包括生理的成熟程度、在个体所处的年龄段相联系的社会文化事件，包括家庭生活环境、受教育条件（如入学年龄）、职业活动（如退休时间）等。历史阶段的影响是个体所处的历史时期所特有的生物学因素和环境因素，包括社会文化条件，如经济繁荣或衰退、社会进步、人口和职业结构的变化、战争、流行病等。处于特定历史阶段的儿童通常具有某些相似的心理特征，这与历史环境的影响有关。年龄阶段的影响与历史阶段的影响具有普遍性。非规范事件是指个体所遇到的特定事件，具有特殊性。在每个人身上所发生的生活事件都是不同的，如疾病、事故、亲人健康状况，不同的遭遇会对儿童产生不同的影响。三类影响相结合，共同决定了一个人心理发展的性质，决定了他或她与其他人之间的差异。在分析儿童心理发展的影响因素时，应当综合考虑上述三个方面。

问题和讨论

一个人进入成年期以后，他就不再是一个儿童了，那么这是否意味着他就成熟了或不再发展了呢？你是怎样理解成熟的？可以就此问题与别人进行讨论，发表自己的看法。

第二节 儿童心理学的过去、现在和未来

与其他科学一样，儿童心理学也有一个形成和发展的过程。关于儿童心理发展的思想由来已久，但是，真正的科学儿童心理学是在19世纪后期诞生的。

一、儿童心理学的历史

与心理学这门科学一样，儿童心理学具有一个悠久的过去，但却具有一个短暂的历史。说它具有一个悠久的过去，是指儿童心理学思想古已有之；说它具有一个短暂的历史，是指科学的儿童心理学的诞生并不太久，距今才有一百多年。

（一）19世纪之前的儿童心理学思想

西方儿童心理学的思想可以追溯到古希腊和古罗马时期，柏拉图、亚里士多德等思想家提出了按照年龄划分儿童的受教育阶段的观点，但是这个时期的思想缺乏科学基础。到了中世纪（6－15世纪），人们关于儿童的观点具有预成论的色彩，倾向于把儿童看做“小成人”，不把儿童期看做人生历程中的特殊阶段。在14世纪开始的“文艺复兴”时期，出现了夸美纽斯等进步的思想家，他们主张尊重和发展儿童天性。夸美纽斯从人的天性出发，把儿童从出生到成熟划分为四个时期：幼年期（0－6岁）、童年期（6－12岁）、少年期（12－18岁）、青年期（18－24岁），并且提出了符合儿童年龄特征、促进儿童心理发展的教育和教学原则。

到了启蒙运动时期，又出现了一批以约翰·洛克和让·雅克·卢梭为代表的杰出思想家。17世纪英国思想家洛克提出“白板论”，认为儿童生来心理就像一块“白板”，后天的经验和教育决定了这块“白板”的内容。他注重培养儿童的学习兴趣和良好的行为习惯。18世纪法国思想家卢梭则提出了自然主义教育理论，他反对先天观念说，认为在教育过程中，应顺应儿童的天性，遵循自然法则，促进他们身心的自由发展。卢梭还将儿童期划分为四个阶段，并提出了每个阶段的主要任务或发展目标。这四个阶段分别是：0－2岁，身体发育期，主要任务是保障身体的健康；2－12岁，理

智睡眠时期，主要任务是发展“外部感觉”；12 － 15 岁，智育时期，主要任务是促进理智的发展；15 岁到成年，激动和热情时期，主要任务是实施道德教育。

上述思想，尤其是近代的儿童心理学思想，为科学儿童心理学的产生奠定了基础。但是，由于时代背景的影响，这些思想必然具有其历史局限性，它们大多反映在思想家的哲学、教育理论中，还没有作为一种独立的、系统的儿童心理学思想而出现，更重要的是，这些思想缺乏科学规范的方法论基础，因而，还不能说是形成了科学的儿童心理学。

19 世纪之前的理论研究为科学儿童心理学的诞生做了一些准备。到了 19 世纪，物种进化论的奠基人、英国博物学家达尔文，也从进化论的角度开展了一系列研究，探讨了心理的发展或进化问题。他在晚年出版了《人类的由来与选择》和《人和动物的表情》两部著作，探讨了动物心理与人类心理的连续性，探讨了心理的种系发展问题；他还对自己的孩子进行了长期的观察，在 1876 年发表了《一个婴儿的传略》，这是最早采用日记法对儿童进行观察研究的报告之一。

除此之外，欧洲还有一些类似的先驱性研究。例如，德国医生提德曼（Tiedemann）运用日记法对自己的孩子进行了观察记录，并于 1787 年出版《儿童心理发展的观察》一书。法国的席格门（Sigismund）也进行了类似的研究，并于 1856 年出版《儿童与世界》一书；另外，德国人库斯漠（Kussmaul）、根兹麦（Genzmer）也分别在 1859 年和 1873 年发表《新生儿心理生活的研究》和《新生儿的感官知觉的研究》。这些早期的研究和著作，构成了科学的儿童心理学诞生的前奏，科学的儿童心理学就是在它们的影响下产生的。

（二）科学的儿童心理学的诞生

1879 年，冯特（Wunt）在德国莱比锡大学建立了世界上第一个心理学实验室，这标志着科学心理学的诞生。在此后的第三年，也就是 1882 年，德国的普莱尔（W. Preyer）出版了《儿童心理》一书，这被看做科学的儿童心理学诞生的标志。

提示

这两个标志性事件不是相互独立的，而是具有内在联系的。冯特的实验心理学思想间接地影响了普莱尔，普莱尔采用了观察和实验的方法研究儿童的心理。

普莱尔出生在英国的曼彻斯特，先是在巴黎大学学习生理学和哲学。在获得博士学位之后，他回到德国，在波恩大学教了一段时间的动物化学和动物构造学，随后又转攻医学，并很快获得医学博士学位。自1866年起，他先后在耶拿大学和柏林大学任教，并于1888 － 1893年在柏林大学教授生理学和心理学。

《儿童心理》这本书是普莱尔根据对他的儿子的系统观察写成的。在儿子出生之后一直到三岁，他每天都进行系统的观察，写观察日记（儿童传记），同时进行实验研究。相对于其他的儿童心理著作，这本书的出版还是较早的。而且，这本书着眼于研究儿童心理发展的特点，系统探讨了儿童感知觉和情感的发展、动作和意志的发展、理智和言语的发展等方面，构成了一个比较完整的儿童心理学体系。因此，无论从出版时间、写作目的和内容来看，还是从研究方法和出版后的影响来看，它都超过了在此之前的儿童心理著作。这也是它被奉为儿童心理学诞生标志的重要原因。这本书出版后，产生了广泛而深远的影响，得到各国心理学家的关注，先后被翻译成十几种文字出版，激起了人们对儿童心理的研究兴趣，大大促进了儿童心理学本身的发展，对当前早期儿童的心理研究仍然具有重要的启示。

二、儿童心理学的演变和现状

1882年以后，直到20世纪早期，西方儿童心理学逐渐成型。在此期间，涌现了一批著名的儿童心理学家，其中包括美国的霍尔（G. S. Hall）和他的学生格塞尔（A. Gesell）、卡特尔（J. M. Cattall）等。其中，霍尔的贡献尤其值得一提。

霍尔是美国儿童心理学的奠基人和开拓者，他是美国第一个获得心理学专业博士学位的人，也是美国心理学会第一任主席，他建立了美国第一个心理学实验室，创办了美国第一个心理学杂志——《美国心理学杂志》，撰写了世界上第一部青少年心理学著作——《青少年心理学》（又译为《青春期：青春期心理学以及青春期与生理学、人类学、社会学、性、犯罪、宗教和教育的关系》或《青年期的心理与教育》）。而且，他还曾留学德国，成为"心理学之父"冯特的第一个美国学生。他被誉为"美国儿童心理学之父"。

除了这些贡献之外，他还提出了个体心理发展的"复演说"，认为儿童心理的发展复演了种系发展的过程，产前的发展复演了动物进化的过程，在出生之后个体心理的发展则复演了人类进化的过程，例如，胎儿有一个阶段有腮裂，这是重复了鱼类阶段，婴幼儿复演了人类远古时代的心理；儿童喜欢相互追逐，实际上是复演了原始社会的狩猎活动；少年期喜欢玩打猎、捕鱼、游泳、争斗，爱好动物，则是复演了人类祖先的野外生活。尽管人们对这种观点存在争议，但它提出了个体心理发展与种系心理发展的关系问题，将这两个方面联系了起来。此外，他还广泛地采用问卷法，收集儿童心理发展的资料，推动了心理学研究方法的发展。

法国心理学家比奈(A. Binet)也是这一时期的代表人物。他是智力测验的奠基人。1904 年，法国公共教育部成立一个特别委员会，专门研究对那些有缺陷的儿童应该采取的教育措施。比奈是这个委员会的成员之一。在 1905 年，他与西蒙（T. Simon）联合编制了最初的智力量表，并于 1908 年进行了首次修订，1911 年再次修订，形成了比较系统的智力测验，这就是著名的比奈－西蒙智力量表，也是世界上第一个智力量表。智力量表为测定儿童智力的发展提供了十分重要的工具。

从 20 世纪初期至中期，儿童心理学经历了一个不断分化和蓬勃发展的时期。在这一时期，出现了各种心理学理论或流派，包括精神分析、行为主义、格式塔（完形）学派等。精神分析学派的奠基人是奥地利心理学家弗洛伊德（S. Freud）。这个学派主要从性本能揭示人的心理和行为的本质，认为性本能是人们心理与行为的根本动力。它的主要研究内容在于人格、情绪或动机方面。弗洛伊德根据儿童力比多（性本能）的投射部位，将儿童心理的发展划分为四个阶段。行为主义的奠基人是美国心理学家华生（J. B. Watson）。这个学派强调，心理学应研究客观的、可观测的行为而不是意识、观念等，儿童心理的发展主要是行为的变化。格式塔学派的奠基人是维特海默（M. Wertheimer）、考夫卡（K. Koffka）、科勒（W. Kohler）等人。这个学派强调研究整体的心理现象，认为人的心理是一个不可分割的整体，强调学习和思维的顿悟，它们的研究涉及知觉、思维和学习、个性等方面。

提示

精神分析学派所说的性本能不等同于通常所说的性欲或者对于异性的占有欲，除此之外，还包括让身体获得舒适感受的本能或需要，如自然的排泄、饮食需要。

进入 20 世纪中期以后，西方儿童心理学进一步发展。原有的心理学理论不断演变和分化，一些新的心理学理论和思潮也应运而生。在原来的精神分析理论的基础上产生了新精神分析理论，在原来的行为主义理论的基础上形成了新行为主义理论和社会学习理论。皮亚杰（J. Piaget）的认知发展理论的影响迅速增强。此外，还有侧重研究认知过程的信息加工思潮。它们分别从不同的角度探讨了儿童的心理发展问题。

从具体的研究来看，儿童心理学的研究范围也在不断扩展，不断涉及早期儿童的心理发展问题，而且，在 20 世纪六七十年代以后，逐渐扩展到人的一生的发展。相应地，儿童发展心理学逐渐演变为发展心理学或毕生发展心理学（life-span developmental psychology）。

从不同的实践领域来看，儿童心理学已经得到日益广泛的应用。儿童心理学的研究成果被应用于各级教育机构，包括各类学前教育机构、中小学校，而且被应用于各类社会服务机构，如医院、儿童咨询机构。与儿童心理学有关的职业是多种多样的。这在西方国家表现得十分明显。

另外，需要指出的是，前苏联的儿童心理学也是世界儿童心理学的重要组成部分。从整体上看，在 1919 年十月革命之前，俄国的心理学与西方心理学传统是一致的；从十月革命到第二次世界大战之前，是前苏联儿童心理学独立形成的阶段；从第二次世界大战到 20 世纪 50 年代末，是前苏联儿童心理学的全面发展时期，这一时期，研究队伍壮大，研究领域宽泛，研究方法多样，研究结果被广泛应用于实践；20 世纪 60 年代以后，是前苏联儿童心理学的进一步蓬勃发展时期，不同的学派纷纷建立，理论和实证的研究都得到进一步加强，并且批判地继承了西方的儿童心理学。前苏联儿童心理学以马列主义作为指导思想，因而具有不同于西方儿童心理学的特点。十月革命前后，俄国和前苏联出现了很多杰出的心理学家，其中，包括谢切诺夫、乌申斯基、维果斯基、鲁利亚、鲁宾斯坦、赞可夫、列昂节夫等，其中维果斯基是前苏联儿童心理学的奠基人，也是著名的“维列鲁学派”的重要代表人物，他提出的思想至今仍具有深刻的影响。

链接

朱智贤，林崇德．儿童心理学史．北京：北京师范大学出版社，2002

三、我国的儿童心理学

我国的儿童心理学思想由来已久。早在春秋、战国时期，一些思想家就有了朴素的儿童心理发展的思想，其中最著名的就是孔子关于心理发展的年龄特征的思想。他说，“吾十有五，而志于学，三十而立，四十而不惑，五十而知天命，六十而耳顺，七十而从心所欲，不逾矩”(《论语·为政》)。

20 世纪初，也就是五四运动前后，科学心理学著作逐渐被翻译介绍到中国，中国的儿童心理学也开始发展起来。然而，在相当长的一段时间内，我国的儿童心理学研究都在学习和模仿前苏联和西方国家。直到近年来，才有所改观，形成了自己的儿童心理学体系。

早期的儿童心理学研究是比较凌乱的，没有形成清晰的体系。这一时期，出版了我国最早的一些心理学翻译著作，产生了我国早期的一批心理学家，如陈鹤琴（1892—

1982)、黄翼（1903—1944)、孙国华（1902—1958)、艾伟（1890—1955)、肖孝嵘（1897—1963)、陆志韦（1894—1970)、潘菽（1897—1988)、左任侠（1901—1997)、陈立（1902—2004)、朱智贤（1908—1991)、刘范（1918—1988)、李伯黍（1914—）等，他们都是中国儿童心理学的奠基者和带头人，其中，陈鹤琴可以说是我国最早的儿童心理学家。

建国后，我国儿童心理学经历了一段曲折的发展历程。1949—1958 年这十年间，我国主要学习前苏联的经验，结合中国的实际开展了一些儿童心理研究。随后，由于“左”的思想的影响，心理学遭到批判。1959—1965 年，出现了中国儿童心理学的第一个繁荣期，这一时期，儿童心理学研究的范围包括了从儿童早期到青少年期的各个年龄阶段，研究问题涉及心理发展的理论以及生理机制、心理过程、年龄特征等多个方面，1962 年，朱智贤还出版了中国第一部儿童心理学教材——《儿童心理学》，此外，人们还不断介绍西方儿童心理学思想，其中包括皮亚杰（J. Piaget）和瓦龙（H. Wallon）的理论。在“文革”期间（1966—1976)，我国儿童心理学遭到了空前浩劫，心理学成为“伪科学”被“打倒”。

“文革”结束后，我国儿童心理学迎来了蓬勃发展的时期。无论是从儿童心理学研究成果在整个心理学领域中所占的比例来看，还是从有关的组织机构、研究人员、研究期刊和研究领域来看，儿童心理学都在我国心理学体系中占有极为重要的地位。

目前，国内与儿童心理学有关的主要组织机构有中国心理学会下属的发展心理学专业委员会与中国教育学会下属的儿童、教育心理学分会，发展心理学专业委员会的前身为 20 世纪 60 年代成立的儿童与教育心理学专业委员会。国内发表儿童心理学研究的心理学专业学术期刊主要有《心理学报》《心理发展与教育》《心理科学》(1990 年之前名为《心理科学通讯》)《心理科学进展》(2002 年之前为《心理学动态》)《应用心理学》《心理学探新》《中国心理卫生杂志》《中国临床心理学杂志》等。另一方面，儿童心理学的研究队伍也日益壮大，在许多大学的心理学系都设有儿童或发展心理学专业，都有相应的研究人员。

我国儿童心理学的研究领域十分广泛，涉及儿童心理发展理论、感知觉与动作、认知（包括语言、智力、社会认知、元认知等）、个性与社会化（包括情绪、自我意识、道德、社会关系、独生子女的个性特点等）、特殊儿童心理和心理发展的文化差异，在年龄阶段上，横跨婴幼儿期、学龄初期、青少年期以及成年初期、中期和晚期。近年来，有关的教材、著作以及翻译著作如雨后春笋般涌现。此外，国内外学术交流也日益频繁，发展心理学专业委员会每两年召开一次学术会议，中国儿童心理学家还与国外的学术组织（如国际社会性行为发展研究会，即 International Society of Social Behavioral Development，简称 ISSBD）密切合作，频繁参加国外召开的学术会议，进行学术访问，还积极在国外学术期刊上发表论文和研究报告，扩大了中国儿童心理学界在全世界的影响。中国的儿童心理学界呈现出一派欣欣向荣的局面。

拓展阅读

我国心理学领域的独生子女研究

自20世纪70年代以来，我国开始实行“计划生育”政策，规定一对夫妇原则上只能生育一个孩子。在这种社会背景下，独生子女的心理发展问题逐渐引起人们的关注。一些研究探讨了独生子女在认知、个性特征等方面的特点，得到了很多有意义的结果，但这些结果并不完全一致。从总体上看，独生子女与非独生子女的心理并不存在十分显著的差异，但是，一些研究发现，独生子女的意志力相对较差，他们的独立性、自制性和坚持性较低，任性、自我中心等问题比较突出。大多数研究者认为，独生子女问题主要与他们父母的教养方式有关，而不是由先天因素造成的。

可以通过互联网、图书馆等渠道，查找独生子女方面的研究文献，了解有关的研究现状。

链接

缪小春．近二十年来的中国发展心理学．心理科学，2001：24（1）

申继亮，辛自强．迈进中的发展心理学事业．北京师范大学学报（人文社科版），2002，5

邓赐平，席居哲．中国发展心理学概况．儿童研究网（Child Research Net），2004

http：//www.crn.net.cn/index.html

四、儿童心理学的发展趋势

科学的儿童心理学自1882年以来已经走过了一百多年，近年来，儿童心理学呈现出一派生机勃勃，而且出现了一些明显的发展趋势，这表现在以下多个方面：

1．在研究体制上，儿童心理学与其他学科相互交叉，出现了不少新的分支学科

例如，发展心理学与语言学交叉，产生了发展心理语言学，主要研究儿童早期言语的内容和背景、儿童早期言语的社会化等问题；发展心理学与生物学交叉，产生了发展心理生物学，主要研究幼儿的能力、智力的遗传性、气质的生物学基础、非人类种系的智力水平等问题。另外，还有发展心理病理学、发展心理社会学等分支学科。相应地，儿童心理学日益强调采用跨学科或多学科合作的方式进行研究。另一方面，跨文化研究也日益频繁，它的目的在于，在不同的文化背景中，对相同的问题进行研究，以考察不同的文化背景对心理发展的影响，考察不同文化中个体心理发展的相似性和特殊性。跨文化的比较研究已成为一种重要趋势。

2.在研究范围上，儿童心理学的研究范围不断拓展，逐渐演化为毕生发展心理学

不仅重视研究个体早期阶段的心理发展规律，而且，注重研究成年期包括中老年期的心理发展规律。20 世纪六七十年代以后，这种趋势就表现得比较明显了。

3.儿童心理学的研究日益重视实践领域，强调用儿童心理学解决生活中存在的具体问题

近年来，主要研究问题包括对胎儿发育和优生问题、早期心理的发展、儿童社会性的发展、青少年的心理适应、儿童性别角色的发展、电视与个体发展的关系、计算机辅助教学对儿童发展的影响等。所有这些，都是儿童生活中比较突出的问题。

4.在研究方法上，儿童心理学研究呈现出生态化特点

多年来，儿童心理学强调采用实验室研究，在实验室内研究儿童的心理和行为的发展特点。这种研究虽然控制严格，但实验条件不自然，人为性较强，所观察到的儿童的心理、行为与他们在自然条件下的心理、行为差别较大。20 世纪 80 年代以来，儿童心理学强调研究的生态化，要求研究者在儿童的实际生活环境中，考察他们在自然条件下的心理与行为，从而揭示其心理发展的规律。这突出地表现于准实验研究设计的使用。它不像真实验设计那样严格，而是强调在儿童生活的真实情境中，适当地控制或改变某些条件，观察儿童行为的变化。

另一方面，儿童心理学的研究方法还呈现出综合化、复杂化的特点，强调采用多种方法，综合考察某个具体的问题，以达到优势互补的目的；强调采用包括多个变量的研究设计，以揭示儿童心理发展的多个方面、多种影响因素及其相互作用。在研究过程中，现代化的录音、摄像设备以及行为观察室等专门的研究手段应用日益广泛，电子计算机和各种专门的统计分析软件（如 SPSS，SAS，LISREL，AMOS）也促进了研究的数量化。

在总体上，儿童心理学研究日益重视解决实际问题，研究范围、研究方法则趋于综合化、整体化。人们日益认识到，心理本质上是一个不可分割的、多层次、多侧面的整体，因此，要揭示儿童心理发展的实质，必须采用相应的跨学科、跨领域、综合化的方法。

拓展阅读

应该如何看待儿童的心理发展、环境及其关系

心理发展观是人们对于儿童心理发展的实质、影响因素及发展机制等根本问题的看法。各个心理学派都有自己的心理发展观，但在儿童心理发展的一系列问题上，心理学家们并未达成一致的意见。近年来，随着系统科学和生态科学向发展心理学领域的渗透，人们逐渐形成了一种生态发展观。这种发展观认为，儿童生活的环境是一个自然的生态系统，在这个系统中，儿童与他们的父母、兄弟姐妹、同伴或朋友以及其他人进行各种自然的社会交往，表现出各种自然的心理与行为，心理也在此过程中不断获得自然的、动态的发展。生态发展观的产生是在批评实验室研究的基础上形成的。

在实验室研究中，研究者呈现某些刺激（如需要帮助的情境），以观察儿童的反应（如助人行为）。许多研究者批评这类研究忽视了心理发展的生态性，它涉及的因素较少，没有考虑到儿童生活环境的复杂性和动态性，因而难以揭示心理动态发展的实质。事实证明，许多实验室研究的结果并不能解释或预测儿童在现实生活中的行为。例如，在实验室中攻击性行为比较多的孩子在生活中可能充满爱心，友善的亲社会行为比较多。这就是说，实验室研究缺乏“生态效度”。

生态发展观强调儿童心理自身的发展性和环境本身的发展性，认为儿童与包括他们自身在内的环境一起，构成了一个生态系统。真实的生活环境是儿童心理发展和表现的基础。换句话说，在真实的生活中，心理的发展才更真实；同时，真实的生活环境本身也是动态的，个体与环境的互动也是连续进行、不断变化的。儿童心理学应该在真实的生活环境中，研究真实的儿童。这类研究具有较高的生态效度，研究结果更符合儿童的实际状况。

生态发展观具有几个方面的内涵。一是关于儿童自身的生态发展观。它认为，儿童的心理本身是不断发展变化的，它不同于物理现象，心理的发展也不同于物理现象的变化；儿童具有个别差异，在现实生活中，不同的儿童对相同的事件往往具有不同的反应；儿童心理发展的各个侧面是一个整体，不可分割，认知的发展与个性、社会性的发展是相互作用的。

二是关于儿童与环境关系的发展观。儿童的心理具有主动性，他们并非被动地对环境做出反应，而是一出生就对某些环境具有主动的偏好或反应倾向。儿童的某些人格特征可以引起环境的相应变化，改变环境，例如，儿童出生后表现出来的气质特点会影响父母的教养态度和行为，灵活、情绪稳定的孩子更容易受到父母的喜爱，得到父母更多的爱护；改变了的环境反过来又可能阻碍或促进心理的发展，例如，父母会偏爱容易抚养、脾气好的孩子，经常与他们在一起活动，这种态度和行为可能会促进儿童人格的发展。在此意义上，儿童与环境之间存在双向的、动态的影响，具有某些心理特点的儿童本身就构成了环境的一部分。

三是关于环境的生态发展观。真实的生活环境是一个不容分割的生态系统。它包括不同层次的子系统。美国心理学家 U. Bronfenbrenner 认为，个体成长的环境系统包括微系统（micro-system）、中系统（meso-system）、外系统（exo-system）、宏系统（macro-system）四个层次，它们直接或间接地影响着个体的成长。其中，微系统包括家庭、学校、同伴群体等个体直接活动于其中的环境，处于生态系统的最低层次，对个体的影响也最直接；由各种微系统之间的交互作用构成中系统，如家庭与学校的联系、学校与同伴群体的联系等；外系统主要是指间接影响个体心理发展的过程和联系，如家庭与父母工作单位的联系；宏系统处于环境系统的最高层次，代表了社会的信念系统、生活方式及社会交往模式等更广阔的社会背景，并主要通过低层次的子系统发挥作用。把整体性的环境分割开来，孤立地考察某些层次的子系统的作用，是不合理的。

生态发展观的意义在于，它提出了一种新的儿童观，主张以真实生活环境中的儿童代替作为实验被试的儿童，在适当的时间内由适当的研究者（包括儿童的父母、教师、同伴及生态环境中的其他人）在真实的生活情境中研究儿童真实的行为。

第三节　儿童心理学研究的基本方法

一所中学（初高中一体）的校长想知道自己学校的学生心理健康状况如何，有哪些行为问题，同时，想知道怎样对个别行为问题突出的学生进行干预，为此，他委派一位负责学校调研的教师进行研究。请你为这位老师出谋划策，思考应该如何进行研究、为什么。

科学研究是从问题开始的。在生活中，我们可能会对儿童心理的发展提出各种各样的问题，如营养对儿童的智力发展有什么影响？父母的情绪对婴儿的情绪有怎样的影响？父母的智力与孩子的智力之间是一种什么关系？青少年的逆反行为与同伴接纳之间具有怎样的关系？创造力发展的趋势是怎样的？父母的养育方式对青少年的创造力具有怎样的影响？如果我们对某些问题感兴趣，希望得到这些问题的答案，就要通过科学的方法进行研究。在总体上，儿童心理学常用的研究方法主要包括自我报告、行为测量与观察三类。下面，我们将简要地介绍儿童心理学的研究设计、常用的研究方法以及儿童心理学研究的基本要求。

一、儿童心理学研究的类型和设计

在儿童心理学研究中，我们可以首先根据某种有关的理论，针对某一个问题提出假设，然后，收集数据或事实检验，从而解决问题，得到问题的答案。我们可能认为，父母养育方式是影响青少年创造性发展的重要影响因素。根据这种理论，我们可以提出明确的假设：强调支持和鼓励的民主型的父母养育方式可以提高青少年的创造性，而强调压制和顺从的专制型的养育方式可以降低青少年的创造性。然后，我们就可以选择相应的研究工具或手段，收集青少年的父母养育方式和创造性方面的事实或数据，检验上述假设，最终解决问题。概括地说，儿童心理学研究的基本模式是，提出问题→提出假设或预测→检验假设→得到问题的答案。

（一）研究类型

从总体上看，儿童心理学的研究可以分为两大类：一类是相关研究，另一类是实验研究。

1.相关研究

相关研究的目的主要是确定两个或多个变量之间是否存在关联或相关，例如，我们可以通过相关研究，确定儿童观看暴力电视节目的数量与儿童的攻击行为之间是否存在显著的相关。但是，在相关研究中，即使两个变量存在显著的相关，我们也不能确定两个变量之间是否存在因果关系，或者不能确定哪个是因，哪个是果，我们只能说，其中一个变量随着另一个变量的变化而呈现出有规律的变化。这是相关研究的特点，也是它的缺点。例如，在上述例子中，如果儿童观看电视节目的数量与他们的攻击行为呈显著的正相关，那么，我们只能说，随着儿童观看电视节目的增多（减少），其攻击行为也相应地增多（减少）。至少有三种可能导致了这种相关：观看暴力电视节目导致了儿童的攻击行为；儿童的攻击行为导致了他们观看暴力电视节目的行为；第三个变量或因素（如儿童所处的社会经济地位）同时导致了儿童的攻击行为和观看暴力电视节目的行为。

2.实验研究

与此相对，实验研究的目的则是确定变量之间的因果关系。在实验研究中，研究者通过操纵或呈现特定的刺激（自变量），在控制那些无关变量的情况下，考察自变量的变化是否引起了因变量（被观测变量）的变化。一般要设立实验组和对照组。例如，我们要考察儿童看暴力电视片对他们的攻击行为的影响，那么，自变量就是是否看暴力电视片，因变量就是儿童的攻击行为的数量或程度。我们可以将儿童分成条件（如年龄、智力、健康状况、攻击性状况）

> **相关研究与实验研究**：相关研究旨在确定两个或多个变量之间是否存在关联或相关的研究，这种研究不能确定变量之间的因果关系。实验研究的目的则是确定变量之间的因果关系。

对等的两组，然后随机把他们分配，一个作为实验组，一个作为对照组，对他们给予不同的处理：实验组儿童观看暴力电视片，对照组不看，随后分别将两组儿童领进一个玩具室，观察他们的攻击行为。如果实验组儿童的攻击行为显著多于对照组儿童，那么，我们就可以说，两组攻击行为的差异是由观看暴力电视片导致的，观看暴力电视片导致了儿童攻击行为的增多，换句话说，观看暴力电视片与攻击行为增多是因果关系。但是，在实验研究中，研究者很难控制所有的无关变量，保证实验组与控制组被试在各个方面都对等或相同，也不能保证，在实验过程中被试不受到身体、情绪、认知状态等因素的影响，因此，实验研究的结果可能不符合儿童的实际情况，也就是缺乏外部效度。这也是实验研究经常遭到批评的一个缺点。

拓展阅读

班杜拉的观察学习实验

1965 年，社会学习理论的代表人物班杜拉（A. Bandura）发表了他关于观察学习的著名实验研究。在这项研究中，让幼儿园的孩子观看一个电视节目，在节目中，一个成年人对一个塑料充气人表现出攻击行为，然后，将这些孩子分成三组：第一组孩子看到另一个成年人用饮料、糖果等奖励这个人，并表扬他；第二组孩子看到这个人挨了打，并受到警告；第三组孩子看到，这个人的行为没有任何结果。接下来，让这些孩子到一个自由活动场所活动 10 分钟，里面有充气娃娃和各种可以表现攻击的器具。结果表明，看到成人榜样受到奖励的孩子表现的攻击行为最多，看到榜样受到惩罚的孩子攻击行为最少。

（二）研究设计

在儿童心理学中，有多种具体的研究设计方式。通常，我们可以把儿童心理学研究设计分为横断研究设计、纵向研究设计，此外，还有一种将纵向研究与横断研究相结合的研究设计，又叫系列交叉研究设计。

1. 横断研究

横断研究设计是指相同或大约相同的时间内，考察多组不同年龄的人在某个或某些方面的心理发展状况，并对他们进行比较，以描绘这些方面的心理随年龄增长而发生的变化。例如，在创造性研究中，可以在某个时间，运用发散思维测验同时（或几乎同时）测量 9 岁、12 岁、15 岁三个年龄组的儿童，通过比较他们的发散性思维测验成绩，可以看到儿童发散性思维能力的发展趋势。这种研究设计可以用下图表示：

相同的时间：	评价	评价	评价	评价	…
不同的样本：	组 1	组 2	组 3	组 4	…

这种研究设计的优点是，省时，省力，效率较高，研究者在短时间内可以收集大量的数据。它的缺点是，不能看到被研究者的个别差异，只能看到总体的发展状况；不能看到被研究者自身心理发展的连续变化过程，研究结果还可能受到年代效应或区组效应的影响。例如，如果一项研究分别以 5 岁、15 岁、25 岁的人为研究对象进行横断研究，考察他们的智力发展特点，那么，最后所得出的智力变化可能并不真正代表智力随年龄而变化的趋势，因为三个年龄组的人出生的年代不同，他们的生活条件、社会环境都有明显的差异，可能是这些因素引起了他们智力的变化。换句话说，智力的这种发展趋势更可能反映了智力随不同时代而发生的变化。

2.纵向研究

纵向研究，又叫追踪研究，它是指在比较长的时间内，或者每隔一定的时间，运用相同的评价方法或工具，考察同一组人心理的连续变化特点。这种研究设计被看做真正意义上的发展心理研究设计。例如，我们可以选取一组儿童，运用发散性思维测验，分别在他们 9 岁、12 岁、15 岁时进行相同的测量或评价，然后比较不同年龄的发散性思维能力，确定这段时间内他们在发散性思维能力上的变化。这种设计可以用下图表示：

不同的时间：	第一次评价	第二次评价	第三次评价	第四次评价	…
相同的样本：	组 1	组 1	组 1	组 1	…

历史上许多研究都是纵向（追踪）研究，例如，普莱尔、达尔文对他们孩子的追踪观察就是典型的追踪研究。这种研究设计的优点是，可以系统地看到同一组人心理和行为的连续变化，可以考察心理发展的个别差异；而且，可以查明这一群体共同的发展模式。但是，它也有某些局限性。首先，它需要耗费较多的时间、人力和财力，效率较低，尽管追踪研究的时间可长可短；其次，在研究过程中，研究对象容易流失，如有的儿童会搬家、转学、生病，不再参与研究，这会

外部效度：外部效度是指，在某种实验环境之外的同类环境（如看暴力电视的环境）中，对不同的研究对象（如某个年龄段的其他儿童），采用不同的研究程序，能够证明某个研究中所发现的因果关系（如看暴力电视与攻击行为的因果关系）的程度，或者说，是一项研究的结论推广到儿童被试所在的总体和类似的生活环境中去的程度。如果一项实验研究的结果与儿童在实际生活中的表现不符，则说明这项研究的外部效度较低。

影响到研究结果的统计分析；再次，多次测查或评价可能带来一定的负面影响，一些儿童可能会厌倦，或者对测查程序变得越来越熟悉，从而使结果在一定程度上失实。这些方面也是纵向研究设计用得较少的重要原因。尽管如此，纵向研究仍可以克服横断研究的很多不足。近年来，纵向研究日益引起人们的重视。

3. 系列交叉研究

为了取长补短，心理学家发展了一些新的研究设计，其中，系列交叉研究设计是比较典型的一种。它将横断研究与纵向研究结合起来，同时对几个年龄组的儿童进行多次测查或评价。其具体设计方式可以用下图表示：

不同的时间：	第一次评价	第二次评价	第三次评价	第四次评价	…
不同的样本：	年龄组 1	年龄组 2	年龄组 3	年龄组 4	…

这种研究设计同时吸收了纵向研究与横断研究的优点，而避免了它们的缺点。例如，对 7 岁组、8 岁组、9 岁组三组儿童，连续进行三年的追踪研究，每隔一年，对他们的数学运算能力进行一次测查，这不仅可以比较 7 岁组儿童的数学运算能力在三年中的连续变化及其个别差异（这实际上是纵向研究设计），而且可以比较三组儿童的三次测查结果（这实际上是横断研究设计），另外，还可以区分年代效应或区组效应，将儿童在 8 岁、9 岁、10 岁时的测查结果进行比较，看不同时间出生的儿童在相同的年龄数学运算能力是否存在差异（如下图所示）。

纵向比较

第一年	第二年	第三年	横断比较
7 岁组	8 岁组	9 岁组	
8 岁	9 岁	10 岁	
9 岁	10 岁	11 岁	

第一年与第二年的 8 岁，第一年、第二年、第三年的 9 岁，第二年与第三年的 10 岁，都可以进行比较，以确定“年代效应”。

二、自我报告：日记、访谈和问卷

自我报告法是指儿童用言语表达他们的内心活动。在采用自我报告法进行研究时，研究者首先向儿童提出问题或具体的要求，由儿童说出他们对某个问题的认知、信念和态度。自我报告包括书面的自我报告与口头的自我报告，书面形式的自我报告又包括日记、问卷等形式，口头的自我报告主要是访谈。

（一）日记法

采用日记法进行研究，主要是根据儿童所写的日记，搜集他们每天的活动情况和对某些问题的认知、感受和态度。日记通常是儿童对个人经历的记录，通常比较真实、可信。而且，在日记中，儿童通常会记录那些对个人影响较大的事件，通过对这些重要的生活经验或体验的分析，可以更好地分析儿童认知、情绪乃至人格的变化。在青少年时期，日记常常成为他们倾诉苦恼、表达自我的天地，日记分析往往发挥着独特的作用。但是，日记法通常只用于那些能写日记的儿童，不适用于年龄太小的儿童。

（二）访谈法

访谈法又称谈话法，是研究者以口头形式提出问题，要求儿童回答，然后对儿童的回答进行分析以了解儿童心理的研究方法。采用访谈法时，需要事先与儿童建立相互信任的关系，以保证儿童能够配合，提供真实的信息；需要根据研究目的和儿童的实际情况，制定详细的访谈提纲，列出详细的访谈问题。在访谈过程中，访谈者需要避免不恰当的语气、表情、态度等，以防影响儿童的回答；需要运用某些访谈技巧（如回应），保证儿童袒露自己的看法或态度。访谈法的主要优点是，能够了解儿童深层的心理活动，包括对某些问题的看法、感受或态度，获得儿童真实的信息。它的主要缺点是，比较费时、费力，效率较低；不容易对访谈结果进行处理，对访谈者的要求较高；被访谈者的回答可能会受到多种因素（如访谈时间、访谈者的回应）的影响。

皮亚杰在研究儿童思维的过程中，提出了临床访谈法，又称为临床法。它的基本特点是将口头交谈、实验和直接观察相结合。研究者以实物操作为主，辅以口头交谈，了解儿童对问题的思维过程。具体来说，它主要包括实验、谈话、自然观察等部分。

首先是生动有趣的实验，即研究者通过实物操作或演示，呈现问题情境。例如，在容积守恒实验中，在水平桌面上放两个完全相同的瓶子，里面盛着容量相同、水平面等高的水，当着儿童的面，将其中一个瓶子里的水倒进另一个高而细的瓶子里，然后问儿童两个瓶子里的水是不是一样多的。

其次是合理灵活的谈话，研究者根据情境，灵活、合理、恰当地提出问题，这些问题往往是根据儿童回答的情况逐渐深入的。研究者首先确定一个谈话的主题，根据这一主题，口头提出问题，然后根据儿童的回答提出进一步的问题。例如，皮亚杰（1932/1965，p.140）为了研究儿童道德推理的发展，运用临床访谈法，考察了幼儿对说谎的看法。下面是访谈的一个片断：

你知道什么是说谎吗？……说谎就是你说的不是真的。……2 + 2 = 5 是说谎吗？……是的，是说谎。……为什么？……因为那是不对的。……那个说 2 + 2 = 5 的男孩知道他是不对的吗？还是他只是犯了一个错误？……他犯了错误。……如果他犯了错误，他是否在说谎？……是的，他是说谎。

在进行实验和交谈的过程中，研究者要进行自然观察，观察儿童的行为或反应。而且，还要进行严密细致的分析，皮亚杰用数理逻辑作为分析儿童思维的工具，分析了思维的结构及其变化。

这种访谈从总体上看是一种非结构访谈。它的主要优点是，允许研究者灵活地提问，而且，获得的结果比较真实，符合儿童的实际生活状况。但是，它对访谈者的要求比较高，而且，对儿童言语能力的要求也比较高。而且，对同样的问题采取不同的提问方式，也可能会导致结果的差异。

（三）问卷法

问卷法实际上是一种结构式的访谈法。它主要通过书面提问的方式获得所需的信息。研究者首先从一定的理论或研究目的出发，围绕某个主题，编制一些问题，并把这些问题打印或书写到纸上，做成问卷，要求儿童回答。按照问题的严谨程度和研究目的，可以把问卷分为测验式问卷和调查式问卷。许多公司所做的市场调查经常采用调查式问卷，其中的问题比较松散，不需要进行严格的测量学分析。例如，

你的性别是： 1 男 2 女

你的工作类型： 1 教师 2 工程师 3 公司管理者

你是否购买了本公司的产品？ 1 没有 2 购买了

你是否喜欢本公司的产品？ 1 喜欢 2 不喜欢

测验式问卷在测量学方面的要求较高，需要在信度、效度、区分度、难度等方面达到一定的要求，才能使用。其中的问题及其回答方式一般比较统一，结果的分析比较客观，而且有常模参照标准，可以作为衡量每个人的人格、智力等特征的“量尺”，下面是艾森克个性（人格）问卷中的部分题目。

（1）你的情绪是否时起时落？ 是 否

（2）你是个容易被激怒的人吗？ 是 否

（3）你是个生气勃勃的人吗？ 是 否

（4）在结交新朋友时，你经常是积极主动的吗？ 是 否

问卷法的主要优点是，可以在短时间内收集大样本的信息，效率较高；比较客观，结果容易量化。但是，它也具有一定的局限性，如问卷中的问题是固定的，不能根据情境进行灵活地调整；要求儿童具有一定的阅读能力，只适用于年龄较大的孩子；在回答问题时容易出现“社会期望效应”，即倾向于按照社会所赞许的标准而不是个人的实际情况回答问题，从而使结果不可靠。尽管如此，问卷法仍然使用较广。

三、行为测量：测验或其他行为测量法

测量法主要是运用心理测量学的基本原理，编制心理测验或其他测量工具，考察心理与行为的方法。上面提到，心理测验是问卷的一种形式。作为测量人的能力、人格等方面的量尺，它们经常被称作“量表”。

根据不同的标准，可以把心理测验分为不同的类型。根据测验的功能，可以分为能力测验、人格测验和学绩测验；根据测验的方式，可以分为个别测验和团体测验；根据测验材料，可以分为文字测验与非文字测验。著名的斯坦福－比奈智力测验是能力测验，同时也是个别测验、文字测验；艾森克个性问卷（EPQ）、卡特尔十六种人格因素问卷（16PF）则是文字测验、人格测验；瑞文推理测验则是非文字测验。这些测验都经过了严格的心理测量学分析，测量结果比较客观，但是，由于测验的编制者所依据的理论和文化背景不同，这些测验的结果也可能不具有普遍性。美国一些心理学家曾经运用智力测验，测量了美国白人和黑人的智力，发现美国白人的智商比黑人要高，这个结果曾经加重了种族歧视。真的是这样吗？其实不然，因为智力测验是在白人文化背景下编制的，并没有充分反映黑人社会的文化，因而容易导致测量结果的偏颇。

另外，还有一种社会测量法。它运用心理测量学的技术，考察人们的社会行为特点。例如，同伴提名和同伴评定，就是比较流行的社会测量方法。同伴提名要求儿童根据研究者提出的某种要求，提出一些同伴的名字。同伴评定则是要求儿童在某些具体的方面对同伴进行评定。它们经常被用来评价儿童在同伴中的受欢迎程度或社交地位。

下面是同伴提名的例题：

（1）请写出你们班里最受欢迎的同学的名字。

（2）请写出你们班里最不受欢迎的同学的名字。

下面是同伴评定的例题：

请你评价小明在班里的情况

（1）受别人欺负　　总是　经常　很少　从不

(2) 欺负别人　　　总是　经常　很少　从不

(3) 害羞　　　　　总是　经常　很少　从不

(4) 大胆　　　　　总是　经常　很少　从不

行为测量法比较客观，数据处理程序也比较统一，但是，也有一定的局限性。测验的编制比较繁琐，费时、费力，而且对编制者专业能力的要求比较高，还会出现上述“文化偏差”。另外，社会测量还可能引起儿童对评价的焦虑，对儿童的心理发展带来消极影响。

四、观察：自然观察法与实验室观察法

观察法是根据一定的研究目的，对儿童的某个或某些方面的行为进行记录、分析，以考察其心理发展规律的方法。其实，广义的观察几乎包括了上面提到的任何一种研究，科学研究本身就是一种系统的观察。这里的观察是狭义上的观察。

根据观察实施的场所和环境控制的程度，可以把观察法分为自然观察法与实验室观察法。自然观察是在日常生活场景中观察儿童的行为，研究者可以在家里、学校里、游戏场所等儿童平时活动的地方，对儿童的学习、游戏和社会交往等行为进行观察。例如，研究者可以在操场上，观察儿童与同伴在一起时表现出来的攻击行为和合作行为。这种观察的最大优点是儿童的行为比较自然、真实。但是，它的缺点也是比较明显的。首先，研究者想要观察的行为可能很少出现，不容易观察到，一些反社会行为（如偷窃）和亲社会行为（如抢救病人）就是如此。其次，在观察过程中，可能出现“观察者效应”，即由于儿童意识到观察者的存在，而感到不自在，从而使行为发生变化，如有的孩子会故意表现自己，有的孩子则避免表现出社会不赞许的行为。另外，儿童的行为不容易解释，因为儿童行为的背后可能有多种因素起作用。为了消除“观察者效应”，研究者可以在隐蔽的地方，运用录像机对儿童进行观察；观察者可以在观察之前与儿童相处一段时间，让儿童习惯于观察者的在场之后，再对儿童进行观察。

与自然观察法相比，实验室观察对环境的控制程度较高。研究者在实验室里创设特定的情境或刺激，观察儿童的反应。它主要用于观察那些不常发生或不被社会接纳的行为。而且，在实验室环境中，所有儿童接受的刺激都是统一的，行为便于解释。上面提到的班杜拉的观察学习实验实际上就是一种实验室观察研究。

现在，这种观察经常通过行为观察系统进行。行为观察系统是专门用于行为观察、记录和分析的系统，一般包括行为观察室、儿童活动室和活动监控室等部分。其中，行为观察室是供观察者通过单向玻璃观察儿童活动的场所，活动室是儿童进行活动

的场所，活动监控室是通过仪器来监控儿童活动的场所。行为观察系统一般都配备有现代化的图像编辑系统、数字摄像记录系统等，这为研究儿童的行为创造了优越的条件。但是，实验室环境与儿童实际的生活场景可能有很大的差异，因而儿童的行为可能变得不自然，甚至会变得不真实。这是它最大的缺点。

五、综合性的研究方法

除了上述研究方法之外，还有一些综合性的研究方法，其中包括个案研究法、民族志研究法等。之所以说它们是综合性的研究方法，是因为它们往往综合运用了观察、访谈、测量或问卷调查等方法。

个案研究法是指对某一个或少数几个个体（也可以是学校、工厂、家庭等单位）进行的深入、细致的研究方法。在儿童心理学研究过程中，研究者可以广泛地运用访谈、观察、测量以及其他方法或手段，收集某一个或少数几个儿童的多方面资料，集中探讨某个问题。精神分析理论的奠基人弗洛伊德就曾运用个案法，研究了他的病人，并在此基础上进行总结，提出了精神分析学说的基本观点。还有一些研究者（Lane，1976；Cohen & Cashon，2003），对那些在某个方面表现出超常天赋的儿童和在野外长大的儿童进行了个案研究，为将来的研究提出了假设。

在儿童心理学中，个案研究的对象往往是那些在某些方面具有突出特点的儿童，如学习成绩好或差的学生、具有某种突出的行为问题的儿童、“天才”儿童等。研究者对这些儿童进行深入探索，可以找出这些行为的原因，为开展下一步的研究提出假设、指明方向。个案研究的主要优点就在于不仅可以深入、全面地探讨个别儿童的心理发展状况，还可以提出与研究问题有关的理论假设，如提出关于“天才”儿童产生过程的假设，以便于未来研究的验证。但是，由于研究对象的数量较少，研究结论不具有代表性，因此，在做出结论的时候，需要特别小心，不能随意地扩展到研究对象（如个别的学习优秀生）所在的群体（所有的学习优秀生）。

民族志（ethnography）是从人类学借鉴过来的研究方法。它主要用来研究某个人群或种族、民族的文化。它不同于个别的访谈或观察，在这种研究中，研究者会通过长期细致的参与观察、与群体成员的深入访谈等方式，深入地理解这个群体的生活方式、价值观和态度。它通常持续较长的时间，研究者几个星期、几个月甚至几年生活在某个群体之中，与这些群体的成员一起活动，观察他们的行为，与他们交谈，从而真正地理解他们的文化。显然，由于研究对象往往限于某个群体中的一部分人，研究结果很难推广到其他的文化中去，而且，研究者的存在也可能影响群体成员的行为。另外，这种研究的主观性是十分明显的，研究者还可能对某种文化做出错误的解释。尽管如此，如果在一个多种文化并存的社会中，研究某些少数民族的儿童和青少年的信仰、价值观及其文化冲突，这种方法仍然是十分有用的。

当然，除了上述各种方法之外，还有其他的研究方法可以研究儿童的心理发展，如作品分析、心理生理学方法等。作品分析主要是通过收集儿童的各种作品，包括作文、绘画、音乐作品等，分析儿童的心理发展特点。心理生理学方法则是用某些生理学仪器或手段，研究他们的生理反应与心理的关系，它主要用于研究言语能力缺乏的婴儿或学步儿的知觉、思维和情绪等心理活动。例如，研究者可以呈现某些刺激，观察儿童的生理反应，如脑电波的变化，通过这种变化，确定儿童是否识别了这些刺激。但是，进行这种推测也可能是冒险的，因为儿童的生理反应可能是由多种因素导致的,而不是这种刺激引起的。这也是心理生理学方法的缺点。尽管如此，它仍然是研究早期儿童心理的重要方法。

六、各种研究方法的综合应用

不难看出，几乎没有一种研究方法是“十全十美”的，每种研究方法都有自己的优点和缺点，它们分别适用于不同的研究对象、不同的研究问题和研究目的。因此，在儿童心理学研究中，选择合适的研究方法十分重要。

另一方面，在可能的情况下，研究者应针对某一个研究问题，综合运用多种研究方法，以达到优势互补、相互验证的目的。例如，在研究中小学儿童的学习动机的特点时，研究者可以采用自然观察法，记录他们在学习过程中的具体行为；采用访谈法，收集他们对学习的看法或认知、影响学习动机的因素等方面的信息；采用问卷或测量法，测量他们的学习动机水平；还可以通过日记分析和个案研究等方法，分析他们的日常生活和深层的心理活动对学习动机的影响。

显然，多种方法的综合运用，一方面扩大了信息收集的范围，使研究资料更全面、研究结论更客观，另一方面，则相互印证，保证了研究的质量。

案例点评

在本节开头的案例中，可以先确定具体的研究目的和内容，然后以横断、纵向或系列交叉研究方式，从上述研究方法中选择一种或几种方法，进行研究。

七、儿童心理研究的伦理问题

儿童心理学研究的对象是儿童。他们在生理和心理上都处于旺盛的发展阶段。

在研究过程中，如果处理不当，很容易对他们的身心造成伤害，给他们的发展带来不利的影响。其实，在早期的心理学研究中是有这种先例的。因此，儿童心理学研究应当遵守一定的伦理学原则，确保研究不对儿童的身心发展造成消极影响。

为此，美国心理学会和儿童发展研究会分别于 1992 年和 1993 年制定了研究者必须遵守的伦理规范，具体内容包括，保证儿童不受伤害，儿童具有知情权，研究者恰当地运用保密原则以保护儿童隐私。

研究者必须确保不让儿童受到身体或心理上的伤害，尊重和保护他们的权利。如果一项研究可能对儿童产生明显的伤害，或者从长期来看会产生潜在的不利影响，研究者应寻找其他的研究方式，或者放弃这项研究。

研究者应在研究开始前征求儿童的同意。7 岁以上的儿童应自愿参与研究，对于年龄在 18 岁以下的被试，研究者还应征得他们的家长或其他监护人的同意。研究者应当告诉儿童及其监护人研究的基本事项及其可能产生的影响，尽管这样做可能会让他们拒绝参加研究。而且，儿童也有权中途退出研究。

研究者在获取儿童的有关资料时，应当恰当地运用欺骗手段。在研究中，为了掩饰研究的真实目的，允许采用欺骗手段，否则，研究者就无法获取有效的信息。例如，为了研究儿童对成功与失败的反应，研究者创设了两种实验情境：成功情境与失败情境。研究者事先告诉儿童要做个游戏，而实验的真正目的是观察他们在成功或失败后的反应。但是，在研究结束之后，研究者应告知儿童研究的真正目的，让他们知道为什么要欺骗他们、不告知研究目的，同时，还应当让儿童知道他们所参与研究的结果。

此外，对于所获取的有关儿童的任何信息，研究者都要保密。无论是文字资料还是非文字资料（如录像、录音资料），研究者都要保证保密，在发表时隐匿儿童的身份信息。

拓展阅读

华生的条件反射实验

行为主义的早期奠基人华生曾经以小阿尔伯特（G. W. Allport）为被试，研究了条件反射的形成规律。小阿尔伯特生下来以后就在医院抚养，在 7 个月大的时候被华生选为实验对象。

在第一、二次试验时，华生给小阿尔伯特一只白鼠，阿尔伯特没有恐惧反应。就在他伸手去摸白鼠的时候，身后响起一个钢棒敲击的尖锐声音，他显得非常害怕，将脸埋进被褥里。在实验停止一周后，当白鼠再次出现时，阿尔伯特只是盯着白鼠，而不去接近它，在将白鼠放在他的面前时，他却缩回了手。在将白鼠与钢棒的声音多次匹配出现之后，阿尔伯特一看到白鼠就哭起来，急忙躲开。随后，在他面前呈现兔子和白色面具的时候，他也显示出恐惧的反应。显然，阿尔伯特的恐惧反应已经发生“泛化”。

通过这个实验，华生发现了条件反射形成的规律。但是，这项实验却对小阿尔伯特的心理发展造成了现实的或潜在的消极影响。儿童心理研究的基本伦理规范告诉我们，在研究中，如果事先意识到研究可能对儿童造成的伤害，无论是心理上的还是生理上的，都应禁止。

链接

在下列文献中，作者系统地总结了心理学特别是儿童心理学的理论进展和研究方法，可以作为参考读物：

Burns，RB. Introduction to research methods（4th edition）. London：Sage Publications International Edition，2000.

Sroufe L. A. & Rutter，M. The domain of developmental psychology. Child Development，1984，55，17-29.

Harris，J. R. Where is the child’s environment? A group socialization theory of development，1995，102（3）：419-457.

Hornuth SE. The ecology of the self：Relocation and self-concept change. European monographs in social psychology. US：Cambridge University Press. 1990.

陈向明.质的研究方法与社会科学研究．北京：教育科学出版社，2000

中国心理学会.心理学学科发展报告．北京：中国科学技术出版社，2007

朱智贤，林崇德．儿童心理学史．北京：北京师范大学出版社，2002.

林崇德．发展心理学．杭州：浙江教育出版社，2002.

罗伯特•费尔德曼著．苏彦捷等译.发展心理学——人的毕生发展．北京：世界图书出版公司北京公司，2007.

方富熹，方格.儿童发展心理学．北京：人民教育出版社，2005.

小结

儿童心理学是研究儿童心理、揭示儿童心理活动特点和规律的科学。广义上的儿童心理学包括以儿童为研究对象的心理学的各个分支，包括生理心理学、发展与教育心理学、社会心理学以及各类应用心理学，狭义的儿童心理学就是研究儿童心理发生、发展规律的科学。

儿童心理学的理论研究任务在于揭示人类从受精卵的形成一直到十七八岁期间心理发生、发展的基本原理和年龄特征，实践任务在于对儿童心理的发展进行有效的控制或干预，促进儿童心理的发展。

儿童心理学的研究内容可以分为两部分：一是儿童心理发展的基本原理或规律，回答儿童心理学的基本问题；二是儿童心理发展的年龄特征。

西方儿童心理学的思想可以追溯到古希腊和古罗马时期。1882 年，德国的普莱尔出版了《儿童心理》一书，这被看做科学的儿童心理学诞生的标志。1882 年以后，直到 20 世纪早期，西方儿童心理学逐渐成型。从 20 世纪初期至中期，儿童心理学经历了一个不断分化和蓬勃发展的时期。在这一时期，出现了各种心理学理论或流派，包括精神分析、行为主义、格式塔（完形）学派等。20 世纪中期以后，西方儿童心理学进一步发展。原有的心理学理论不断演变和分化，一些新的心理学理论和思潮也应运而生，儿童心理学的研究范围也在不断扩展。20 世纪六七十年代以后，儿童心理学研究逐渐扩展到人的一生。另外，前苏联的儿童心理学也是世界儿童心理学的重要组成部分。

我国的儿童心理学思想由来已久。早在春秋、战国时期，一些思想家就有了朴素的儿童心理发展的思想。20 世纪初，也就是五四运动前后，科学心理学著作逐渐被翻译介绍到中国，中国的儿童心理学也开始发展起来。然而，在相当长的一段时间内，我国的儿童心理学研究都在学习和模仿前苏联和西方国家。直到近年来，才有所改观，形成了自己的儿童心理学体系。目前，国内儿童心理学研究蓬勃发展，研究领域十分广泛。

就发展趋势来看，儿童心理学的研究体制相互交叉，研究范围不断拓展，研究方法呈现出生态化、综合化的特点，同时，跨文化研究以及重视现实生活中的实际问题和应用，也成为儿童心理学的重要发展趋势。

从总体上看，儿童心理学的研究可以分为两大类：一类是相关研究，另一类是实验研究。相关研究的目的主要是确定两个或多个变量之间是否存在关联或相关，实验研究的目的则是确定变量之间的因果关系。

通常可以把儿童心理学研究设计分为横断研究设计、纵向研究设计，此外，还有一种将纵向研究与横断研究相结合的研究设计，又叫系列交叉研究设计。各种研究设计都有自己的优点和缺点。

常用的心理学研究方法有自我报告法（日记、访谈或问卷等）、行为测量法（测验或其他行为测量法）、观察法（自然观察法与实验室观察法）以及一些综合性的研究方法（个案研究法、民族志研究法等）。其中，自我报告法是儿童用言语表达他们内心活动的方法，测量法主要是运用心理测量学的基本原理，编制心理测验或其他测量工具，考察心理与行为的方法，观察法是根据一定的研究目的，对儿童的某个或某些方面的行为进行记录、分析，以考察其心理发展规律的方法，综合性的研究方法通常会综合运用观察、访谈、测量或问卷调查等多种方法。各种研究方法都有利有弊，在有条件的情况下，应综合运用，以扬长避短。

儿童心理研究应遵守基本的伦理学原则，其中包括，保证儿童不受伤害，儿童具有知情权，研究者应恰当地运用保密原则以保护儿童隐私。

第二章

儿童心理发展的基本理论和规律

学习目标与探索性问题

- 儿童的心理，包括认知、个性、社会性，是如何形成和发展的？精神分析理论、学习论、认知发展理论、环境和系统理论是怎样回答这个问题的？中国的儿童心理学家又给出了怎样的答案？
- 儿童心理的发展是由先天的禀赋决定的，还是由后天的教养决定的？在这个过程中，儿童是主动的还是被动的？这种发展是连续的，还是不连续的或分阶段的？儿童心理的发展具有普遍适用的规律吗？

第一节 心理发展的基本理论

下面是一个心理学的幽默故事：

一天，众心理学大师出游，一群饿狗飞奔而来。

弗洛伊德："其实，你们并不想侵犯我们，只是想发泄俄狄浦斯期的冲动，让你们焦虑的不是我们，而是你们的狗爸爸。你们的童年有创伤。"众狗凄然泪下。

班杜拉："你们的行为主要还是环境造成的。你们生活中的那些坏榜样，包括你们的狗爸爸和狗妈妈，把你们给带坏了，你们模仿了他们的行为，不要模仿他们了！"众狗低头反思。

皮亚杰："你们的思维还处于前运算阶段，自我中心导致了这种行为，等思维发展到高级阶段，你们就会明白了。"众狗惭愧汗颜。

中国的心理学家："我在一定程度上同意各位的看法，但是，你们的看法是不全面的。对这种行为应当辩证地分析……”

在上面这个故事中，各派心理学家们为什么对于同一种行为给出了不同的分析？应当如何看待他们的观点？

所谓理论，实际上是用来组织、解释和预测事实的概念或观念体系，这些不同的概念或观念一般是围绕某个主题或某些相关的主题展开的，在逻辑上是相关的。科学理论的基本目的在于，对某个领域或某些相关领域的事实进行描述、解释，对未来可能出现的事实进行预测，并给出控制或改变的方法。

儿童心理学的理论就是这样一套概念和命题，它可以描述儿童心理和行为的发展现象，如随着年龄的增长，儿童的行为所发生的一系列变化，或者在不同的年龄阶段，儿童的行为分别表现出哪些突出的特征。更重要的是，它要对儿童的心理和行为做出解释和预测。也就是说，它要说明为什么会发生这些变化，这些变化的深层机制是什么，在哪些条件下这些心理或行为会发生。这是儿童心理学理论的核心。同时，这些理论还会指出，应当如何促进儿童的心理发展，如何解决儿童心理发展的问题。

下面就是这样一些影响较大的理论，它们分别从不同的角度，对儿童心理发展的不同侧面进行了解释和预测。这些理论包括精神分析理论、学习理论、认知发展理论、环境和系统理论等，另外，还将概括地介绍中国的儿童心理发展理论。

一、精神分析理论：儿童的人格和动机发展

精神分析又称为心理分析（Psychoanalysis）。精神分析学说产生于19世纪末20世纪初，它在心理学、哲学等多个领域都产生了巨大的影响。奥地利的西蒙德·弗洛伊德（1856—1939）是它的创始人。他以对精神病人的治疗和分析为基础，逐渐形成了自己的理论。这种理论产生了非常广泛的影响，有人甚至认为，很难找出一个比弗洛伊德对西方思想影响更大的理论家。

弗洛伊德（1856—1939）

精神分析理论有早期与后期之分，早期的理论被称为经典的精神分析理论，它以弗洛伊德为代表；后期的理论主要是指弗洛伊德之后，在经典精神分析学说基础上发展起来的一系列观点，以阿德勒、荣格、埃里克森等人为代表。

理论：用来组织、解释和预测事实的、围绕某个主题或某些相关的主题展开的、在逻辑上相关的概念、命题或观念体系。

拓展阅读

弗洛伊德的著作很多，比较著名的有《梦的解析》(1900)、《性学三论》(1905)、《精神分析引论》(1910)、《图腾与禁忌》(1913)、《超越唯乐原则》(1920)、《文明及其冲突》(1920)、《自我与伊底》(1923)、《摩西与一神教》(1939) 等。其中，《梦的解析》《性学三论》《精神分析引论》《图腾与禁忌》《文明及其冲突》等已有中文版，读者可以在当地书店和出版社找到，也可以在互联网（如当当网）上找到。如果想详细了解弗洛伊德本人的事迹，可以看《弗洛伊德自传》和《弗洛伊德传》等人物传记，这些书也有中文版。

读者应注意进行批判性阅读，对于书中的观点，应当看到它的优点，同时也应看到它的不足或局限性。

（一）弗洛伊德的儿童心理学理论

弗洛伊德十分强调儿童早期的经验，它对一个人人格的发展有着至关重要的影响。他认为，精神病人有着痛苦的早期经历，正是这些经历决定了他们的精神病行为。因此，要治疗这些疾病，必须了解病人的早期生活经历。

1. 人格理论

弗洛伊德认为，一个人的人格由三个“我”构成，它们分别是本我（又叫伊底）、自我和超我。本我就是本能我，由生物本能构成。人的本能包括两部分：一是生本能，也就是求生、维持自身生存和人类发展的本能，包括对食物、空气、睡眠和性的生理需要；二是死本能，它是一个人斗争、攻击和破坏的本能，是人类本性中的破坏力量。这两种本能都是人行为的根本推动力。

自我产生于婴儿早期，它是人格中的理性部分，也就是人能够意识到的部分。它遵循现实原则，相当于外部的现实世界与内在的原始冲动之间的缓冲器。

在 3 － 6 岁时，从自我逐渐发展出超我。超我就是个人的道德我，遵循道德原则。它代表着个人的良知，可以区别什么是对的，什么是错的。

弗洛伊德认为，自我是人格中的调节力量，它调节着本我、外部世界与超我三个方面的要求。弗洛伊德曾经用一个比喻说明自我与本我的关系：本我是马，自我是骑手，马提供动力，骑手则为马指明方向，但马可能不那么听话。超我则是人格中的控制力量，它控制着本我的冲动，不让它“越轨”。弗洛伊德认为，三者应当达成平衡，人格才能健康发展，过强的自我容易让儿童变得自私，过强的超我则容易让儿童自责和过分谨慎，甚至发生心理疾病。相对而言，弗洛伊德更强调本我与自我的力量。

2.人格发展阶段论

弗洛伊德认为，在个体发展过程中，人的性本能所产生的心理能量（力比多）是不断转移或流动的，力比多集中于哪个部位或区域，哪个部位或区域就成为性感区，刺激这些部位或区域，就能引起快感。根据力比多的投射部位，他把儿童人格的发展划分为以下五个阶段：

（1）口唇期（出生到1岁）。婴儿出生后总是用嘴吸、吃、咬东西，即使在不饥饿时也是如此。父母应满足儿童的基本需要，应及时喂奶，而不应过早断奶，否则容易造成“口腔人格”，长大后喜欢咬东西、吃手指头、贪吃、贪财、有烟瘾等。

（2）肛门期（1－3岁）。第一年之后，力比多转移到肛门部位。这时，儿童在排便和控制排便时会产生快感。这一时期，父母应当对儿童进行大小便训练。如果父母过分讲究清洁，对儿童训练过早或者过于严厉，儿童成年后就容易形成洁癖，或者十分吝啬；如果父母不提任何要求，儿童成年后则容易形成不爱干净或挥霍浪费的习惯。

（3）生殖器期或性器期（3－6岁）。这时，力比多转移到生殖器部位，儿童从刺激生殖器得到快感。儿童产生对异性父母的依恋或情结，也就是说，男孩会产生“恋母情结”，希望占有自己的母亲，而把父亲看做情敌；女孩则产生“恋父情结”，希望拥有自己的父亲，而把母亲看做情敌。

由于情敌过于强大，自己不可能与之竞争，儿童产生了强烈的恐惧感。他们逐渐放弃了对异性父母的性要求，而倾向于认同异性的父母，儿童由此形成了自我理想，男孩希望成为像父亲一样的人，女孩则希望成为像母亲一样的人，他们接受了父母的价值观念或道德标准，而形成了良知或良心。

（4）潜伏期（6－11岁）。这是一个相当平静的时期，因为儿童的力比多潜伏下来，并一直持续到青春期。这时，口唇期、肛门期、生殖器期的各种感受逐渐被遗忘，力比多的作用变得微乎其微，超我则进一步发展。儿童的精力投入到社会接受的学习、游戏和运动等活动中。

（5）生殖期或青春期（11岁或13岁到成年）。女孩大约从11岁开始，男孩大约从13岁开始，力比多重新活跃起来，并集中于生殖器部位，对异性产生强烈的性冲动。如果儿童在5岁之前没有遭受挫折，他们就会追求异性，建立家庭，拥有正常的性生活，并从中获得快乐。这一时期，儿童还希望从父母那里独立出来，很容易产生与父母的抵触情绪。

显然，弗洛伊德的理论强调早期生活经验、家庭和亲子关系的作用，对于儿童早期发展和早期教育具有重要的启示。但是，他的理论缺乏足够的科学依据，在某种程度上是他个人的主观臆测。他的观点所依据的事实有时甚至是错误的、不存在的，例如，他对于达芬奇童年时期的分析就引用了一个可能并不存在的事实。而且，这种理论过分强调了生物本能的作用，相应地降低了社会因素的作用，具有很强的泛性论的色彩，这显然是不符合实际的，也是不科学的。

拓展阅读

弗洛伊德的心理历史学传记——《达芬奇对童年的回忆》一书的中文版，可以在互联网或书店、出版社购买到，也可以借阅。这本书从达芬奇对童年生活的回忆中的一个细节入手，对他的潜意识进行了深入的分析，据一些历史学家考证，这个细节或事实本身可能并不存在。

（二）埃里克森的心理发展理论

埃里克森（1902—1994）

埃里克森（Erik Homburger Erikson，1902—1994）不仅强调生物学因素的作用，而且强调文化和社会因素的作用。他扩充了弗洛伊德心理发展的阶段，提出了心理发展的八个阶段，其中包括了成年后社会心理的发展阶段，构成了毕生发展阶段论。他认为，在每一阶段，社会和文化都会对人们的自我提出一种特定的适应要求，也就是说，要求人们以某种特定的社会心理或人格品质去适应社会，这样，在自我与社会之间就会产生一种心理冲突，即危机。在每个阶段，人们都需要面对一种主要的心理发展危机，如果这种危机解除了，就能形成某一种积极的人格品质，并顺利过渡到下一阶段，反之，就可能形成消极的人格品质，而且这种危机会持续存在，直到解决。因此，在教育过程中，应促成儿童积极的品质，而避免消极的作用。埃里克森提出的八个阶段及其主要危机或任务如下：

（1）信任对不信任（0－1岁），相当于弗洛伊德所说的口唇期。

（2）自主对羞怯、怀疑（1－3岁），相当于弗洛伊德所说的肛门期。

（3）主动对内疚（3－6岁），相当于弗洛伊德所说的性器期。

（4）勤奋感对自卑感（6－12岁），相当于弗洛伊德所说的潜伏期。

（5）自我认同感对角色混乱感（12－18岁），相当于弗洛伊德所说的生殖期或青春期。

（6）亲密感对孤独感（18－25岁），这一时期属于成年早期。

（7）繁殖感对停滞感（25－50岁），这一时期属于成年中期。

(8)自我完善感对悲观失望感（50 岁以后），这一时期属于成年晚期。

与弗洛伊德不同，埃里克森的理论突出了自我的作用，强调了社会和教育对心理发展的影响，同时强调每个阶段发展的重要性。这对于教育尤其是儿童和青少年教育具有重要的启示。另一方面，他将人格的发展延伸到人的一生，这对于毕生发展研究也具有重要的启发。但是，这种理论并没有突破弗洛伊德发展阶段论的束缚，而且缺乏充分而严谨的科学依据。这是它的局限性。

思考

你认为精神分析有道理吗？为什么？你曾经有过他们描述的这些体验吗？

拓展阅读

精神分析学家的理论与他们的人生

如果人们将精神分析学家的理论与他们的生活经历联系起来，很容易发现一个有意思的现象，那就是，他们的理论好像在描述和解释他们自己的人生经历，在剖析他们自己遇到的各种困惑和危机。换句话说，他们的理论好像是对他们自己人生的反思和总结，是他们的自我解析。

弗洛伊德出生在犹太人家庭，父亲是一个淳朴的商人，母亲是一个普通而智慧的犹太妇女。他的父亲在 40 岁的时候才结婚，当时他的母亲才 20 岁。相对来说，母亲对他的影响更大，给予他无限的关怀，他对母亲也有一种深深的眷恋和爱戴，他也很孝顺他的母亲。他曾经说，他的自信以及对事业的乐观态度，在很大程度上来自母亲的影响。特别值得一提的是，弗洛伊德自幼就对异性关系问题特别感兴趣，并对此留下十分深刻的印象。他曾回忆起幼年发生的两件让他印象深刻的事情：有一次，他好奇地闯入父母的卧室，想观察大人的性生活，结果被发怒的父亲赶回自己的房间；还有一次，两岁的他在床上撒尿，父亲指责他，他说："别生气，爸爸，我会在市中心给你买一个红色漂亮的新床来赔你。"弗洛伊德对父母形成了不同的印象：父亲是比较严厉的，母亲则是温情脉脉的。弗洛伊德成年后之所以提出性欲学说，与他对性问题的关注和兴趣不无关系。

在弗洛伊德的弟子们及其他的精神分析学家中，很多也是如此。阿德勒（Alfred Adler，1870—1937）提出了"自卑超越说"，认为人们都因感到自己不完美或有缺陷而具有"自卑情结"，这种自卑感推动着人们努力追求优越，求得自身的完美，以对自身的缺陷进行补偿。实际上，这种观点与他个人的经历密切相关。

阿德勒 1870 年出生于维也纳郊区的一个中产阶级犹太家庭，但他的童年生活却是多灾多难的。他在兄弟中排行第二，长得又矮又丑。他幼年多病，患有软骨病、佝偻病、肺病，4岁才会走路，体质很差。他的哥哥则身体健壮，这让他觉得自惭形秽，觉得自己样样不如别人。他曾说，童年生活笼罩着对死亡的恐惧和对自己身体虚弱的愤怒。但是，强烈的自卑感并没有让他沉沦，他不甘落后。1895年，他获得维也纳大学医学学位，1907年，发表论文阐述了自己关于自卑感及其补偿的观点，创立了自己的理论。这正是他克服自身的自卑感进行补偿的结果。《器官缺陷及其心理补偿的研究》《超越自卑》都是他的名著。

前面曾提到的埃里克森的经历也很有说服力。他生于德国，父亲为丹麦人，母亲为犹太人，他出生后不久父母离婚，母亲改嫁，他由继父抚养成人。可以说，他自幼就面临严重的自我认同危机。小时候，他长得像丹麦人，身材高大，金发碧眼，他的同学都把他看做犹太人，而犹太人因他的长相与众不同而疏远他，不愿和他在一起玩。青少年时期的埃里克森同样面临着严重的自我认同危机，他不知道自己应该干什么，为此感到十分苦恼。直到1927年，他才找到了自己真正的兴趣。难怪在他的理论体系中，自我认同这个概念占有十分重要的地位。

二、学习论：儿童行为、态度的发展

华生（1878—1958）

从总体上看，行为主义理论强调在外部环境的影响下行为的学习和改变，不太注重内在的认知、动机和情绪的发展，因此，也被称为学习理论。行为主义心理学的代表人物有华生和斯金纳，他们分别被看做经典行为主义与新行为主义的代表人物。后来，班杜拉进一步提出社会学习理论，他通常也被看做新行为主义的代表人物。

（一）华生的行为主义理论

华生认为，心理学应当是一门自然科学。它应当抛弃意识、心理状态、心灵、内省、想象等名词，而研究可以观察、预测和控制的行为。一个人的行为或反应是由周围的环境刺激决定的。在此基础上，华生成为典型的环境决定论者，认为环境和教育决定了儿童一切行为的发展，从而否认了遗传的作用。

他提出了教育万能论。他有一段著名的话，特别能说明这种观点：

“给我一些健康的婴儿，让我在可以控制的环境中抚养，我保证，我可以把任何一个婴儿——无论他具有怎样的能力、嗜好、趋向、才能、职业和种族——训练成任何一种人，包括医生、律师、艺术家、商界领袖乃至乞丐和盗贼。”

华生十分强调学习的作用，认为外部刺激是学习的决定条件，无论多么复杂的行为，都可以通过控制外部刺激而形成和改变。学习的本质是建立条件反射。在第一章中提到的小阿尔伯特实验中，小阿尔伯特是怎样习得对白色物品的恐惧反应的呢？在实验过程中呈现白色刺激（兔子等）时，都会有一个让人恐惧的声音（能够引起恐惧反应的无条件刺激）响起，这样多次重复，原来的中性刺激或无关刺激（白色的事物）就具有了信号意义，从而在白色刺激与恐惧反应之间建立了条件反射。小阿尔伯特的这种学习让他一见到白色刺激就很害怕。

华生认为，在教育过程中，教育者应重视对儿童进行早期的行为训练，培养儿童的各种良好的行为习惯，而不应采用体罚。从现代教育观来看，这些思想具有一定的科学性。

（二）斯金纳的新行为主义

斯金纳（B. F. Skinner，1904—1990）被西方心理学界誉为当代最有影响力的心理学家。

斯金纳（1904—1990）

他根据动物实验的结果，提出操作条件反射理论，认为某一种行为的后果可以增加或减少这种行为的发生。通过施加一种个体想要的刺激，或者撤除一种个体不想要的刺激，以增加行为发生概率的过程，叫作强化。个体想要的刺激呈现和不想要的刺激撤除都是强化物。强化物既可以是物质上的，如好吃的食品、好看的奖品，又可以是口头的或精神上的，如夸奖、微笑。如果一个孩子因努力学习而受到老师的表扬，这种表扬就会成为一种强化物，强化他努力学习的行为，他以后就会更加努力地学习；如果一个不爱学习的孩子偶尔专心学习，老师因此不再责备他，责备行为的撤除也可以强化这种专心学习的行为。显然，操作条件反射理论强调行为结果对后来行为的影响，强调强化对学习的作用，这也是操作条件反射与华生的条件反射的不同之处。斯金纳的理论已被广泛应用于教育、教学中，成为儿童行为塑造和行为矫正的理论基础。

提示

强化与惩罚的区别

强化有两种形式：给一个人他想要的某个东西（施加喜欢的刺激），或者拿走一个他不想要的东西（撤除厌恶刺激）。无论哪一种强化，都会让这个人的某一种行为在以后更可能发生（提高它发生的概率）。但是，惩罚是通过给一个人他不想要的东西（施加厌恶刺激），而让这个人的某一种行为在以后不再发生或发生的概率降低，它与强化正好相反。例如，一个孩子因跟别人打架而受到了老师的斥责，斥责就构成了一种惩罚，这个孩子的打架行为以后就可能减少。强化和惩罚都可以用来塑造和改变儿童的行为，但斯金纳的理论更注重强化的作用。

（三）班杜拉的社会学习理论

班杜拉（1925—　）

班杜拉（A. Bandura，1925—　）认为，儿童的社会行为，包括攻击性行为（如欺负小孩子）和亲社会行为（如帮助别人，与别人分享好东西），主要是通过观察和模仿榜样而来的。观察学习就是通过观察别人的行为及后果而进行的学习。儿童因看到别人的行为受到了强化，而使自己也受到了强化，这种强化叫做替代强化。儿童在看到或听到一个榜样人物的行为以及这种行为的结果之后，他本身虽然没有得到这种结果，或者说没有受到直接强化，但他却受到了替代强化，因而形成了对榜样的认同。例如，一个孩子看到一个成年人的攻击行为受到表扬，虽然他本身没有受到表扬，但他却受到了替代强化，他以后也可能去攻击别人。对儿童来说，观察、模仿的对象或榜样人物可能是身边的父母、老师，也可能是电视等媒体宣传的人物。

在观察学习过程中，儿童会把自己的行为与别人的行为进行比较，知道自己干得好还是坏，进而进行自我表扬或自我责备；他还会从自己行为的后果，认识到自己的行为是好还是坏，是否有价值。这样，儿童就逐渐形成了一种自我效能感（self-efficacy）。自我效能感是个体对自己做某一件事情的能力感，或者说，在做某一件事情时，个体成功的把握有多大。如果一个儿童模仿成绩优秀的同学努力学习，获得了好成绩，他就可能受到强化，认为自己只要努力学习就能获得好成绩，他的自我效能感就会提高，以后更可能像他的同学那样努力学习。

不难看出，学习理论十分注重行为的学习，无论在理论上还是在现实中，都产生了深远的影响。华生的行为主义理论及研究将心理学从哲学中彻底独立出来，使之成为一门真正的实验科学和行为科学；而且，它否定了以往强调内省的心理学研究，提高了心理学研究的客观性，将心理学推进了一大步。斯金纳提出的操作条件反射学说进一步拓展了华生的理论，建立了完整的行为塑造理论体系。在此基础上，社会学习理论直接有效地说明了儿童社会行为的学习问题，试图从认知过程解释儿童行为的获得，这是对行为主义理论的进一步发展。在儿童的品德和态度教育中，它所总结的榜样和观察学习规律具有广泛的应用。但是，行为主义特别是华生、斯金纳的行为主义理论过分强调行为，而忽略了内部心理活动的作用，班杜拉的社会学习理论虽然考虑了认知因素的影响，但对认知作用的分析不够深入，因而仍然属于行为主义的观点。而且，这些理论十分强调环境的影响，而低估了儿童自身对发展的贡献，低估了儿童在自身发展中的主动性。这使得它们不能全面地解释儿童心理的发展。

思考

上面提到的学习理论能解释你自己的行为吗？能解释你身边儿童的行为吗？请你结合具体事例说明。

三、认知发展理论：儿童认知的发展

儿童的认知是怎样发展的？这个问题长期以来一直是心理学家们十分感兴趣的问题。在这方面，皮亚杰在研究基础上提出的认知发展理论影响较大。

皮亚杰（J. Piaget，1896—1980）是西方、前苏联和日本最有影响的心理学家之一。他的理论可以从以下几个方面进行分析：

（一）心理发展的本质

皮亚杰研究的主要内容还是思维或智力的发生、发展问题。他认为，人是一个生物有机体，其思维或智力的发展不是起源于先天的生理成熟，也不是起源于后天的经验和外部环境，而是起源于儿童自身的动作。主体通过动作对客体的适应，乃是心理发展的真正原因。

皮亚杰（1896—1980）

儿童心理的发展是从一些简单的图式（schema）开始的。图式是指外部和内部动作的结构，是动作中能够重复和概括的东西，例如，儿童出生后倾向于用嘴吮吸奶头和别的东西，这种动作可以概括形成一个“用嘴巴吮吸某物”的图式。再如，儿童经常用手推动一个东西，从这个动作中可以概括出一个“用手推动某个物体”的图式。儿童出生后就有一些本能的图式，如吮吸、抓握。这些图式是儿童最初的认知结构，是他们适应环境的基础，随着年龄的增长，这些简单的图式日益复杂，最终形成复杂的认知结构。

儿童的适应是通过同化和顺应两种形式实现的。同化是把外部的刺激或环境因素纳入已有的图式或认知结构中。相反，顺应是改变自身的认知结构或图式，以适应外部的环境。

（二）认知发展的阶段

皮亚杰认为，儿童的认知发展按照固定的顺序，要依次经过四个阶段，不能超越某个较低的阶段而直接跨入高级阶段；每个阶段都是前一阶段的延续，都有自己独特的结构。这四个阶段的特点如下：

（1）感知运动阶段（0－2岁）。这一时期，儿童主要运用本能的反射和简单的图式适应环境，对待外部的物体。他们需要协调感知与动作，而且以外部的动作为主。换言之，他们的思维是外化的，主要表现为外部的动作。

（2）前运算阶段（2－7岁）。这时，儿童的各种动作逐渐内化，在头脑中形成各种表象或形象，主要根据这些表象或形象进行思维。脱离了具体的实物和形象，儿童就难以进行思维。例如，如果问儿童“1+1=？”他们可能回答不上来，但如果问“1个苹果加上1个苹果是几个苹果？”他们就能正确回答：“两个苹果。”

（3）具体运算阶段（7－12岁）。儿童能在与具体事物相联系的前提下，进行逻辑思维或运算。例如，他们能通过数手指进行数学加减法运算，或者通过在头脑中想象实物，进行加减运算。他们的思维具有守恒性，也就是能在头脑中抓住事物的本质，而不为各种表面现象的变化而干扰。例如，他们知道，一杯水的容积不会因它倒进另一个不同的杯子而改变（容积守恒），五个棋子，无论它们怎样排列，数量都是不变的（数量守恒）。但是，这一阶段的儿童还不能对抽象的符号（如数学符号）进行纯粹的逻辑推理。

（4）形式运算阶段（12－15岁）。这一时期的儿童已经能脱离具体的实物的支持，对抽象的形式化的符号进行运算，能够根据假设进行逻辑推理。例如，儿童能够进行这样的推理：如果A>B，B>C，那么，A>C。这是一个假设性的命题，A、B、C都是抽象的形式或符号。

皮亚杰认为，后一个阶段是在前一阶段的基础上发展起来的，它们不是截然分开的。每个阶段的年龄划分都是相对的。儿童的发展存在个别差异，他们通过每一阶段的速度有所不同。

思考

你当年的思维发展是否经过了皮亚杰所说的这几个阶段呢？请用几件具体的事例说明。

皮亚杰代表的认知发展理论并不是十全十美的。许多心理学家认为，这种理论低估了婴幼儿的认知能力，许多研究表明，婴幼儿甚至能完成某些具体运算阶段的任务。其次，皮亚杰重视生物机能和先天遗传因素（图式）的作用，但是，不重视教育和文化因素对认知发展的作用。实际上，通过教学或训练，儿童的认知能力可以得到明显的提高。而且，皮亚杰认为形式运算是思维发展的最高阶段，青少年之后思维不会发生大的变化，而一些研究发现，成年人的思维与青少年有很大的区别，变得更为辩证，可以称为"后形式运算"。最后，皮亚杰在研究认知发展的时候忽略了情绪、动机等因素的影响，这也是不全面的。

拓展阅读

新皮亚杰主义和信息加工理论

随着研究的深入，人们逐渐发现了皮亚杰理论中的许多不足之处，并对它进行了修正，逐渐形成了所谓的"新皮亚杰主义"。他们提出了一系列新的观点，其中包括，婴幼儿已经表现出某些较高的认知能力；成人的思维模式属于"后形式运算"，形式运算阶段不是思维发展的最高阶段。"后形式运算"的主要特点是，看问题更为全面，能从现实出发考虑和解决问题。

20 世纪 50 年代以后，信息加工心理学迅速兴起。信息加工研究的主要目的在于揭示内部的认知过程。它倾向于把人看做一个类似于计算机的信息加工机器，把人的认知过程看做一个信息输入、储存、加工和输出的过程。皮亚杰并没有说明儿童具体的认知过程，信息加工心理学则十分具体、深入地描绘了儿童解决问题的过程，因此，在一定程度上弥补了皮亚杰研究的不足。但是，信息加工研究着眼于具体的问题，缺乏全面的理论指导，也不重视理论的概括，因而也受到了一些研究者的批评。

四、环境和系统理论：儿童的心理发展与环境

儿童的心理发展是在特定的环境条件下进行的。布朗芬布伦纳（U. Bronfenbrenner）是美国当代心理学家。他基于对心理学研究的反思和批评，提出了心理发展的生态系统论（ecological systems theory），对儿童心理发展的真实环境进行了分析。

链接

在下列文献中，作者提出了心理发展的生态系统论，可以作为参考读物：

Bronfenbrenner，U. The Ecology of Human Development，Cambridge，Harvard University Press，1979

Bronfenbrenner，U. Ecological Systems Theory. Ross Vasta（Eds），Annals of Child Development，1989，6，187-250

布朗芬布伦纳
(1917—2005)

他认为，儿童成长的环境是一个由多层子系统构成的生态系统，这多个子系统相互联系，共同影响着儿童心理的发展，而且，儿童与环境之间是相互作用的（见图 2.1）。

最内层的环境系统为微系统（micro-system）。它是儿童生活于其中，并直接与之相互作用的环境，包括家庭、托儿所、幼儿园或学校的班级、同伴群体等。微系统对儿童的影响是直接的。父母、兄弟姐妹、老师、同伴直接影响着儿童心理的发展，而儿童自身的心理和行为也影响着周围的环境。例如，一个友善的、讨人喜欢的孩子更容易激起父母和周围人的好感，从而得到更多的关爱和社会交往的机会，这又会进一步促进他的这种性格特征的发展。

微系统外面是中间系统（mesosystem），它处于生态系统的第二个层次，主要是儿童生活于其中的各种微系统之间的联系。家庭、学校的班级或托幼机构之间的联系就构成了这样一种环境。学校的教师会经常家访，或定期开家长会，以增强与家长的联系，共同促进儿童的发展。家访或家长会可能会改善父母的教养方式，间接影响儿童的心理发展，也可能直接影响儿童对学校或家庭的态度，对儿童产生直接的影响。

第三层环境是外系统（exosystem）。它是儿童生活的外围社会环境，如父母的职

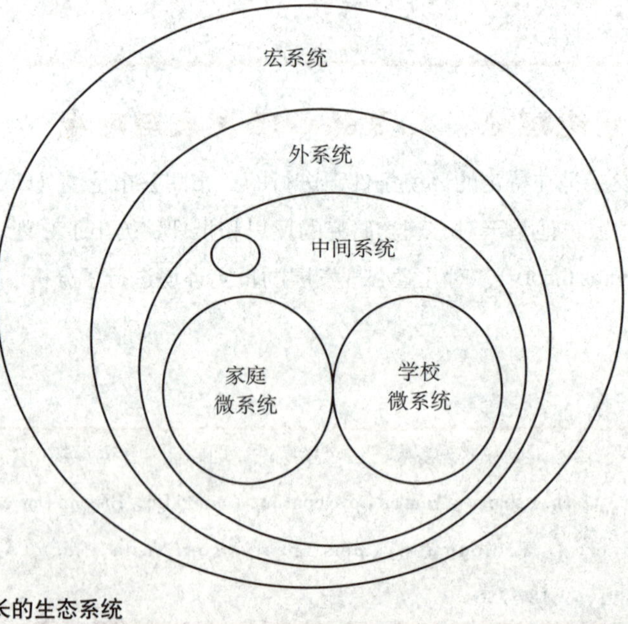

图2.1 儿童成长的生态系统

业和工作单位、亲戚朋友、邻居、社区、儿童的医疗保险等。这些环境通过影响儿童生活的微系统和中间系统，间接地影响儿童的心理发展。例如，亲戚可能影响父母的教养态度，从而影响儿童的行为；父母的工作是否顺利，会影响到他们的情绪，这又影响到亲子关系和儿童情绪的发展。

宏系统（macro-system）处于生态系统的最外层，包括宏观的社会文化、价值观、风俗、法律、社会福利制度或其他政治制度等。它们影响着儿童生活的外层系统、中间系统和微系统，对儿童心理发展的影响也是间接的。例如，不同的文化背景、价值观影响着父母和教师的生活方式、价值观和教育方式，这又会影响到儿童的价值观和行为。

儿童不是被动地顺应环境，而是主动地与环境发生相互作用。他们会主动地选择适合自己的环境，改变不适合自己或自己不喜欢的环境，建构和创造适合自己的新环境。例如，一个外向的儿童会寻找各种社交场合，主动地与别人建立各种社会关系。人既是环境的产物，又是环境的创造者和建构者。另一方面，随着年龄的增长，儿童生活的微系统也是不断拓展和变化的，他们会从家庭拓展到学校和其他社会场所。儿童心理发展的过程实际上就是儿童不断拓展和适应环境的过程。其中，生活中的重大转折对儿童的心理发展具有重要的影响，这些转折包括入学或升学、毕业、就业等。这些转折会成为儿童心理发展的新起点，促进他们心理的重大变化。显然，这种理论分析了环境是如何影响儿童心理发展的，以及儿童又是如何影响环境的，可以作为分析问题的方法论。但是有人认为，它不够重视生物学因素的作用。

问题和讨论

如果一个孩子学习成绩很好，这可能与哪些因素有关？这些因素是怎样起作用的？还可以分析你自己目前的性格或其他心理特点是怎样形成的，环境是怎样起作用的。

可以在课堂上或课外，以小组为单位，讨论这种理论对我们分析问题有什么启发。

五、中国的儿童心理发展理论

从总体上看，中国的儿童心理学理论更为辩证或“折衷”。早在20世纪初，陈鹤琴、黄翼等就研究了儿童的心理发展问题，提出了我国最初的心理发展理论。概括地说，他们都非常强调后天的教育和环境对儿童心理发展的影响。

1949年新中国成立以后，潘菽（1897—1988）、朱智贤（1908—1993）等在马克思主义哲学思想的指导下，批判地看待国外的心理发展理论，提出了辩证的儿童发展观。潘菽认为，儿童的心理发展是他们积极反映现实的结果，是通过量变逐渐达到质变的过程；儿童心理的发展具有一定的阶段性和顺序性；心理发展的各个方面是相互联系、相互制约的；心理的发展具有个别差异。他还非常强调心理学理论与教育实际的结合。

朱智贤的儿童心理发展思想最有代表性。他系统地论述了先天与后天的关系、内因与外因的关系、教育与发展的关系、年龄特征与个别特征的关系等基本理论问题，还指出了中国儿童心理学的基本发展方向。

他认为，遗传素质、生理成熟都是心理发展的生物前提，提供了心理发展的可能性，而环境和教育将这种可能性变成现实性，决定了儿童发展的方向和内容；作为儿童心理发展的外因，环境和教育是通过儿童心理发展的内部矛盾或内因起作用的，环境和教育会不断地对儿童现有的心理发展水平提出挑战，它们向儿童提出的新要求与儿童已有的发展水平之间的这种矛盾，不断推动着儿童的心理发展。

儿童的心理发展不是由外因或内因单独决定的。只有适合儿童已有发展水平的教育才能促进他们心理的发展，也就是说，只有那种高于儿童原有的水平，经过他们的努力能够达到的要求，才最适合他们。在教育过程中，儿童不断领会和掌握各种知识，经过一系列的从量变到质变的过程，他们的心理不断地向前发展。另一方面，儿童心理的发展既有年龄特征，又有个别差异或个体特点。年龄特征反映了儿童心理发展中的质变，它既是稳定的，又是可变的。在同一年龄阶段，不同的儿童既具有一般的、典型的特征，又可能具有自身的个别特点。

朱智贤还主张用系统的观点指导心理学研究，主张将心理看做一个开放的组织系统，系统地分析各种研究类型，如纵向研究与横断研究等，系统地处理研究结果，将定量分析与定性分析结合起来。另外，他还强调心理发展研究的中国化，主张在教育实践中研究心理的发展，而且主张整合多学科的力量，促进心理发展的研究。

链接

近年来，朱智贤、林崇德等人系统地总结了中国的儿童心理学观点，这些观点突出地反映在以下著作中：

朱智贤．儿童心理学．北京：人民教育出版社，1993

朱智贤，林崇德．儿童心理学史．北京：北京师范大学出版社，2002

拓展阅读

维果斯基的心理发展观：前苏联的儿童心理学理论

在世界范围内，前苏联的儿童心理学理论也是独树一帜的。其中，维果斯基（Lev Semenovich Vygotsky，1896—1934）的文化—历史发展观最有代表性。

维果斯基认为，人类的心理在本质上不同于动物心理，物质生产工具指向外部，使人脱离了动物世界；而精神生产工具，即人类的语言和符号，指向人的心理内部，人通过掌握语言和符号，心理逐渐由低级阶段发展到高级阶段。一个人心理发展的过程，就是在环境与教育的影响下，由低级的心理机能（如知觉和受感知影响较大的、通过动作表现出来的直观行动思维）逐渐向高级的心理机能（如抽象的记忆和逻辑思维）转化的过程。心理活动具有随意性、抽象概括性，以符号或词为中介，能够形成个性或人格，这都是人类高级心理机能的特征。随着年龄的增长，儿童的高级心理机能逐渐发展起来，这表现为：他们逐渐掌握语言，能在此基础上进行抽象的逻辑思维（凭借词或符号才能完成），逐渐形成自己的个性，能有计划、有目的地行动，随意地控制自己的行为。

维果斯基认为，社会文化环境和教学决定着儿童心理发展的程度。教学应走在发展的前面。教学要发挥作用，应当确定儿童的两个发展水平：一个是儿童在独立完成任务或解决问题（如完成一项智力测验）时达到的发展水平，即现有发展水平；另一个是在别人帮助或指导下所达到的发展水平，二者之间的差距就是“最近发展区”。它代表着儿童发展的潜能。教学的作用就是要把儿童的这种潜能变成实际的能力。同时，教学应当抓住学习的最佳时期，错过了学习某一技能的最佳年龄，教学就难以发挥最大的作用。因此，维果斯基特别重视别人的帮助和指导对儿童心理的促进作用。这里的“别人”包括老师，也包括能力稍高于儿童的其他儿童，如同伴或朋友。

鲁利亚、列昂节夫追随维果斯基开展了一系列的研究，从而形成了文化—历史学派，又称为“维列鲁学派”。近年来，这个学派在国际上产生了广泛的影响，甚至出现了“维果斯基热”。

讨　论

请回顾本章开头的那个幽默故事，你知道为什么心理学家们的反应不同吗？在心理学界，许多人曾极力支持某些观点，声称自己是属于某个学派的，而极力反对或贬低其他学派的观点。你最赞成上面提到的哪一种观点？为什么？可以进行小组讨论，发表自己的看法。

回顾上面提到的各种理论，不难看出：各家理论，特别是西方的各个心理学派，分别是从不同的角度出发的；换言之，它们从不同的角度看到了心理发展的不同侧面。因此，它们看到了不同的东西，得到了不同的结论或观点。这很像是一个“盲人摸象”的故事。概括地说，精神分析理论侧重分析人的情绪和动机，学习论侧重分析人的行为，认知理论侧重分析人的认知能力和认知活动。从某种意义上说，它们都是片面的，或者说没有全面地分析人的心理发展。但是，它们从某个角度对心理发展的分析是十分深刻的。如果我们能够整合各家之言，综合运用各种理论，对儿童的心理发展进行分析，那将是一种十分有益的尝试。

问题和讨论

1. 请你从代表人物、研究的侧重点、主要观点等方面，列表比较各派理论。

2. 有人认为，“偏颇出理论”，只有敢于走极端，才能提出有影响的理论，你认为这种观点对吗？为什么？

第二节　心理发展的基本规律

在儿童心理学研究中，有一些基本的理论问题涉及心理发展的基本规律。它们也促成了不同的心理学理论。第一节涉及的心理学理论之所以各不相同，在很大程度上是因为心理学家们对这些问题的认识不同。这些基本的理论问题包括，儿童的心理发展是由天性或遗传决定的，还是由后天的教养或环境决定的？儿童在心理发展过程中是主动的还是被动的？儿童的心理发展是连续的还是不连续的或分阶段的？心理发展的特点是普遍的或所有人都相同的，还是特殊的或具有个别差异的？

问题和讨论

对上述四个问题，你是怎么看的？为什么？可以针对这些问题进行讨论，发表自己的看法，并给出相应的理由。也可以就这个问题进行小组讨论。

一、天性与教养：遗传与环境在心理发展中的作用

人的发展是遗传或先天因素决定的，还是环境或后天因素决定的？长期以来，人们就对这个问题争论不休。概括地说，在这个问题上存在着三种基本的观点：

一种观点认为，人们的心理发展之所以千差万别，是因为他们的遗传素质不同，杰出人物之所以杰出，平庸人物之所以平庸，都是遗传素质使然。这种观点可以称为“遗传决定论”。英国心理学家高尔顿（1822—1911）曾调查了1768年到1868年这100年间977个名人的家谱，发现他们的家族中332人曾很有名望，而在一般百姓中每4000人才有一个名人。他由此得出结论：智力是遗传的。1869年，他出版了《遗传的天才》一书，发表了他的“遗传决定论”。美国的心理学家霍尔（G. S. Hall, 1844—1924）也持类似的观点，认为“一两的遗传胜过一吨的教育”。

与“遗传决定论”相反，另一些心理学家则持“环境决定论”，认为人的心理发展完全是由后天的环境决定的，否认遗传的作用。最典型的要数早期的行为主义心理学家了。前面提到，行为主义认为人的行为或反应都是由环境的刺激所引起的，因而，控制了环境或刺激条件，就可以控制环境，这是他们的基本逻辑。华生认为，通过操纵环境，可以把任何儿童塑造成任何一种人，就是这种观点的典型代表。

当然，遗传决定论与环境决定论只是两种极端的观点。现在，绝大多数心理学家都持折衷的观点。他们既承认遗传的作用，又承认环境的作用，但是，他们也认为，在心理发展的不同方面，遗传与环境的作用是不同的。换句话说，在心理发展的过程中，遗传的作用与环境的作用更主要地可能是程度上的差异。可以说，目前人们不再争论遗传与环境是否会影响儿童智力、气质、性格等，而更关注遗传与环境是如何影响儿童心理发展的，它们又是如何相互作用的。

拓展阅读

历史上著名的“野人”

行为古怪、颇具动物习性的野人或兽孩屡见不鲜，其中，这些兽孩难以学会人类的语言，尽管后期被人类收养，但他们仍保留着一些动物的本性，具备着某种“特异功能”。他们身上总是难以抹去“人与动物的不了情”。美国listverse网站列举出了全球十大兽孩和野孩。

1.“野彼得”

最为著名的兽孩是“野彼得”。1724年，人们在英国汉诺威附近发现一个全身赤裸、褐色皮肤、黑色头发的怪物，当时他只有12岁。他可以很容易地攀爬在树枝之间，以植物为食，却不会说话。他拒绝食用人们给他的面包，宁愿剥树皮、吸树汁，不过最终他还是学会了吃水果和蔬菜。由于他的行为非常怪异，人们都叫他“野孩子”，并给他起名“彼得”。后来，被视为“怪物”的彼得被送到了乔治一世的宫廷中进行展示，然后被送到英国，在那里他学会了说几个字母。他在英国的上流社会中被当成“宠物”，生活了68年，直至80岁才逝世。他一生除了“彼得”

等几个词之外，始终没能学会像正常人那样说话。

2.熊女

1937 年，乔治·马兰兹在土耳其西北部布尔萨市的一家精神病院进行采访时，意外地遇到一个声称与熊在一起生活多年的女孩。当时，猎人在靠近亚达那市附近的山林中射死了一头母熊，之后他们被一种类似甲醇的气体攻击，当他们醒来时，发现攻击者竟是一个女孩，她的声音、习性和体态动作与熊十分相似。她拒绝吃煮熟的食物，睡觉时躲在房间里昏暗角落的垫子上。调查表明，14 年前，附近村庄有一个两岁的孩子失踪，由此推测很可能是已死的母熊收养了这个女孩。她的“养母”正是那头死亡的母熊。

3.狼女

最著名的狼女是 1920 年 10 月在印度加尔各答西部米德纳波尔附近发现的两个女孩。在人们营救她们时，两个女孩正处于狼群的包围之中。在一位英国传教士的带领下，村民们成功地射杀了母狼，他们给两位女孩取名为卡马拉和阿马拉。人们估计她们当时的年龄分别为 8 岁和 2 岁。依据这位英国传教士描述，这两个狼女长着畸形下颌，牙齿变得很长，她们的眼睛在黑暗里像猫和狗一样释放出野性的光，阿马拉在被营救后的第二年就死了。然而，卡马拉却一直活到了 1929 年，到那时她已不再吃腐烂的肉，能够直立行走，并学会说 50 个单词。

4.豹孩

1920 年 7 月，《孟买自然历史协会》期刊上报道了一个豹孩的故事。大约在 1912 年，在印度阿萨姆邦附近的北卡查尔山，一只雌豹偷走了一个男婴，三年之后，人们再度找到男孩，并确认了他的身份。当时，这位豹孩四肢着地行走，其奔跑速度超过了成年男子，他还能够敏捷地躲开矮树丛和其他障碍物，他的膝盖长着厚厚的老茧，脚趾严重变形，与脚背呈直角状态。他的手掌、脚心和拇指都覆盖着坚硬的角质层。当他第一次被捉到时，他对任何人都不断地用嘴咬，同时手脚相加试图挣脱束缚。当他回归家乡时，村子里的家禽只要处于他的活动范围内，很快就会被他用手撕碎吃了。

5.鸟孩

人们最近在俄罗斯发现一个 7 岁的莫戈利综合征患者，在当地卫生保健人员的营救下，这个男孩成功地脱离其母亲的虐待。他的母亲一直将他和一群鸟类关在一起饲养。他被关在卧室中，那里看上去却更像一间大型鸟类饲养场。记者采访其中一位营救人员加利娜·沃尔斯加娅时，她说：“男孩 31 岁的母亲就像喂鸟儿一样喂养儿子，虽然她从不打骂儿子，男孩身上也没有任何受伤迹象。但是，她从未与可怜的儿子说过话，而他也只能与朝夕相伴的鸟儿沟通，他会叽叽喳喳地叫，当人们听不懂他说话时，心急的男孩便会像鸟儿一样挥动着自己的手臂。”

6.狗孩

奥克纳·马拉娅出生于 1983 年 11 月。当人们在 1991 年发现她时，她已是一个野性十足的

8岁孩子。她小时候一直与狗相伴。她的身上有着狗的许多习性，却不懂得如何说话。据了解，马拉娅的父母嗜酒如命，根本不照顾她。最终，她选择了与狗做伴，居住在家后面的一个狗舍中，并学会了狗的习性特征。随着她逐渐长大，她的叫声越来越像野狗，在吃食物前总是先嗅闻一遍。她像狗一样具备非常敏锐的听力、嗅觉和视觉能力。

7.瞪羚孩

1960年，叙利亚巴斯克省的考古学家吉恩·克劳德·奥格尔一个人在撒哈拉沙漠旅行时，遇见了奈马迪游牧民。他们告诉奥格尔附近生活着一个兽孩。第二天，他在牧民的带领下启程寻找，终于发现一个裸体男孩，混在一群白瞪羚中，大步奔跑着。这个男孩通常是四肢爬行，偶尔也会直立起来，奥格尔认为，他可能在刚出生七八个月时被遗弃，当时已经开始学会直立动作。只要周围有任何轻微的动静，他的肌肉、头皮、鼻子和耳朵都会像瞪羚一样，习惯性地抽搐着；他会用牙齿撕扯沙漠植物的根茎，像瞪羚一样用鼻孔蹭来蹭去；他一般只吃草，偶尔在植物缺乏时也会吃点昆虫充饥；他的牙齿与其他草食类动物一样，边缘是平坦的。1966年，人们曾试图从直升机上撒网捉住他，却未能成功，与其他有记录的兽孩不一样的是，瞪羚男孩一直与他的动物同伴生活在一起，从未重返人类社会。

8.猴孩

1991年，一位名叫米利·西巴的乌干达村民在离村庄较远的地方寻找木柴时，竟意外地看到一个小男孩被一群猴子包围在中心，并与猴子一起开心地玩耍。随后，她立即呼叫村民前来帮助，将这个猴孩围困在一棵树上，最终将他带回村子里。村民们发现，这个孩子由于一直用四肢行走，他的膝盖已经被磨得发白，指甲又长又弯，明显不是在家中长大的普通孩子。随后，一位村民认出来了这个猴孩，原来他叫约翰·西邦亚，最后一次看到他是在1988年，当时，他的父亲杀死了他的母亲，并从此失踪，而年仅两三岁的西邦亚也从此在村子里消失了。在后来的三年里，西邦亚一直在野外流浪，他曾依稀地记得几天后猴群接近了他，并让他吃树根、坚果、甘薯等食物。这支猴群里共有5只猴子，其中年轻的两只最初对西邦亚十分警惕，不过，经过两周的共处之后就对他十分友好了，一起游荡、找食物和攀爬树枝。1999年10月，西邦亚曾作为"非洲珍珠"儿童合唱团的20名成员之一去英国演出。

9.野女钱帕格涅

野女钱帕格涅在被遗弃之前，可能就学过了说话，因此她是兽孩中很罕见的、能够连贯地进行语言表达的例子。她的食物包括鸟、青蛙、鱼、叶子、树枝和树根等。如果给她一只兔子，她能很快将其剥皮并生吃。当地的目击者、一位著名科学家称："她的手指，尤其是大拇指非常大，能用拇指挖出树根，并能像猴子一样穿梭于树枝之间。"她跑得非常快，视力也非常好。1737年，当时的法国女王、波兰王后的母亲占领了洛林公国之后，听说了这个野女孩的故事，就带她去打猎，结果她跑得比兔子还快，能够徒手杀死兔子。

10.狼孩

1972 年 5 月，在距离印度苏尔坦普尔 30 公里的穆萨法哈纳森林中，人们发现了一个 4 岁左右的男孩，当时，他正在与其他狼崽玩耍。这个男孩的肤色很深，指甲又长又钩，头发脏得打结，手掌、肘部和膝盖都生着老茧，还具有某些卡马拉和阿马拉的特征：牙齿锋利、喝血、吃土、吃鸡、喜欢黑暗，与狗和豺狼非常亲近。人们给他起名为萨姆迪欧，并把他带到纳罗彦普尔村。虽然他后来不再吃生肉，却一直不能说话，只是学会了一些手语。1978 年，“特蕾沙修女之家”在印度北部城市勒克瑙接纳了贫困交加的他，重新给他起名为帕斯卡。1985 年 2 月，萨姆迪欧去世。

（以上材料摘自：http ：//space.tv.cctv.com，有所改编）

你从这些“野孩”、“兽孩”的故事中看到了什么？遗传与环境对他们的心理发展具有怎样的作用？请发表你自己的看法，并给出理由。

在我国，人们通常认为，遗传与环境对于儿童心理的发展都具有重要作用。遗传素质是儿童从父母那里继承的基因结构或生物学特征。一方面，它是儿童心理发展的物质前提，为儿童心理的发展提供了某种可能性。很难想象，一个生来耳聋的孩子会成为音乐家，生来就是盲人的孩子会成为音乐家。环境要发挥自身的作用，需要具备特定的前提条件。另一方面，在很多方面，遗传素质预先决定了儿童基本的发展方向，环境无法改变它。例如，儿童一般在出生后 8 到 10 个月时，开始咿呀学语，在各个民族或种族中都是如此。人类的基因预先决定了这种语言发展的可能性。

目前，西方的许多心理学家认为，对多数特质来说，遗传决定了它们的发展潜能有多大，环境可以发挥影响的可能性有多大。对不同的儿童来说，遗传素质所设定的这种可能的发展范围或区间是不同的，每个人通常只能在这个范围内变化。例如，在同样的教育条件下，有的孩子经过最大的努力，能在很高的水平上掌握某一门学科的知识，获得优异的成绩，有的孩子经过同样的努力则只能在较低的水平上掌握它。

环境的作用主要在于，将遗传决定的这种可能性变成现实。即使儿童具有正常的遗传素质，心理可以得到良好的发展，但是，如果没有适当的环境和教育条件，也不可能实现。“野孩”和“兽孩”就是典型的例子。良好的教育条件可以使儿童达到遗传决定的发展区间的“上限”，让他们在最大程度上发挥自己的潜能。而且，通过环境的干预和教育，一些有遗传素质不良的儿童也能获得较好的发展，从而弥补这种遗传缺陷带来的不足。例如，一些生来有脑损伤的孩子通过早期治疗和干预，也可以在一定程度上获得补偿，避免对后来的智力发展造成严重的不良影响。

环境主要指社会环境，即人类进行社会生活和人际交往的环境，包括特定的物质生活条件、文化、价值观、社会制度、教育等。相对而言，社会环境对儿童心理发展的影响更大。人本质上是一种社会性动物，脱离了社会环境的人很难形成人类的正常心理。而在社会环境中，教育又是最重要的。良好的家庭教育、学校教育以及宏观的社会教育氛围可以大大促进儿童心理的发展，反之，缺乏适当的教育条件，即使儿童具有优越的遗传素质，也难以获得良好的发展。宋代王安石所写的《伤仲永》就给出了一个很好的例子。方仲永是一个早慧儿童，很小就能作诗，但他的父亲目光短浅，不重视对儿子的教育。结果，方仲永长大后变成了一个平庸的人。可以说，环境也有健康与不健康之分，健康的环境能够让儿童的心理健康地发展，不健康的环境则会导致儿童不健康的心理，使之沿着不健康的方向发展。

拓展阅读

环境与心理

从环境对人们心理发展和心理健康的作用来看，环境也存在“是否健康”的问题。自从1879年科学意义上的心理学诞生以来，特别是自从20世纪初以来，环境尤其是社会环境与心理健康的关系就一直是心理学家关注的焦点。他们广泛地探讨了家庭、学校乃至更广阔的社会文化环境对儿童心理发展的影响。例如，精神分析学派的心理学家，就十分深入地研究了父母的教养方式对儿童早期心理的影响，这种影响还会延伸到成年以后，影响着他们成年后的心理健康。行为主义学派的心理学家，也广泛地考察了社会环境对一个人的行为的决定性作用，认为人们生活的环境决定了人们的行为；人本主义心理学家认为理想的社会生活环境和无条件的积极关注有助于人们展示真实的人性，有助于人们走向自我实现。在这些理论的指导下，人们进行了大量的实证研究，这些研究进一步证明，社会环境的健康程度可以预测一个人心理的健康程度。尽管这些研究的视角不同，但它们得出的结论却是基本一致的。这些研究表明，积极的、能够与人们和谐共存的环境更可能促进他们心理的健康发展，有利于他们形成良好的行为习惯，相反，人们不能与之进行和谐的相互作用、充满冲突的环境，则可能妨碍他们形成健康的人格，使他们形成心理障碍和不良的行为习惯。因此，环境的健康问题理应引起人们的广泛关注。

环境的健康特指影响人们心理的生活环境的质量，环境的健康程度就是直接作用于人们心理的环境能够保障心理的健康发展，并与心理发生积极的相互作用的程度。环境健康与心理健康相对应。

环境的健康程度直接影响着一个人心理健康的程度。在健康的环境中，一个人能更好地满足自身基本的需要，产生高层次的自我实现的需要，也更可能与他人建立积极的社会关系，进行良好的社会交往。可以说，在基因或遗传条件不变的情况下，环境健康就在很大程度上决定了一个人心理发展的结果和心理健康状况。

人本主义心理学家罗杰斯认为，成人对儿童无条件的积极关注有利于儿童达到自我和谐。研究一再表明，父母给予孩子的情感温暖可以预测儿童心理的健康程度。对大学生也是如此，如果能给予他们较多的社会支持，他们就能保持健康的心理，转变对社会和人生的消极态度。无条件的积极关注、父母的情感温暖、充分的社会支持，都是环境健康尤其是人际关系环境健康的重要方面，是健康的人际关系环境的基本特征。

但是，也应该看到，环境健康与心理健康是相互影响的，健康的环境可以保障人们的心理健康，而人们的心理健康反过来又成为环境健康的重要条件，并构成其他人生活的环境的一部分。

因此，在心理发展过程中，教育者不应只关注儿童的心理是健康还是不健康，因为健康与否只是心理发展的结果，这一结果与儿童生活的环境有关，或者说，很大程度上是由生活环境造成的。教育者应更加关注儿童发展的环境，改善儿童发展的环境，保障环境的健康，这样才能更好地预防儿童心理问题或心理疾病的发生，保障儿童心理的健康发展。在这个意义上，保障儿童心理的健康发展，更主要的是预防，而不是在心理出现了问题或疾病之后再去治疗。

遗传与环境这两个方面是相互作用的。父母的遗传素质可能促使他们创设某一种环境，使他们倾向于采用某种养育方式，从而影响儿童的心理发展。例如，那些有音乐天赋的父母们可能鼓励孩子参加音乐会或欣赏音乐，培养他们对音乐的兴趣。另一方面，儿童自身的遗传素质也可以影响环境，这反过来又影响了他们自身。例如，气质在很大程度上是由遗传决定的。那些长相可爱、容易安慰、容易适应环境的婴儿往往更讨父母喜欢，父母可能更多地关注他们，对他们表现的积极情绪和行为（如微笑、逗孩子玩）更多，而父母的这种反应会对儿童产生积极的影响；相反，那些难以适应环境的、爱哭闹的孩子则容易让父母感到厌烦，父母的这种反应反过来又会引起婴儿更多的消极情绪。另外，基因还会促使儿童主动地选择或寻找某些环境，这又会进一步促进他们某些心理特征的发展。例如，具有外向的气质特点的孩子倾向于参与各种社交活动，或者主动地发起各种社交活动，内向的孩子则倾向于避开喧闹的社交场合，不同的选择对他们的性格和能力的影响显然是不同的。遗传与环境的这种相互作用已经为许多研究所证明。

思考

你是什么气质类型的人？你注意到这种气质特点对你产生的影响了吗？周围的环境又是怎样影响你的？

二、主动与被动：儿童在心理发展中是主动的还是被动的

儿童在心理发展中是主动的还是被动的？或者说，儿童是主动地适应环境以获得心理发展，还是被环境所摆布、被动发展？这个问题涉及人们的儿童观和人性观。在这个问题上，存在着两种截然不同的观点：发展的机械论与机能论。另外，还存在着情境论的观点。

机械论（mechanistic model）以华生、斯金纳等人的行为主义理论为代表。这种观点认为，儿童的本性是被动的，他们被动地接受环境的影响，受环境的摆布。它把儿童看做类似机械的东西，儿童的心理可以拆成一个一个的零件或组成部分（行为），也可以组装成一个机械的集合体；儿童的发展变化实际上是各个部分（行为）断断续续地增加或减少的结果。行为主义者认为，儿童发展的动力来自环境，儿童只是被动地应付环境，为环境所塑造，人是环境的产物。尽管班杜拉的社会学习理论也认为，儿童可以影响环境，但是，它更强调环境对儿童行为的影响，因而主要是一种机械论观点。

与机械论相反，机能论（organismic model）把儿童看做一个拥有并发挥着特定机能的有机体，就像所有的有机体一样，它不能拆成许多简单的零件或部分。儿童的心理活动就是人体机能的表现。作为一个有生命的整体，儿童的发展是主动的，发展的动力来自儿童自身，来自儿童的本能或机体的成熟等因素。经过不同的阶段，儿童的心理机能逐渐提高和增强。皮亚杰的认知发展理论就是典型的机能论。它认为，儿童心理的发展取决于内在的动力，他们生来就具有某些基本的认知结构或图式（如抓握、吮吸），这些图式是他们心理发展的基础。他们运用这些图式，积极地探索周围的环境，通过同化或顺应，儿童的认知结构变得越来越复杂。外部环境虽然可以加快或减慢儿童发展的速度，但它不能决定儿童心理发展的进程。即使是聋哑儿童，他们仍然会按照智力或思维发展的阶段，逐步地向前发展。弗洛伊德、埃里克森等人的精神分析理论也属于机能论，认为机能或本能是儿童心理发展的根本动因，在环境的滋养下，儿童的本能就会生根发芽，经过一系列不同的阶段或步骤，逐渐长成心理的参天大树。

目前，许多心理学家持情境论（contextual model）观点，它更像是一种折衷的观点。它认为，在心理发展过程中，环境与儿童都可能是主动的，发展是儿童与环境交互作用的结果，儿童自身的因素与环境因素共同促成了儿童的心理发展。而且，儿童心理的发展既可能有某些相同的或普遍的规律，也可能因不同的人、文化、时代或情境而不同。信息加工的观点、生态系统论都可以看做是情境论的代表。信息

加工观点认为，人是主动的信息加工者，同时也受到成熟和社会文化的影响。类似地，生态系统论认为，人深受周围环境的影响，同时也主动地与不断变化的环境进行相互影响，发展就是主动的人与不断变化的环境之间动态的相互作用的结果。也就是说，在发展过程中，儿童既是被动的、受环境影响的，又是主动的、影响环境和自身发展的。

我国心理学家倾向于运用唯物辩证法分析这一问题，目前普遍的看法是，儿童在心理发展中是主动的；儿童心理发展的动力是已有的心理发展水平与新的需要之间的矛盾。已有的心理发展水平是指儿童目前已经形成的知识、技能、性格、态度等。例如，儿童已经学会了简单的加法运算，这就是儿童在算术运算方面的已有发展水平；新的需要是指社会环境尤其是教育者向儿童提出的新要求所引起的需要，例如，教师根据儿童已有的发展水平要求儿童掌握简单的减法运算，这就促使儿童产生了新的需要，即需要掌握这一运算技能。这种需要一旦形成，就成为推动儿童学习的动力，也是儿童心理发展的动力。显然，在心理发展过程中，儿童既受环境和教育的影响，又受自身条件的制约，正是在与环境进行的主动的相互作用中，儿童的心理才得以发展。

三、连续性与阶段性：心理发展是连续的还是分阶段的

儿童心理发展的过程是连续的还是不连续的？或者说，是分阶段的还是不分阶段的？在这个问题上，也存在三种不同的观点：阶段论或不连续论，连续论，调和论。

阶段论认为，儿童的心理发展是分阶段的，儿童的认知或人格沿着固定的顺序，先后经历不同的发展阶段，而每个阶段的行为都与其他阶段具有质的不同，从一个阶段到另一个阶段，儿童的心理会发生质的变化，而且，前一个阶段是后一个阶段的基础。儿童的心理发展是一连串的突变，儿童心理发展的轨迹是一条跳跃式上升曲线。

皮亚杰的认知发展理论、弗洛伊德和埃里克森等的人格理论都是典型的阶段论。皮亚杰将儿童认知发展划分为四个阶段：感知运动阶段、前运算阶段、具体运算阶段、形式运算阶段，弗洛伊德把儿童人格的发展划分为五个阶段：口腔期、肛门期、生殖器期、潜伏期、生殖期，埃里克森则把一个人一生的发展划分为八个阶段（见本章第一节）。每个阶段都具有与其他阶段截然不同的行为特点或结构。这些阶段前后相继，顺序不可改变，儿童也不能跨越一个阶段而直接达到另一个更高级的阶段。

连续论则认为，儿童心理的发展是一个量变的过程，是一个渐进的、逐渐积累的过程。换句话说，儿童心理的发展是一个渐变的过程，在不同的时期只有程度上的变化，而没有本质上的变化。在人的一生中，这种变化的过程都是相同的。年幼

的儿童与年龄较大的儿童、儿童与成年人的区别主要是程度上的区别，而不是本质上的区别。如果说儿童的某一种技能或行为发生了变化，那么，这种变化只是在已有的技能的基础上增加或减少了一些东西，所谓发展，不过是一个累加的过程，也就是在原来的行为或技能的基础上增加了一些东西，行为的复杂程度增加了。儿童发展的轨迹是一条平滑上升的曲线。

行为主义者，包括华生、斯金纳、班杜拉等人，都坚持连续变化说。他们认为，儿童的行为是对环境刺激的反应，行为随着环境的变化而变化，儿童的行为习惯也是在环境的影响下形成的，因此，儿童的发展只是随环境变化而发生的一连串的行为变化，言语的发展、各种技能、习惯的发展都是如此。信息加工说也是连续论。它将儿童看做一个信息加工器，不断地输入、加工和再输入各种信息，在这个过程中，注意、记忆和问题解决技能的发展也是一系列量的变化。

目前，许多心理学家并不持极端的连续论或阶段论，而是认为，心理发展并不存在截然对立的连续与不连续。很多研究证据表明，心理发展的一些方面是连续的，而另一些方面是不连续的。就认知发展来说，即使儿童认知能力的发展是分阶段的，阶段之间也不像皮亚杰所说的那样明显。而且，人们对心理发展进程的看法也受到文化的影响，在不同的文化中，人们的看法有所不同。例如，太平洋和远东地区的人们倾向于认为，儿童人格的发展是不连续的，儿童与成人的人格截然不同，而在北美和北欧，人们倾向于认为，人格发展是一个连续的过程，因为气质是连续的、稳定的，人格的发展是以气质的发展为基础的。

我国心理学家倾向于认为，儿童的心理发展过程既包含量变又包含质变，质变有一个过程，它是量变的结果，量的变化达到了一定程度，就会发生质的飞跃，引起质变，这表现为心理的发展从一个阶段进入另一个阶段。每个阶段都包含着一系列的量变。因此，心理发展中的量变与质变、连续变化与不连续变化是不可分割的。

四、普遍性与特殊性：心理发展的特点是共有的还是个别的

儿童的心理发展具有普遍的或共有的特点吗？或者说，不同人的心理发展是独特的、各有不同的吗？对这个问题的答案，实际上也存在着不同的观点。

一种观点认为，人们的心理发展具有普遍适用的、共同的特点或规律。这不仅表现为，所有儿童的心理发展要以相同的顺序，依次经过相同的阶段，而且表现在心理发展的年龄特征上。一方面，儿童认知、人格的发展要经过一些固定的阶段，例如，皮亚杰的认知发展阶段、弗洛伊德和埃里克森的人格发展阶段等；另一方面，儿童在同一年龄阶段，会表现出一些典型的特点。例如，在出生后的前两年，儿童

的思维主要是感知运动思维或直观行动思维，他们的思维受自己看到的、听到的（感知到的）事物的影响，思维主要表现为外部的动作或行动，还不会在头脑中制定目标，进行有计划的行动。这种观点认为，儿童心理发展的普遍性具有跨文化的特点，不论哪个民族或种族的儿童，都具有相同或相似的心理发展特点。皮亚杰、弗洛伊德等阶段论者都具有这种观点倾向。

另一种观点认为，儿童心理发展是特殊的、个别化的，没有普遍适用的规律，不同的文化和社会背景、不同的生活经历，都可能造就不同的人。儿童的心理发展具有个别差异，包括性别差异、文化差异等。这种观点得到许多跨文化研究的支持。一些研究发现，不同文化背景下的儿童，如西方儿童与东方儿童，在气质、价值观、性格等方面具有明显的差异。

实际上，儿童心理的发展既是普遍的，又是特殊的，既表现出明显的年龄特征，又具有明显的个别差异。年龄特征是指在同一年龄阶段中，儿童表现出来的本质的、一般的、典型的特征。例如，在婴儿期（生命的第一年），儿童处于前言语阶段，主要通过手势、表情、咿呀语等方式与成人交流，还不会说出整个的语句，而到了第二年就开始说出词和简单的句子。儿童言语发展的这种年龄特征普遍存在。之所以说年龄特征是本质的，是因为在某个年龄阶段所表现出来的心理特征是这个阶段所特有的，且在其他阶段所没有的；之所以说是一般的，是因为这些特征在这个阶段的儿童中是普遍存在的；之所以说是典型的，是因为这些特征具有突出的代表性。另一方面，由于儿童生活的环境、文化背景不同，由于个人的遗传素质、生活经历和受教育条件不同，他们的心理发展也具有明显的个别差异，表现出自身的特殊性。这表现于心理发展的速度、水平等方面。例如，受教育条件较好的孩子可能智力发展较快，水平较高；在早期言语刺激丰富的环境中成长的儿童开口说话可能较早。随着研究的开展，人们对心理发展的普遍性与特殊性的认识正逐渐加深。

从总体上看，上述四个问题既是心理学家争论的焦点，又是心理学研究的基本出发点。它们分别涉及儿童的本性、心理发展的过程、心理发展的基本特征和心理发展的影响因素等方面。在某种意义上，这些问题隐含了儿童心理发展的基本规律，整个儿童心理学研究就是围绕这些问题展开的。另外需要指出的是，许多研究者在这些基本问题上是持中立态度的，例如，生态系统论倾向于认为，儿童会主动地影响环境，而又受环境的影响；人在与环境的互动中会发生连续的量的变化，而人或环境的不连续的变化（如青春期的生理变化、父母离异、升学）也会使心理发生不连续的变化或质变。它同时强调了儿童心理发展的年龄特征和个别差异。但是，它更重视教养而不是天性或遗传的作用。

问题和讨论

请你就上面几个基本的问题，分析第一节讲过的心理学理论，看它们在这些基本问题上分别持怎样的观点，最好列一个表格。也可以就此进行小组讨论。

小结

影响较大的儿童心理学理论有精神分析理论、学习理论、认知发展理论、环境和系统理论等，它们分别从不同的角度，对儿童心理发展的不同侧面进行了解释和预测。弗洛伊德、阿德勒、荣格、埃里克森等人所代表的精神分析理论注重儿童的人格和动机发展，重视无意识和性本能的作用，重视儿童早期经验对人格发展的影响。弗洛伊德根据性本能的转移提出了他的人格发展阶段论，将人格发展分为五个阶段；埃里克森同时强调生物学因素、文化和社会因素的作用，提出了毕生心理发展的八个阶段。

学习理论重视儿童行为、态度的发展，强调在外部环境的影响下行为的学习和改变，而不太注重内在的认知、动机和情绪的发展，华生、斯金纳、班杜拉是其代表人物。华生认为，心理学应当研究可以观察、预测和控制的行为，认为一个人的行为或反应是由周围的环境刺激决定的。斯金纳提出操作条件反射理论，强调强化在行为学习中的作用，他的理论成为儿童行为塑造和行为矫正的理论基础。班杜拉提出的社会学习理论主要解释了儿童的社会行为和态度的习得问题，认为儿童的社会行为，包括攻击性行为（如欺负小孩子）和亲社会行为（如帮助别人，与别人分享好东西），主要是通过观察学习形成的。在观察学习过程中，榜样起着十分重要的作用。

认知发展理论重视儿童认知的发展，皮亚杰是最有影响的代表人物。他认为，思维或智力的发展起源于儿童自身的动作。主体通过动作对客体的适应，乃是心理发展的真正原因。适应的本质是在有机体自身与环境之间达成一种平衡，它是通过同化和顺应两种形式实现的。儿童的思维或认知的发展要依次经历四个阶段：感知运动阶段（0 – 2 岁）、前运算阶段（2 – 7 岁）、具体运算阶段（7 – 12 岁）、形式运算阶段（12 – 15 岁）。影响心理发展的基本因素包括成熟、物理环境、社会经验和平衡。

环境和系统理论注重儿童的心理发展与环境之间的关系，注重对儿童生活环境的分析。布朗芬布伦纳提出的心理发展的生态系统论较有代表性。他认为，儿童成长的环境是一个由微系统、中间系统、外系统、宏系统构成的生态系统，这多个子系统相互联系，共同影响着儿童心理的发展，而且，儿童与环境之间是相互作用的。

从总体上看，中国的儿童心理学理论更为辩证或“折衷”，都非常强调后天的教育和环境对儿童心理发展的影响。陈鹤琴、黄翼、潘菽、朱智贤的理论比较有代表性。概括地说，精神分析理论侧重分析人的情绪和动机，学习论侧重分析人的行为，认知理论侧重分析人的认知能力和认知活动。应整合和综合运用各种理论，对儿童的心理发展进行分析。

儿童心理发展的基本规律涉及天性和教养问题、心理发展的主动性和被动性问题、心理发展的连续性和阶段性问题、心理发展的普遍性和特殊性问题等。在每个问题上，都存在不同的观点。通常认为，遗传与环境对儿童心理的发展都具有重要作用，遗传素质是儿童心理发展的物质前提，为儿童心理的发展提供了某种可能性，环境的作用主要在于将遗传决定的这种可能性变成现实。遗传与环境是相互作用的。

人们普遍认为，儿童在心理发展中是主动的。目前，许多人认为，心理发展的一些方面是连续的，而另一些方面是不连续的。我国心理学家倾向于认为，儿童的心理发展过程既包含量变又包含质变，心理发展中的量变与质变、连续变化与不连续变化是不可分割的。同时，许多人倾向于认为，儿童心理的发展既是普遍的，又是特殊的，既表现出明显的年龄特征，又具有明显的个别差异。

第三章

孕期的发展

学习目标与探索性问题

- 你知道是什么让父母与孩子长得很像吗？他们是如何将自己的“特征”遗传给孩子的呢？
- 你知道一个受精卵是怎样发育成一个健康婴儿的吗？
- 要生一个健康的孩子，需要做哪些准备或预防工作？
- 你知道遗传与环境在智力和人格的发展中具有多大的作用吗？

第一节　心理发展的遗传基础

玛丽和杰克是双胞胎，她们长得非常相像，周围的人很难将她们两个区分开来，有时，她们的妈妈也会弄错。但是，她们的妹妹盖瑞只是在一些方面（如鼻子、眼睛）像她们，而很多方面都不一样。而且，玛丽和杰克都是活泼好动的孩子，平时都喜欢钻“人堆”，她们另外还有很多十分类似的兴趣、爱好，人们都说，她们俩长得像，为人做事也像是一个模子刻出来的。盖瑞的行为则是另一番样子，她显得有点内向，喜欢安静。作为同胞姐妹，为什么有的孩子“很像”，有的却“不像”呢？你能解释这种现象吗？

通过第二章的学习，我们知道，遗传是心理发展的物质基础。那么，父母又是怎样把他们拥有的一些东西遗传给子女的呢？遗传是怎样进行的呢？其实，人类对这个问题一直抱有强烈的神秘感，19 世纪之前，曾有“精源说”和“卵源说”等观点，“精源说”认为，人的生命孕育在父亲的精子中，“卵源说”则认为，生命在于女性的卵子中。直到 19 世纪，人类才逐渐找到了这个问题的答案。遗传学家通过不懈的研究，成功地揭示了遗传的基本机制。下面，首先介绍遗传的物质基础——基因与染色体，然后简要介绍遗传的基本过程，以揭开生命遗传的奥秘。

一、遗传的物质基础：基因和染色体

基因和染色体是遗传的物质基础，父母正是通过他们的基因将自身的遗传信息传给子女的。人类的新生命是从受孕开始的。受孕是精子与卵子相结合构成一个合子（受精卵）的过程。受孕是新生命的开端，是一个人生理发展和心理发展的起点。

拓展阅读

受孕是心理发展的起点

长期以来，人们一直想当然地认为，心理的发展是从出生后开始的。其实，新生命的降生只是意味着人类的个体开始脱离母体，它只是一个身体分离的事件。早在降生之前，这个新生命已经在母体中走过了一段长长的里程。“十月怀胎”的过程同时也是心理发生、发展的历程。生命的起点不是出生之后，而是出生之前。早在精子与卵子结合的一刹那，新生命就开始了生理上的发展历程，与此同时，也就开始了心理上的发展历程。

在儿童心理学基础上发展起来的毕生发展心理学，就是要研究从新生命的形成（受孕）到生命的结束（死亡）之间心理发生、发展的历程。长期以来，由于研究条件的限制，人们倾向于把儿童心理学研究的时间范围限定在从出生后到成年（十七八岁）这段时间。从理论上讲，这是不科学的，它忽略了从受孕到出生这段时间内的心理发展。当然，在这里，我们有两种选择，一是拓展“儿童”和“儿童期”的概念，把受孕之后的新生命（胚种、胚胎、胎儿）也看做儿童，把孕期包括在儿童期之内；一是将孕期排除在“儿童期”之外，而把它单独作为心理发展的一个特殊时期对待。

如果我们将胚种、胚胎和胎儿也看做儿童，那么，就可以在时间维度上将儿童期分为孕期、婴儿期、童年早期（幼儿期）、童年中期（学龄初期）、青少年期、成年早期、成年中期、成年晚期，相应地，儿童心理学也可以分为孕期心理学、婴儿心理学、幼儿心理学、小学生心理学、青少年心理学、成年心理学（又可以分为青年心理学、中年心理学、老年心理学）等多个分支。目前，人们对出生后的各个年龄阶段进行了广泛的研究，但是，对孕期心理的研究十分缺乏，这主要是因为开展这类研究的难度较大。由于这一时期儿童生活环境的特殊性（在子宫中发育），开展这类研究需要采用特殊的研究手段，更重要的是，需要多个学科的协作。这在许多情况下都是不具备的。

尽管如此，开展孕期心理学研究，仍是一个极为重要的研究课题。它涉及心理的起点，同时也是生命的起点。它是生命科学的基本组成部分，离开了孕期心理学研究的生命科学就不能称之为完整的生命科学。生命的本质主要在于心理，而不仅仅在于生理。孕期心理学研究有助于揭示生命的起源，也有助于揭示生理与心理的关系。

精子与卵子（又称为配子）相遇后，受精卵会迅速发生一系列化学反应，阻止后来的精子进入，在几个小时之内，受精卵开始分裂，精卵细胞释放出它们的遗传物质，形成同时携带双方遗传信息的新细胞核。它最初的体积很小，只有一个大头针头部的二十分之一，但是它却会发育成一个十分复杂的人。染色体及其包含的基因正是遗传的基本物质。

染色体是人体细胞的细胞核内的一种形状、数目、大小恒定的遗传物质，由于只有在细胞分裂时通过特定的染色法才能使它显形，因此得名。人类的细胞核内有23对(46条)像细线一样的染色体。染色体分为常染色体与性染色体,男女有22对(44条）染色体是相同的，这些染色体被人们称为常染色体，第23对染色体是性染色体，男性的性染色体为XY，女性的性染色体为XX。染色体的数量在各处细胞里都是成对存在的，每一对中的任一个与另一个在大小、形状、遗传功能上都是一致的。只有在生殖细胞——卵子和精子里，却只有23条，当精卵结合形成受精卵时，又重新成为46条（23对），也就是说，受精卵的46条染色体中有一半来自父亲，另一半来自母亲，这保证了他们的孩子既携带了父亲的遗传信息，又携带了母亲的遗传信息。但是，在一个人长大生成精子或卵子时，染色体仍然要对半减少。这种反复循环的传递过程使人类不断地繁衍着与自己相似的子女。

人类的特征之所以能够遗传，是因为染色体上携带着基因。每个染色体含有数千个基因。基因是携带遗传信息的基本单位，是构成染色体的化学物质——脱氧核糖核酸（DNA）的片段，DNA是一种双螺旋、阶梯状的复杂分子，它最突出的特点是能自我复制，这个梯子形的分子会从中间的梯级处，像拉开的拉链一样裂开，裂成两半的DNA分子各自复制它们失去的另一半。这种自我复制的能力使一个受精卵发育成极为复杂的人。

基因比染色体小许多倍，通过光学显微镜也无法看到。每条染色体都携带着上千个基因,它们按一定的顺序排列在染色体上。人类染色体上大约有10万种基因序列。一个基因往往携带着来自祖辈的一种或几种遗传信息。

二、遗传的机制和规律

基因传递的过程是怎样的？为什么一些孩子是男孩而另一些孩子是女孩？兄弟姊妹之间为什么有所相似而又有所不同？双生子又是怎样产生的？这些问题涉及人类遗传的机制和基本规律。

（一）有丝分裂与减数分裂

受精卵是通过细胞分裂的过程逐渐长大的。在由输卵管移向子宫的时候，受精卵开始进行有丝分裂。有丝分裂是一种呈几何级数的分裂。一个受精卵会分裂成 2 个细胞，2 个很快地分裂成 4 个，4 个又分裂成 8 个，这样不断分裂下去。每个细胞在每次分裂之前，都会复制自己的 46 条染色体，这些复制出来的染色体会往相反的方向移动，随后进行细胞分裂，形成 2 个细胞，其中每一个细胞都含有相同的 23 对染色体，它们携带着亲代细胞的遗传密码。因此，后代子女的相貌、体质甚至遗传病都与祖辈相似，而且，他们往往在某些方面更像父亲，某些方面更像母亲。有丝分裂会持续终生。在一个孩子出生时，人体已经通过有丝分裂产生了数十亿细胞，它们构成了人体的各个部分。

那么，性细胞（又称为配子细胞）又是如何产生的呢？为什么男性与女性是不同的？这主要是通过减数分裂实现的。除了体细胞外，人体还有制造配子（即精子和卵子）的配子细胞。精卵都是通过减数分裂而产生的。减数分裂的过程如图 3.1 所示。配子细胞先复制自己的染色体，然后进行互换：相邻的染色体在一个或多个点上交叉、断裂，进行遗传物质的交换，这导致了新的遗传组合。随后，复制的染色体分裂成两个各具有 23 对染色体的亲代细胞。最后，这些亲代细胞分裂，分裂成的每一个配子都具有 23 条染色体。在受孕时，具有 23 条染色体的精子与具有 23 条染色体的卵子结合，形成受精卵（合子），这样，合子就具有 23 对（46 条）染色体了。因此，同父同母的兄弟姊妹从他们的父亲和母亲那里各遗传了 23 条染色体，由于他们的基因都来自相同的基因库，因而他们在某些程

> **染色体和基因：**染色体是人体细胞的细胞核内的一种形状、数目、大小恒定的遗传物质。染色体分为常染色体与性染色体。
> 基因是携带遗传信息的基本单位，是构成染色体的化学物质——脱氧核糖核酸（DNA）的片段。
>
> **有丝分裂：**一个细胞复制自身的染色体，然后分裂为遗传信息相同的两个细胞的过程。
>
> **减数分裂：**一个配子细胞（精子或卵子）分裂为两个精子或卵子的过程。每个配子都具有亲代细胞染色体的一半，这种分裂的结果是男性与女性均有 23 条染色体。

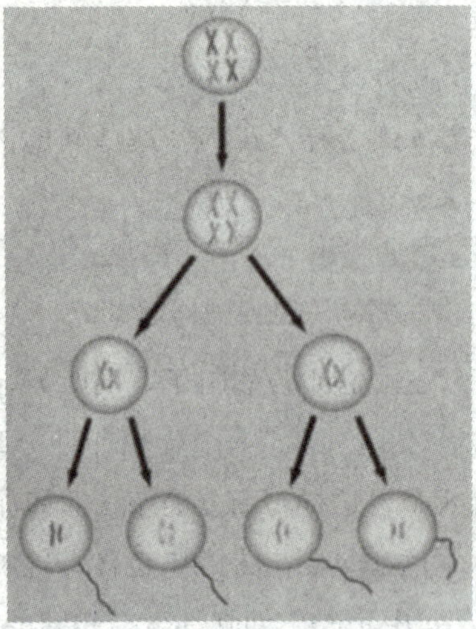

第一步：每一个配子细胞各自复制原有的染色体，且相互接触。

第二步：邻近的染色体间进行互换，形成新的遗传组合。

第三步：原始的细胞分裂形成两个亲代细胞，每个亲代细胞各复制了23条染色体。

第四步：每条染色体和它的复制体分开，分离成两个分开的配子；每个配子只具有其亲代细胞的染色体的一半。

图3.1 一个配子细胞的减数分裂过程

度上是相似的。但是，他们却只遗传了每位父母一半的基因。因此，他们虽然在某些方面有些相像，但并不完全相同。

在减数分裂过程中，男性所产生的精子中一半带有 X 染色体，另一半则含有 Y 染色体。相反，女性所产生的卵子都携带着 X 染色体。如果是携带 X 染色体的精子与卵子结合，将来会发育成女孩；如果是携带 Y 染色体的精子与卵子结合，将来会发育成男孩。

在少数情况下，一个合子也会分裂成两个完全相同的细胞，它们将来会发育成同卵双生子，他们具有完全相同的基因。因此，他们在相貌、生理和心理上也更相似。在另一些情况下，母亲可能同时排出两个卵子，它们分别与不同的精子结合，由此发育成异卵双生子。他们虽然一起发育和出生，但他们基因的相似性与那些一般的兄弟姊妹们基因的相似性是一样的。他们在相貌、生理和心理上都不如同卵双生子。在出生的总人口中，同卵双生子大约占 1/250，而异卵双生子大约占 1/125。

（二）显性遗传与隐性遗传

基因携带的遗传信息是怎样表现出来的呢？我们知道，基因是按一定的顺序排列在染色体上的。在每个人的染色体中，除男性的性染色体 XY 之外，所有的染色体和基因都是配对的，它们配对排列在常染色体的同一个地方，其中一个来自母亲，另一个来自父亲。这里有两种情况：一种情况是来自父亲和母亲的两个配对的基因是相同的，这时子女就是同型接合体；另一种情况是来自父亲和母亲的两个配对基因是不同的，这时子女就是异型接合体。一般来说，人类的遗传模式主要有单纯的显性－隐性遗传、共显性、遗传印记、伴性遗传、多基因遗传等几种。

1.单纯的显性－隐性遗传

基因在体细胞中是成对存在的，这称为等位基因。但是，在许多异型接合体的等位基因中，其中一个基因占有相对的优势，另一个则居于相对的劣势地位。占优势的基因影响着儿童的特征，它携带的遗传信息能够在子女身上明显地表现出来，因而称为显性基因，而另一个基因所携带的遗传信息得不到表现，称为隐性基因。显性基因引起的外部表现称为显性性状，在子女身上得不到表现的性状称为隐性性状。也就是说，子女只表现出显性基因决定的性状或特征，而不会表现出隐性基因决定的性状或特征。只有子女从父亲和母亲那里继承的两个基因都是隐性基因的时候，隐性基因决定的性状才能表现出来。

例如，在决定头发颜色（黑色和棕色）的等位基因中，假如黑色是由其中的显性基因决定的，棕色是其中的隐性基因决定的。那么，子女的基因组合可能有三种情况。同型接合的孩子从父母那里可能同时继承两个显性基因，也可能同时继承两个隐性基因，在这两种情况下，孩子的头发就是黑色的（两个都是显性基因时），或者是棕色的（两个都是隐性基因时）。第三种情况是，孩子继承一个显性基因与一个隐性基因，这时孩子的头发就是黑色的，棕色就不会表现出来。尽管如此，这种决定了头发的棕色的隐性基因仍然会遗传给下一代，并可能在子二代中表现出来。

2.共显性

在一些情况下，等位基因中的两个基因可能“势均力敌”，并不是由等位基因中的其中一个影响一个人的特征，而是两个等位基因共同影响一个人的特征，这是一种共显性的遗传模式。血型为AB型的人就是因为他们具有共显性的基因组合：决定A型血的基因与B型血的基因同时发挥影响，从而使含有A型血等位基因与B型血等位基因的血液中的A-抗原与B-抗原比例相同。

共显性遗传突出地表现在异型接合的情况下，由于其中一个基因不能掩盖另一个

等位基因：在染色体的特定位置上排列的、成对存在的基因，它们所决定的性状可能以不同的形式在子女身上表现出来。其中，占相对优势的基因影响着所携带的遗传信息能够在子女身上明显地表现出来，它掩盖了另一个基因的表现，因而称为显性基因；另一个基因所携带的遗传信息得不到表现，因而称为隐性基因。显性基因引起的外部表现称为显性性状，在子女身上得不到表现的性状称为隐性性状。

共显性：两个等位基因的力量相等或“势均力敌”，共同影响子女的性状，而不是只表现出与其中一个基因的遗传信息相应的性状。

基因的影响，因而隐性基因所携带的信息也会与显性基因一起表现出来。例如，非洲黑人中流行着一种镰状细胞性状的遗传病，它使正常的红血球变成镰刀形，阻塞血管，妨碍血液循环，导致剧烈的疼痛、浮肿和肌肉损伤等症状。通常，如果一个人从父母那里继承了这样的两个隐性基因，他会患上镰状细胞贫血症。在异型接合的子女中只继承了一个隐性基因，他们一般不会患病，但在严重缺氧的情况下，如在高海拔、体力透支时，这个隐性基因也会表达出来，从而表现出镰状细胞性状。

3.伴性遗传

即使继承了同样的基因，男孩与女孩也可能表现出不同的性状或特征。这些性状或特征很可能是由性染色体上的基因决定的，这种情况称为伴性遗传。这种遗传大多是由 X 染色体上的隐性基因导致的。

红绿色盲是比较典型的伴性遗传。具有这种色盲的人不能从绿色中分辨出红色，这是由 X 染色体上的一个隐性基因导致的。如果一个男孩（XY）从母亲那里继承的 X 染色体携带了一个色盲隐性基因，由于他的 Y 染色体上没有相应的基因可以抵消这个色盲基因的影响，因而他将会成为色盲。女孩则不然，因为即使她继承了一个色盲基因，她的 XX 染色体中的另一个 X 染色体上携带的、用来决定正常的色彩辨别能力的基因也可以抵消色盲基因的影响，使她不会成为色盲。但是，如果这个女孩继承了两个色盲隐性基因，就会成为色盲。

除了色盲，还有许多伴性遗传的疾病或特征，如血友病（患者的血液不能凝结）、视神经退化以及某些耳聋和夜盲症等，这些疾病是由位于 X 染色体上的隐性基因决定的，因此，男性比女性更可能患病。

4.基因印记和多基因遗传

通常，来自父亲和母亲的基因都会以相同的方式起作用，但是，在一些特殊情况下，配对基因中的某一个（或者来自父亲，或者来自母亲）可能被激活，被打上生物化学记号或印记，这使得只有父亲或母亲一方的基因表现出来。只有少数等位基因会有基因印记现象，而且这种印刻可能在另一代就消失了，它也不会发生在所有的后代子女身上。在一些情况下，父亲而不是母亲患有糖尿病，他们的孩子更容易患有此病，相反，母亲而不是父亲患有哮喘病的孩子更容易患有此病。这种现象就是由基因印记导致的。

另外，人类的许多特质或特征，如身高、体重、智力、肤色、气质等，都是受多对等位基因而不是单一的等位基因影响的，这些特征称为多基因遗传特征（特质）。在这些特征上的差异属于一种连续的变化或量的差异，而不是类型的差异，如在身高方面有非常高的“巨人”、相对较高的人、相对较矮的人、非常矮的“侏儒”，从非常高到非常矮的连续变化正是由多对等位基因决定的。

5.染色体异常

染色体异常也会导致儿童生理和心理发展的障碍。在某些特殊情况下，基因可能会因为某些原因而自发改变结构，从而发生异常。其中，很多异常都是在形成精子或卵子的减数分裂过程中发生的。

染色体异常包括常染色体异常和性染色体异常。唐氏综合征（Down syndrome）就是由常染色体异常引起的常见疾病，患有这种疾病的儿童往往具有异常的外貌特征和心理特征，如斜视、扁鼻梁、身材矮小、手粗短、弱智、口语表达能力差。这种疾病是因为患者的第 21 对染色体多了一条，也可能是因为第 21 对染色体中的一个受到额外的损伤。研究表明，高龄产妇生出的孩子出现这种异常的比例较高。

性染色体异常可以引起性生理和性心理发育的异常，也可能引起一些异常的能力缺陷。例如，男性的性染色体可能多了一个 Y 而变成 XYY，也可能多一个 X 而变成 XXY；女性的染色体可能多了一个 X，变成 XXX，或少了一个 X，变成 X0。具有 XYY 染色体的男性智力发展水平与正常男性相似，而具有 XXX 染色体的女性在词汇学习和阅读方面具有障碍。具有 X0 染色体的女孩可能患有特纳综合征（Turner syndrome），她们的性机能发育延迟，对左右关系、空间位置的辨别和定向能力较差，言语表达能力也较差。XXY 的男性可能患有克兰费尔特综合征（Klinefelter's syndrome），这种男性一般生殖器发育不良，身材异常高大，乳房较大。

在上面提到的几种遗传机制中，有一些是常见的、典型的，另一些则是在特殊情况下才发生的。但是，人类对自身的遗传机制仍然知之甚少，大量的遗传奥秘有待揭开。

三、遗传对个体差异的影响

基因在多大程度上影响了一个人的行为和心理？或者说，遗传在多大程度上决定了人们的个别差异？行为遗传学家对此进行了大量的研究。简单地说，行为遗传学就是采用量化的方法，研究基因与环境对人的

伴性遗传：遗传的性状或特征因性别而不同，性染色体上的基因（特别是 X 染色体上的隐性基因）决定了男性或女性表现出不同的性状或特征，男性更可能具有伴性遗传特征。

基因印记：一种遗传类型，配对基因中的某一个（或者来自父亲，或者来自母亲）可能被激活，被打上生物化学记号，因而只有父亲或母亲一方的基因才能被表现出来。

多基因遗传：人类的某种特质或特征，可能是受多对等位基因而不是单一的等位基因的影响，这类特质或特征的遗传方式称为多基因遗传，这些特质或特征被称为多基因遗传特质（特征）。

染色体异常：在某些特殊情况下，基因可能会因为某些原因而自发地改变结构，从而发生异常。染色体异常包括常染色体异常和性染色体异常。

心理和行为的相对作用或影响的科学。行为遗传学家认为，我们可以将基因对人的行为的影响量化，以说明一个人的基因组合（又叫基因型）是怎样与环境相互作用的，说明在一个人的智力、人格等心理特征的发展过程中，基因和环境分别起到多大的作用。通过行为遗传学的研究，可以看到遗传对智力、人格等特征的影响。

拓展阅读

行为遗传学的研究方法

行为遗传学的主要研究方法是选择性繁殖和家族研究。选择性繁殖是以动物为研究对象的方法，研究者首先将动物根据某种遗传的相似性匹配，然后分组，并让它们进行组内交配繁殖，通过比较不同组的动物行为的差异，来确定不同的遗传或基因组合对行为的影响。最典型的选择性繁殖实验是特里昂（R. C. Tryon，1940）对老鼠所做的实验。他首先让一大群老鼠走复杂的迷宫，根据它们犯错误的次数，把它们分成两个组："聪明组"与"愚笨组"，然后，让它们进行组内交配、繁殖，如此经过很多代之后，特里昂将两组老鼠进行配对，比较它们走迷宫的行为，结果表明，随着繁殖代数的增加，"聪明组"老鼠与"愚笨组"老鼠走迷宫犯错误的次数差异越来越大，"聪明组"老鼠犯错误的次数明显地少于"愚笨组"的老鼠。通过这个迷宫——学习实验，特里昂想证明，基因的确影响了老鼠的行为。还有的研究者采用这种方法，以鼹鼠、鸡等动物做被试，研究了基因对它们的情绪、攻击性与性驱力的影响。

与选择性繁殖不同，家族研究法是以人为研究对象的。研究者对同一家族的成员的智力、人格等特征进行比较，检验他们的行为相似性与基因相似性的关系。家族研究的基本假设是，如果人类的行为特征（如智力、人格）是遗传的，那么，在家庭生活环境相同的情况下，成员之间的血缘关系越近，他们的行为特征也应越相似。家族研究主要采用两种典型的研究设计方式，一种设计是双生子研究，它要探究的问题是，生活在一起的同卵双生子（他们的基因100%相同，血缘关系=1.00）在各种特质上是否比那些生活在一起的异卵双生子（他们的基因50%相同，血缘关系= 0.50）更相似？另一种设计方式是收养研究，它要回答的问题是，被收养的子女与亲生父母（亲子之间有50%的相同基因，血缘关系 =0.50）更相似，还是与生活在相同环境中的养父母（他们之间无血缘关系）更相似？如果被收养子女的智力或人格与他们的亲生父母更相似，就能说明遗传的作用。

另外，行为遗传学家还比较了在相同环境中抚养的同卵双生子与在不同环境中抚养的同卵双生子的行为，由于他们的基因完全相同，在环境不同的情况下他们的行为相似性就可以归于遗传的作用。

显然，行为遗传学的研究主要是通过两种方式进行的，一是通过控制环境因素或让环境相同，比较基因的差异对行为的影响；一是通过控制基因，让基因相同，比较环境的差异对行为的影响。

（一）遗传对智力差异的影响

先来看一下行为遗传学对智力遗传性的研究。表 3.1 是根据对 113,942 对儿童、青少年或成年人进行的家族研究的结果整理出来的。

通过表 3.1，很容易看出遗传对智商（IQ）的影响，血缘关系或基因越相近，人们智力的相关就越高。这在双生子之间表现得最为明显。无论是在同一家庭中养育，还是在不同家庭中分开养育，双生子的智力相关系数都是较高的，而同卵双生子比异卵双生子更高。另一方面，通过这个表格也可以看到环境对智力的影响，在一起养育的双生子比分开养育的双生子的智商相关更高，其他血缘关系的人亦然。

表3.1 具有不同血缘关系的家庭成员的智力测验分数的平均相关系数

血缘关系	一起养育（在同一家庭）	分开养育（在不同家庭）
无关的兄弟姊妹（血缘关系＝0.00）	0.34	－0.01*
养父母／收养的子女（血缘关系＝0.00）	0.19	－
异母（父）的手足（血缘关系＝0.25）	0.31	－
亲生的父母／孩子（血缘关系＝0.50）	0.42	0.22
兄弟姊妹（血缘关系＝0.50）	0.47	0.24
双生子		
异卵双生子（血缘关系＝0.50）	0.60	0.52
同卵双生子（血缘关系＝1.00）	0.86	0.72

*这是将分开居住且没有血缘关系的人随机配对后所获得的相关系数（资料来源：Bouchard & McGue, 1981）。

根据行为遗传学的研究，智商的遗传系数大约为 0.52，也就是说，智商在中等程度上是遗传得来的，或者说智商大约有一半是遗传得来的。而且，随着年龄的增长，遗传对儿童智商差异的影响可能会越来越明显。这在双生子研究和家族研究中得到了证明，随着年龄的增长，同卵双生子的智商比异卵双生子更相似，被收养子女的智商与他们的亲生父母而不是养父母更相似。

（二）遗传对人格差异的影响

虽然人们对遗传在多大程度上影响了人格仍然存在争议，但是，越来越多的研究发现，至少有一些人格特质具有一定的遗传成分，这些人格特质包括神经质、内外向、移情能力等。甚至有一些研究表明，人们的社交能力、政治态度、宗教信仰、对性行为的态度等人格倾向，也与遗传有关。

行为遗传学：行为遗传学就是采用量化的方法，研究基因（与环境）对人的心理和行为的相对作用或影响的科学。

来自基因检测的证据也表明，某些基因对人们冒险和追求新异的人格特征具有重要的影响，这些基因会影响大脑中多巴胺的分泌，从而使一些人更喜欢冒险。

行为遗传学研究的基本结论是，某些人格特质具有中等程度的遗传性，或者说，在中等程度上是由基因决定的。行为遗传学家甚至估计了人格的遗传系数（大约是0.40），发现同卵双生子在某些人格特质上的平均相关系数约为0.50，异卵双生子为0.30，而非双生子的兄弟姐妹为0.20，在同一家庭中长大的、无血缘关系的子女为0.07。

案例分析

一对分开抚养的同卵双生子

美国明尼苏达双生子和收养研究中心主任布查德（T. J. Bouchard）及其同事曾经研究了这样一对同卵双生子，他们的名字分别是奥斯卡·史特和杰克·耶夫。像很多同卵双生子一样，他们既有一些明显不同的性格，也有很多让人难以置信的特征或行为倾向。他们具有不同的政治立场和信仰。奥斯卡由他的母亲抚养成人，是一位天主教徒，在纳粹统治的欧洲长大。在“二战”期间，他加入了希特勒青年运动，目前是德国的一名工厂管理人员。杰克则在地球另一面加勒比海边的一个国家长大，拥有一家商店，是一位犹太教信徒，他憎恶纳粹。杰克目前是一位政治自由主义者，奥斯卡则是保守主义者。

然而，他们也有一些引人注目的相似之处。在年轻时，奥斯卡与杰克两人都擅长运动，而且，数学学习都有困难；他们有相似的怪癖，都有心不在焉的特点；他们都喜欢吃香辣的食物与甜酒，都喜欢搜集戴在手腕上的橡胶箍环，都有如厕前后冲水的习惯。

从这对双生子的人格特点，你能看出什么？在他们成长的过程中，遗传与环境可能分别起着怎样的作用？

从这些相关系数，不难发现与智力相似的规律。人们的血缘关系越接近，在多种人格特质上的平均相关系数越高，人格越相似，其中双生子之间的相关较高，而同卵双生子又是最高的。

（三）遗传对心理障碍的影响

目前，许多研究表明，许多心理障碍或疾病都与遗传有关，或者说，是由遗传因素引起的。而且，遗传因素还会引起人们的行为异常。

越来越多的证据显示，精神分裂症具有家族遗传性。家庭成员与精神分裂症患者的血缘关系越接近，越可能患有这类疾病。最典型的是同卵双生子。如果同卵双生子中有一个患有精神分裂症，另一个有50%左右的可能性患上这类疾病。需要指出的是，人们遗传的不是精神分裂症本身，而是精神分裂症的易感性。也就是说，如果一个家庭中有精神分裂症患者，那么，这意味着这个家庭的成员在遇到较大的环境压力或刺激时，更容易或更可能患有精神分裂症。此外，很多研究发现，抑郁、躁狂、酗酒、犯罪、自闭症、注意缺陷多动障碍在某种程度上也具有遗传性。

行为遗传学的研究在这方面提供了大量证据。有研究表明，同卵双生子患精神分裂症的平均一致率是0.46，但异卵双生子的一致率只有0.14；一些孩子的亲生父母患有精神分裂症，即使他们自幼被其他家庭收养，他们患此病的概率仍然高于正常人。有的研究者还发现了引起精神分裂症的一些特殊基因。

阅读与思考

美国肯尼迪家族的冒险性与海明威家族的抑郁症

在许多人的心目中，肯尼迪家族是美国历史上最显赫、最有影响的政治家族，但是，正是这个家族，半个世纪以来一直为一连串的飞来横祸、非意外死亡和各种丑闻所缠绕，并最终使它走向衰落。这种现象甚至被称为"肯尼迪诅咒"。

请看肯尼迪家族遭受的连番厄运：

1944年，被父亲寄予厚望的家族长子约瑟夫·肯尼迪，在"二战"中死于飞机失事；

1963年，时任美国总统的约翰·肯尼迪被暗杀；

1968年，约翰·肯尼迪的弟弟罗伯特·肯尼迪在竞选民主党总统候选人时被暗杀；

1999年，约翰·肯尼迪的儿子小肯尼迪连同他的妻子和妻妹一起死于飞机失事。

从1941年到1999年，肯尼迪家族有近10位成员死于非命。此外，这个家族的其他幸存者也被车祸、吸毒、强奸指控等事件缠绕着。

肯尼迪家族为什么会遭受这种"诅咒"？有学者分析，这与它冒险性的"家族性格"有关，而这种冒险性又与特定的基因有关。这个家族的突出性格是争强好胜，富于冒险。老肯尼迪曾以近乎残酷的方式，教育孩子们凡事要争第一，让他们自幼形成为了成功不惜一切的性格。有遗传学专家认为，肯尼迪家族成员的行为背后可能有冒险基因在"作怪"，这个家族中频繁出现的寻求刺激的冒险行为，是DRD47R基因——一种与冒险有关的基因——可能存在于肯尼迪家族的最好证据。带有这个基因的人行为外向，比一般人更勇于尝试。约翰·肯尼迪的母亲杰奎琳甚至也认同这种说法。

另一个引人注目的家族是美国的海明威家族。欧内斯特·海明威是蜚声世界的著名作家，曾经获得诺贝尔文学奖。他的家族长期被抑郁症的阴影笼罩着，曾连续四代人发生自杀惨剧。在欧内斯特·海明威刚刚开始他的文学生涯时，他的父亲就自杀身亡。在62岁那年，海明威本人用猎枪结束了自己的生命。5年之后，他的妹妹厄休拉由于身患癌症和抑郁症，服药自杀。16年以后，他唯一的兄弟莱斯特在得知自己因患糖尿病需要截肢后，又举枪自尽。又过了10年，他的侄女、35岁的玛尔戈·海明威也因抑郁症服药过量而死。

有学者认为，海明威家族的抑郁和自杀倾向很可能与这个家族的某些基因有关。加拿大科学家研究发现，许多人的自杀行为都与基因变异有关。他们对一些自杀身亡者的检验表明，这些自杀者大脑中的一种叫"serotonin 5-HT2A receptor"的基因发生了变异。"serotonin 5-HT2A receptor"是一种能够传导大脑指令的蛋白质。美国科学家的研究则显示，自杀倾向与2号染色体上的特定基因有关。在另外一些研究中，人们也得到了类似的发现。许多人相信，抑郁症、自杀倾向与特定基因型有关。像上面这两个家族一样受基因"诅咒"的著名家族还有很多，如有兴趣，可以通过互联网搜索有关信息。

如果一个家族真的具有某一种"危险"的基因，那么，这个家族的成员应该如何应对呢？就这个问题进行小组讨论，发表你的看法。

从总体上看，遗传对人们的智力、人格和心理异常都可能具有重要的影响。但是，我们也应看到问题的另一面：在遗传发挥影响的同时，环境也起着十分重要的作用，而且，环境的影响往往更大。从行为遗传学家所估计的智力、人格的遗传系数就可以看出这一点。智力与人格至多只有中等程度的遗传性，也就是说，智力、人格的变异中大约有一半左右是由遗传决定的，其余的变异则可归因于环境的影响。

遗传在发挥作用的时候，会受到环境的制约，或者说是与环境相互作用的，只有在特定的环境条件下，遗传才能发挥它的影响。环境可以激活特定的基因，也可以抑制特定的基因。精神分裂症就是如此。一个遗传了精神分裂症易感性的儿童，在没有遭遇环境压力的情况下，患病的可能性较低，只有在遇到高度的环境压力和高强度的压力时，他遗传来的这种倾向才能表现出来。其他的心理障碍亦然。更重要的是，人们正在掌握越来越多的科技手段和技术（如基因治疗技术），对某些遗传疾病进行早期干预和治疗，从而在一定程度上避免了遗传的不良影响。显然，这种干预构成了环境的更为重要的组成部分。

在儿童心理发展的过程中，遗传与环境的作用主要表现在以下几个方面，从这几个方面，也可以看到遗传与环境的相互作用。首先，基因对儿童的行为具有导向作用，使儿童的行为沿着特定的轨道发展。例如，人类婴儿的动作发展遵循一些基本的规律：从头到尾，也就是说，先有头部动作，然后才有躯干动作、胳膊和腿的动作，最后才是脚部动作和手部动作；从近到远，也就是说，离身体中轴线越近的部分动作发展越早，越远的部分动作发展越晚；从大到小，也就是说，先有大肌肉动作，然后才有手和脚趾的精细动作。这是由人类的基因决定的，环境很难改变它。但是，基因对智力和个性的导向作用较小，它们受环境的影响更大一些。

其次，基因决定了儿童的反应区间或范围。也就是说，由于儿童的遗传素质不同，他们的心理在特定的环境和教育条件下所达到的水平是不同的，所具有的发展潜力、所能达到的发展高度也是不同的。例如，儿童的智力水平是在一个范围内变化的，在缺乏相应的教育和环境条件时，他的智商只能达到 100，而在良好的教育和环境条件下，他的智商最高能达到 140，140 是他智力发展的上限，而这 40 分之差反映了他在智力方面的发展范围或反应区间。这个范围或上限是由遗传决定的，而能否达到这个上限是由环境决定的。

基因与环境可以通过多种方式相互作用。一方面，儿童的基因或遗传倾向可能“激活”与这种基因一致的环境。其一，儿童可能被动地受到父母基因的影响。具有“运动基因”和体育天赋的父母可能鼓励孩子参加各种体育活动，这可能会让孩子喜欢上体育。其二，儿童可能主动地选择适合自己基因的环境。具有“运动基因”、动作能力强的孩子可能会积极参与各种体育活动。其三，儿童自身所具有的遗传倾向，也可能会唤起别人与这种倾向一致的反应。一个有体育运动天赋的孩子更可能引起家长或老师的注意，创造条件促进这种天赋的发展（如被选拔参加体育比赛）。另一方面，儿童的基因或遗传倾向也可能引起与这种基因不一致的环境。例如一个内向、好静的孩子，可能会引起父母和教师的注意，鼓励他积极地参与各种体育活动，多与别人在一起活动，随着年龄增长，他自己也可能意识到自己的这种倾向不利于身体健康，因而主动地参加各种活动。

因此，基因最终能在多大程度上影响一个人的发展，并不是由它本身决定的，而是由基因、环境及其复杂的相互作用决定的。环境既可能激活和增强基因的作用，使之明显地表现出来，也可以缓冲和抑制它的影响，使之难以表现出来。

问题和讨论

不少人认为，要生一个聪明、可爱的宝宝，先要找一个聪明的、可爱的对象，认为这样就可以有一个美好的将来了。你认为这种看法对吗？或者说，在多大程度上是对的？为什么？可以就这个问题进行小组讨论。

拓展阅读

可以通过互联网或其他渠道，查阅与基因有关的疾病的知识，了解这些疾病的病因、患者特点，同时，了解人们是如何干预或治疗这些疾病的。通过互联网搜索有关信息时，可以“遗传”、“基因”、“遗传疾病”、“基因治疗”词等为关键词；通过图书馆查阅有关资料时，可以查找遗传学或行为遗传学、变态心理学方面的著作。

第二节　孕期发展的过程

孩子出生后的行为是看得见的，而在“十月怀胎”期间，一个新生命是怎样度过的？他在母亲子宫中的生活是怎样的？他能感知到外面的世界吗？这是让准妈妈们非常好奇的问题。下面，我们将介绍新生命孕期发展的基本过程。

一个新生命的孕育要经过大约266天的时间。人们通常把孕期分为三个阶段：胚芽期(胚种期)、胚胎期、胎儿期。在每个时期，新生命都会发生一些典型的标志性变化，同时，在不同的时期，也有着不同的发展任务。

思考

有人认为，“十月怀胎”期间，一个人正处于形成过程中，不可能具有什么心理活动。真的是这样吗？请根据你已经掌握的知识，发表你自己的看法。

一、胚芽期（从受孕到两周）

这是新生命形成和发展的第一个阶段。这个阶段虽然很短，却是孕期最关键的阶段之一。在这个阶段，至少有这样几个标志性的变化：受精卵快速分裂，形成胚囊及其保护层；受精卵着床，附在子宫壁上。

受精卵形成之后，以极快的速度分裂，在受精后第三天就已经形成32个细胞，到第四天，就形成了空心的、充满了液体的囊胚。

到第7～9天，囊胚钻进子宫里，植入子宫壁，开始获得母亲的血液供给，这称为着床。

在这一时期，细胞越来越专门化，囊胚内层结构将形成胚胎，外层将形成各种组织，负责为胚胎提供各种保护和营养。囊胚内部的细胞称为胚盘，新生命就从这一层厚厚的细胞群中发育长大。囊胚的其余部分将发育成胎盘、脐带和羊膜囊等各类保护性的组织。

胎盘在母亲与新生命之间发挥桥梁作用，但是，它在孕期各阶段的作用又是多方面的。脐带将胎盘与胚胎连在一起，因此，胎盘可以将母亲血液中的氧气和养分输送给新生命，同时，将胎儿排泄的废物输出，通过母体排出。另外，胎盘还能帮助新生命抵御内部感染，增强新生命的免疫力，还能在后来分泌有助于妊娠的激素，促进乳汁分泌等。

羊膜囊是由囊胚保护性的外层快速增加形成的一层薄膜囊，里面充满液体。羊膜囊的外层称为绒毛膜，内层称为羊膜。羊膜就像一层垫子，调节新生命的成长所必需的温度，同时，缓冲震动的影响，防止母亲因活动所产生的颠簸。绒毛膜围绕在羊膜的周围，最终变成胎盘的内层，为胚胎提供营养。这一阶段，卵黄体也开始出现，它负责制造血细胞，直到肝、脾及骨髓能够代替它发挥作用为止。可以说，在这一阶段，新生命已经找到了最适合自己发育、成长的子宫环境。

二、胚胎期（从第三周到第八周）

这一阶段是身体雏形形成的阶段。这时，所有的身体组织和内部器官开始形成。由于这一时期是心脏、脑等主要器官形成和发育的关键期，新生命很容易受环境的影响。

在第一个月的后半月，胚胎形成三层细胞群，每一层都会发育成不同的结构。最外面的一层是外胚层，它将会发育成神经系统和身体外表皮，包括脑、脊髓、感觉器官、皮肤、毛发、牙齿；中间的一层是中胚层，它将发育成肌肉、骨骼、循环系统及其他内脏器官；里面的一层为内胚层，它将发育成消化系统、肝脏、胰腺和呼吸系统。身体的各个部分都是由这三层发育而来的。

其中，神经系统发育最快。在第二个月，每分钟大约有十万个神经细胞产生。外胚层变成神经管道，形成最初的脊髓。在三个半星期内，这个管道的顶部变大，形成脑。神经细胞深入到神经通道，形成大脑的主要部分。大约在第五周，神经系统开始发挥功能，能产生微弱的脑电波。与此同时，心脏开始跳动，在胚胎内形成了最初的血液循环系统。肌肉、脊椎、骨骼、消化道也开始出现。这一阶段，个体的身长约为 0.6 厘米。

在第二个月内，身体继续快速发育，眼睛、耳朵、鼻子、颚、颈开始形成。原来微小的芽体变成了手臂、腿、手指和脚趾。内脏器官变得更明显，肠道长成了，心脏发育成两个心室，肝、脾已能制造血细胞。从整体上看，这时的胚胎身长大约为 2.5 厘米，体重大约 4 克，已经具有了人的雏形，看起来很像一个站立的“小人”。

这一阶段，胚胎已经能对周围的环境产生感觉，触觉反应比较明显，而且能在子宫内移动。由于动作太轻，母亲还不能察觉它的移动。

三、胎儿期（从第九周到出生）

这是个体发育完成的阶段，是孕期中最长的同时也是最后的一个阶段。这时，个体各个组织和器官的发育逐渐完成，并为分娩做准备。这一阶段又可以分为三个小的阶段。

（一）9—12周

在这一阶段，身体生长迅速，各个器官和系统开始联系起来，发挥整体的功能，脑与肌肉建立了联系，胎儿的身体和四肢可以移动，会踢腿、弯曲手臂、张口、吮吸手指。而且，胎儿的肺叶能扩张和收缩，外生殖器变得比较明显。

（二）13—24周

这一阶段，胎儿的器官分化更为明确。3 个月时，胎儿开始吞咽和排尿，手指长出指甲。4 个月时，母亲可以感觉到胎动。胎儿体外长出一层皮脂，以防因长期泡在羊水中而引起皮肤皲裂。

同时，胎儿的脑也在迅速发育，在这一阶段结束的时候，胎儿大脑的神经元已经长成，这为儿童的心理发展奠定了生理基础。到第 20 周（5 个月）时，胎儿表现出听觉和视觉能力，能感受到声音刺激和光线，并做出相应的反应。他甚至还会用手遮住眼睛，躲避强光的刺激。

到第 22 周的时候，胎动更明显，如果把手放在母亲的腹部，就能感觉到胎儿的活动。但是，由于胎儿的肺、脑等重要器官还没有发育成熟，因而难以适应体外环境。如果在这一阶段出生，就很难活下来。

（三）25－38周

在这一阶段，胎儿继续发育，所有的器官日趋成熟，为最后的出生做好准备。这时，胎儿如果出生，已能够存活下来。通常，胎儿至少在母体中发育 22 ~ 26 周，出生后才有可能存活下来。这一阶段的胎儿已经长出了一层皮下脂肪。胎儿的动作也开始变得复杂，他们会在子宫中翻身、哭泣、打嗝、握拳、睁眼和闭眼、吮吸手指等。他们的活动也变得更有规律，许多母亲都能感觉在一天中的某个时间段胎动较多。

到胎儿期末，胎儿已经形成了有规律的睡眠周期。在出生前 2 周，他们的活动减少，睡眠增多。

到胎儿期末，他们的脑变得更加复杂，大脑两半球生长迅速，神经纤维外面的髓鞘长出，神经纤维之间的联系也更为复杂。在此基础上，胎儿的心理也得到进一步发展。这时，胎儿对外界声音的反应更明显。在怀孕的最后几周，他们还能辨别母亲的声音和韵律，形成了最初的记忆能力。在一项研究中，研究者让一组孕妇大声地朗读一个故事，连续 6 周，每天读 2 次。研究结果表明，这些孩子出生后对这个故事声音的反应较多，而对另一个陌生的故事声音反应较少。显然，胎儿在子宫里慢慢地辨认出了母亲的声音。

拓展阅读

越早越重要：早期优越法则

从人类个体孕期的发展来看，可以说，越是早期阶段，显得越重要，这里似乎存在着一条“早期优越法则”。孕早期是人体最重要的器官包括心脏和脑形成和发育的关键期，最为重要。而把孕期放在人的一生中，很容易看到这个时期的极端重要性，它是人体形成的特殊时期，这一时期一旦出了“差错”，将造成难以弥补的缺陷或障碍（详见第三节）。没有正常的人体，人类正常的心理从何而来？就环境的影响来看也是如此。环境因素，包括各种危险因素，对人体发生影响的关键期是孕期，当然，也是影响人的心理的关键期。新生命诞生之后，可塑性最强的时期是生命最开始的几年或十几年，言语、智力、人格的发展都是如此。由此看来，拥有一个好的开端，具有无法替代的作用。

第三节　影响孕期发育的因素

思考

有人认为，“十月怀胎”是一个生命自然发育的时期，不需要太小心，顺其自然就行了，你认为这种看法对吗？为什么？

胎儿酒精综合征是一组常见的先天性问题，多见于酗酒的孕妇所生的孩子。它的发生率为 3‰。患有酒精综合征的孩子往往有一些突出的生理缺陷，如头小而畸形，心脏、肢体、关节、面部畸形等。他们出生后比正常的婴儿要小而轻，而且身体发展比同龄儿童晚。这些孩子还具有一些明显的心理问题，如过度兴奋、多动、富有攻击性等。在童年期和青少年期，他们的智力明显低于平均水平，其中90%以上的人在青少年期和成年初期会有较多的适应障碍。其实，像胎儿酒精综合征这类问题还有很多，它们主要是由孕期发生的一些非正常因素引起的。在这些因素中，有的是孕妇方面的，有的是生活环境方面的。

一、孕妇自身的因素

孕妇自身的因素会直接或间接地影响新生命的发育，这些因素包括孕妇的怀孕年龄、体重、身高、孕史、身体健康状况、营养、行为和生活习惯、情绪状态等。

1. 孕妇的年龄

孕妇的年龄与生殖健康密切相关。综合考虑生理、心理和社会因素，二十三四岁到二十八九岁是最佳生育年龄，因为这时孕妇的生理健康状态最佳，而且具有比较成熟的心理和经济条件。研究证明，孕妇年龄太小或太大，都不利于生育，随着孕妇年龄的升高，新生儿的死亡率也逐渐上升（见图 3.2）。不仅如此，超龄生育（如超过 35 岁）还会提高遗传疾病的发病率和其他危险性。例如，母亲在 35 – 39 岁时生育，唐氏综合征患儿的概率为 1/250，40 – 44 岁为 1/100，45 岁以上为 1/50。另外，35 岁以上的孕妇分娩时间较长，容易流产，难产和死胎的概率也较高，还可能会有一些生育的并发症。但是，如果高龄产妇身体健康，产前能得到足够的照顾，也会正常怀孕和生育。

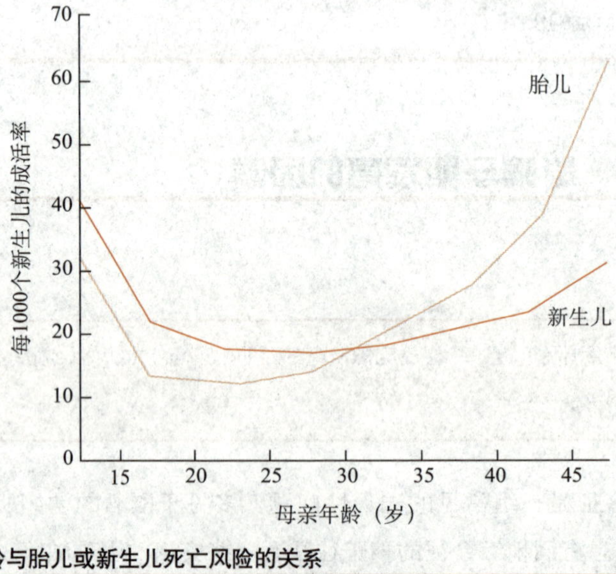

图3.2 母亲年龄与胎儿或新生儿死亡风险的关系

另一方面，如果生育年龄太小，孕妇生理发育尚未完全成熟，而且，其社会经济地位较低，缺乏抚养孩子的经验和心理品质，不仅她们本身容易产生营养不良、压力大等问题，而且，容易产出早产儿和低重儿。

2. 孕妇的身高、体重和孕史

孕妇过矮、过胖或过瘦，都不利于新生命的发育。如果孕妇过矮，如低于140cm，可能因骨盆太小而限制子宫发育，进而限制胎儿的发育，也不利于正常分娩。孕妇过胖或过瘦，这可能意味着她们自身的健康状况较差，过胖者（如超过正常体重的1/4）患高血压的概率较高，过瘦者（如低于正常体重的1/4）则可能缺乏营养，怀孕期间患贫血、肌痉挛、甲状腺肿等疾病的可能性也较大，因而会影响胎儿的正常发育。另外，如果母亲怀孕次数过多（如超过4次），她再次怀孕的危险性就会相应地提高。

3. 孕妇的饮食和营养

母亲的饮食、营养与胎儿的发育密切相关。胎儿通过胎盘从母体汲取氧气和各种养分，如果母亲的营养较差，势必对胎儿的发育带来不利影响，新生儿往往发育不良，机体免疫力差，容易有高血压、心脏病、糖尿病等疾病；而且，母亲也容易生病。大量事实表明，如果母亲的营养状况较差，她们所生的孩子中早产儿和低重儿较多，婴儿死亡率较高，那些存活的孩子也往往智商偏低。营养不良如果发生在新生命重要器官（如心脏、脑）发育的关键期，还可能造成这些器官的先天缺陷或发育不良。

拓展阅读

准妈妈食谱

孕妇应当补充足够的蛋白质、维生素和矿物质。蛋白质的缺乏会对脑造成永久性伤害。牛奶、鸡蛋、豆制品等蛋白质含量较高，容易被人体吸收，宜列在孕妇食谱中，而高脂肪的食物（如肥肉）应少吃，否则容易使孕妇和胎儿发胖，影响分娩。谷类食物，如米、面，碳水化合物含量较高，新鲜的蔬菜和水果维生素含量较高，宜多吃。海产品、绿色蔬菜等食品矿物质含量较高，也应包含在孕妇的食谱中。专家指出，孕妇应添加少量的铁和锌，它们能改善胎盘的功能，降低生产并发症，而且应适当补充叶酸，叶酸在孕期的前八周特别重要，有助于神经管道的形成和发育。但是，在补充维生素时，也应适量，例如，维生素A太多容易导致出生时的缺陷。一言以蔽之，孕妇应避免偏食，保证营养的全面和平衡。

4. 孕妇的情绪状态

母亲在怀孕期间保持愉快的心情，有利于胎儿的健康发育。愉快的情绪状态有利于促进身体的代谢过程，促使某些激素的分泌，这又会通过母体进入胎儿体内，增加胎儿活力。反之，消极的情绪，如烦躁、恐惧、高度焦虑，则可能促进某些不利激素（如儿茶酚胺）的分泌，对胎儿带来不利影响。研究一再表明，长期而严重的压力容易导致胎儿发育迟缓、早产、体重偏低以及其他问题，而且，这种压力也会削弱孕妇的身体免疫力，或者使之形成抽烟、喝酒等不良生活习惯，进而影响胎儿发育。

5. 孕妇的疾病

孕妇的疾病对胎儿的发育极为不利，特别是那些遗传病和传染性疾病。遗传病是指从父母那里继承的致病基因或基因突变引起的相应的疾病或缺陷。在先天性疾病中，有相当一部分是由遗传因素引起的，属于遗传疾病，如唐氏综合征。具有遗传病的孕妇很可能将这种致病基因遗传给后代，但一些遗传病未必在婴幼儿时期表现出来，遗传性智力低下就是如此。目前，人类已经知道的遗传疾病有三千多种。

实际上，可以遗传的疾病有很多，但不是所有的遗传疾病都一定会遗传给后代，它们只是有可能会遗传给后代。例如，过敏和哮喘、耳朵发炎、近视、龋齿、糖尿病、心脏病、鼻炎、高血压和高血脂、肥胖症、皮肤癌等。另外，还有一些传男不传女的遗传病，如秃头、红绿色盲、蚕豆病、血友病等，这些疾病往往只见于男性患者。女性只是基因携带者。遗传病虽然可能遗传给子女，但是，这种基因会在很大程度上受到环境的影响，例如，如果子女注意形成良好的生活和饮食习惯，就能在一定程度上避免这种基因的影响和遗传病的发作。

对胎儿发育影响最大的应该是传染病。它们可以通过胎盘直接传给胚胎或胎儿，给正在发育中的新生命造成致命的影响，使之发育不全，导致流产、早产、身体畸形、体重过低或心智损伤。下表列出的是一些常见的传染病及其影响。

在各种传染病中，性传播疾病的危害影响最大，它极容易导致畸形或死胎。其中，梅毒、生殖器疱疹、艾滋病最流行。例如，梅毒在孕中期和晚期伤害力最大，可以危及胎儿的眼睛、耳朵、骨骼、心脏和脑；生殖器疱疹可以引起目盲、脑损伤和其他严重的神经系统障碍。

在孕妇自身的因素中，还有一种是RH因子。RH因子是人的红血球中的一种蛋白质，这类人称为RH阳性，而缺乏这种蛋白质的人则称为RH阴性。RH阴性的孕妇带有隐性基因。当RH阳性的父亲与RH阴性的母亲相结合的时候，胎儿很可能是RH阳性。在这种情况下，母亲会产生一种排斥RH因子的抗体，在进入胎儿血液之后，会破坏他们的红血球，妨碍氧气的供应，引起RH溶血症，导致流产、死胎、心脏缺陷或智力落后等问题。由于母亲产生RH抗体需要的时间很长，因此，第一个孩子常常不受影响，而对之后所生的孩子影响很大。

6. 孕妇的行为和生活习惯

孕妇的一些行为和生活习惯也会给胎儿带来致命的影响，最典型的是吸毒、吸烟、酗酒、服用某些药物。孕妇吸食可卡因、海洛因等成瘾性毒品，对胎儿贻害无穷。她们可能早产，也可能生下低体重儿、有身体缺陷的新生儿，还可能将这种“毒瘾”传给孩子，让他们表现出与成瘾者类似的“戒断反应”（在中断吸毒后所出现的症状），而且，容易引发孩子将来的很多行为问题。

孕妇吸烟也能带来严重的后果。例如，吸烟可能让她们生下低体重儿、早产、流产，增加婴儿夭折、患童年期癌症的风险，烟草中含有的尼古丁成分还会损伤胎儿的中枢神经系统。孕妇吸烟越多，对胎儿影响越大，被动吸烟也是应该避免的，因此，父亲也应该禁烟。

孕妇也应严格禁止酗酒，它很容易导致前面提到的“胎儿酒精综合征”。即使没有这种综合征，也会导致“胎儿酒精效应”，使胎儿表现出相对较轻的类似的反应。酒精会影响胎儿脑的发育，甚至会损害他们的智力。因此，孕妇最好不要喝酒。

另外，孕妇要避免服用某些药物，尽量少吃药或不吃药，母亲服用的药物成分会通过胎盘进入胚胎或胎儿的血液，从而影响他们的成长。如果必须服用，一定要谨慎，在正规的药品说明中一般都会说明是否适用于孕妇。孕妇禁用的药物有抗癌药、四环素、磺胺、激素类药物等。

思考

你身边有没有一些例子，可以说明孕妇自身因素对孕育孩子的影响？如果有，它（们）反映了哪种因素的影响？

二、环境因素

影响胚胎或胎儿发育的环境因素主要包括辐射、环境污染等。1945年美军在日本广岛投下原子弹，这给附近的孕妇造成了致命的伤害，在原子弹爆炸半公里以内的孕妇生出的小孩无一存活，在原子弹爆炸一公里内的孕妇生出的小孩3/4有严重残障，而且很快死亡，侥幸存活下来的孩子也有心智障碍。除了这类严重的辐射之外，暴露在X射线等辐射环境中，也容易引发类似的问题。即使孩子出生时比较正常，但在出生后也可能有一些并发症，在童年期患癌症等疾病的风险较大。

环境污染问题已经引起各个国家的重视。它不仅影响了人们的日常生活，而且还会危及孕妇和胎儿的健康。有研究发现，如果孕妇经常接触有机染料、色素、食物添加剂、人造糖精、杀虫剂等潜在的有毒物质，可能会导致畸胎。空气污染、饮用水污染也是严重的污染源，如果孕妇暴露在铅、锌、汞或工业废水的影响下，会引起胚胎和胎儿的身体缺陷，使新生儿心智发育迟缓，影响他们的记忆力、言语能力。

在孕期的不同阶段，这些因素的影响是不同的。前三个月是人体重要器官形成和发育的关键期，同时也是容易致畸的敏感期，这时最容易致畸，在最初的两周内，上述致畸因素甚至可以引起流产，在怀孕后三到八周，胚胎对这些致畸因素极敏感。胎儿后期对这些因素的敏感性下降，但仍有可能导致畸形。

思考

你身边有没有一些例子，可以说明环境因素对孕育孩子的影响？如果有，它（们）又是怎样发挥影响的？

拓展阅读

父亲在孕期应该怎么做？

在孕期，父亲除了维护孕妇的营养和健康之外，还需要注意避免以下几方面的影响：

1. 避免暴露在各种环境污染下，因为辐射线和各种有毒物质会损害他们的染色体，引起基因突变，从而增加后代患遗传缺陷的风险。

2. 形成良好的生活习惯，如果有酗酒、吸烟等不良的生活习惯或“毒瘾”，一定要改变或戒除。如果父亲有这类“恶习”，即使母亲没有这类习惯，咖啡因、酒精等化学物质也可能会改变精液质量，影响怀孕，让孕妇产下低体重儿，也可能引发胚胎或胎儿的其他问题。

3. 调节生活方式，保证孕妇有愉快的心情，有效地减轻孕妇的情绪压力。

问题和讨论

很多孕期的妇女喜欢使用化妆品，她们认为，爱美总是没有错的。而专家建议，孕妇不宜浓妆艳抹。你认为专家的看法对吗？为什么？请你根据有关知识给予说明，也可以从互联网或图书馆查阅资料，进行小组讨论。

三、优生

每一对夫妇都想生育一个健康的孩子，优生可以说是人类的理想。为了实现这个理想，人类需要解决两个问题，第一个问题是，怎样才能保证正常地、健康地受孕，让孩子避免遗传疾病，或者在最大程度上避免遗传疾病？第二个问题是，如果已经受孕，一对夫妇怎样才能保证生下一个健康的孩子？这两个问题，是“优生”所要解决的基本问题。

对于第一个问题，首先要在最大程度上降低未来的孩子患遗传疾病的风险。例如，避免近亲结婚，也就是血缘关系在三代以内的人尽量避免通婚，因为近亲结婚者的后代患遗传疾病的风险较大。已婚夫妇可以通过遗传咨询，了解让孩子避免遗传疾病的措施，根据遗传咨询师提供的信息决定是否怀孕、何时怀孕以及怎样怀孕。遗传咨询师一般会对夫妻进行全面的体检，确定这些夫妻是否具有某些基因异常或基因缺陷。他们还会全面地了解这些夫妻的家族史，看他们的家族成员中是否曾有过智力落后、身体缺陷或其他的遗传病。咨询师可能会告诉他们，如果决定怀孕，他们将来的孩子患遗传病的风险会有多大。

其次，夫妻双方在怀孕前要在最大程度上保证身心健康。健康的身体不仅是健康受孕的前提，而且是新生命健康发育的基础。充足的营养，健康的饮食，日常的锻炼，对某些疾病进行必要的治疗和干预，都是保证身体健康的重要方式。特别是女方，应尽量避免带病受孕、高龄受孕等情况，尤其要避免传染性疾病。心理的健康同样十分重要。夫妻双方要保持愉快的心情，轻松的心态，为孕育孩子做好充分的心理准备。

另外，还要形成良好的生活习惯，尽量远离烟、酒、毒品、药物，如果必须用药，一定要经过充分的咨询，在确保无不良后果时，才可以使用。同时，还要尽量远离环境污染，如少做放射性体检，避免辐射。在已经怀孕的情况下，也应做到这一点。

就第二个问题来说，做好产前检查非常重要。如果已经怀孕，可以通过某些技术，如羊膜穿刺、绒毛膜取样、胚胎镜、胎儿血液取样、超声波等，检测未出生孩子的发育情况。通过孕早期检查（一般在怀孕后第 11 ~ 13 周进行），可用高频声波看到胎儿在子宫中的图像，从而了解胎儿的大小和形状。通过羊膜穿刺（一般在怀孕后第 15 ~ 20 周进行），可以检查胎儿是否有唐氏综合征、脊柱裂等遗传疾病。产前检查的目的是，及早发现可能存在的遗传疾病或发育缺陷，及早治疗，或者做出其他的优生选择（如选择性流产）。如果孕育的孩子是正常的，那么，夫妻双方及其他家庭成员就要确保良好的生活环境，为新生命的健康发育创造条件。避免上面提到的各种危险因素，就显得十分重要了。

因此，优生实际上是“优孕”、“优育”，确保新生命有一个优越的起点（受孕），有一个优越的发育环境（孕育）。这不仅有赖于孕妇本人，而且有赖于周围人，有赖于周围环境（特别是社会环境）的优化。

问题和讨论

1. 我国四大名著之一《红楼梦》描述了一个动人的爱情故事：贾府公子贾宝玉爱上了自己的表妹（姑妈的女儿），却遭到了封建家庭的阻挠，最后，林黛玉为情忧郁而死，贾宝玉离家出走。从优生学的角度，又该怎样看待这个感人至深的爱情故事呢？二人能否结婚生子？请发表你自己的看法，并给出理由，也可以就这个问题进行小组讨论。

2. 小组讨论：是否应该进行“胎教”？

目前，有很多人主张在孕期进行“胎教”，认为“胎教”有利于胎儿的发育；也有一些人反对“胎教”，认为它不利于胎儿的发育。请就这个问题进行讨论，发表自己的看法，也可以分成正方和反方，进行小组辩论。可以通过互联网或图书馆等渠道，多方面搜集关于“胎教”的知识和看法。

小结

遗传是心理发展的物质基础，携带遗传信息的基因是基本的遗传物质。遗传的基本机制和规律包括有丝分裂与减数分裂、显性遗传与隐性遗传等。人类的遗传模式主要有单纯的显性－隐性遗传、共显性、遗传印记、伴性遗传、多基因遗传等。

遗传对个体差异具有重要的影响。行为遗传学研究发现，智力、人格的发展具有中等程度的遗传性，同时，遗传对心理障碍或异常也具有重要的影响。但是，遗传在发挥作用的时候，会受到环境的制约，或者说是与环境相互作用的。

孕期发展的过程通常可以分为三个阶段：胚芽期（胚种期）、胚胎期、胎儿期。在每个时期，新生命都会发生一些典型的标志性变化，在不同的时期，也有着不同的发展任务。

影响孕期发育的因素包括孕妇的怀孕年龄、体重、身高、孕史、身体健康状况、营养、行为和生活习惯、情绪状态等孕妇自身的因素，辐射、环境污染等环境因素也会导致不良的后果。实现优生的关键在于保证正常地、健康地受孕，在最大程度上降低未来的孩子患遗传疾病的风险，同时要做好产前检查。

第四章

婴幼儿时期的心理发展

学习目标与探索性问题

- 刚降生的新生命具有哪些特点?
- 新生儿是否像人们通常所想象的那样，除了哭什么都不会?如果不是，他又具有哪些发展潜能?
- 婴儿身体和生理的发展通常具有哪些规律或特点?
- 人们最初的动作是从何时开始的?一个人又是怎样从最初十分简单的动作（如抬头），逐渐学会走路等复杂动作的?
- 人们是怎样逐渐地学会说话、听懂别人所说的话的?
- 人在出生后是完全相同的吗?为什么?
- 一个人在出生后是怎样与别人进行社会交往的?他们的个性或人格是怎样逐渐变得明显起来的?
- 早期教育（包括对婴儿的早期教育）是可能的吗?如果是可能的，那么，婴幼儿教育应该注意哪些问题?

第一节　新生儿时期的心理发展

一位妈妈对出生后的孩子充满了美好的想象：漂亮、可爱的模样，讨人喜欢的微笑，总是瞪着大眼睛好奇地看着周围。但是，在孩子真正出生之后，她眼前的孩子却与她的想象大不相同：孩子的样子并不“好看”，一天的大部分时间都在睡觉，好像总是在用哭“说话”。她不禁自问：为什么会是这样？我该怎样面对这个刚出生的孩子？

一、新生儿的基本特点

新生儿期是指儿童出生后的第一个月。这是一个非常特殊的时期。在这一时期，儿童将从子宫经过母亲的产道，顺利地降临到人世间。从此，他就与母体分离，成为一个独立的人。在母亲子宫里的时候，胎儿主要通过脐带从母体获取氧气和营养，并将排泄的废物通过母体排出，也就是说，他们能够以相对稳定的方式，适应相对稳定的子宫环境。但是，脱离母体后，新生儿要独立地获取营养，要自己吃、喝，自己排泄，自己用肺呼吸，而且外部环境复杂多变。这时，他们就需要以相对灵活的方式，适应这种不断变化的环境。这显然是一种生活方式的重大转变，是对新生儿的一种重大挑战。

他们要在成人的帮助下，独立地面对周围的世界。他们要学会认识周围的各种事物，要学会操纵自己的身体，去探索他所感兴趣的东西；要学会与周围的人们特别是他们的父母、亲人进行交流，用某些特殊的方式，表达自己的意图和感受，与周围的人建立最初的人际关系。所有这些，都是他们最初的发展任务。

阅读与讨论

分娩的过程和方式

分娩是胎儿从子宫经过产道与母体分离的过程。无论对孩子还是母亲来说，分娩都是一个标志性的事件。胎儿要经过产道的挤压，努力“挣脱”母体。能否顺利地、正常地出生，避免各种出生并发症，这是对孩子的重大考验，也是对母亲体力、耐力和意志的重大考验。

通常，正常的分娩过程分为三个阶段。在第一个阶段，在催产素的作用下，子宫有规律地收缩（又称宫缩）和扩张，使子宫颈不断扩张，为胎儿的出生“打通”产道。宫缩最初约 8 ～ 10 分钟一次，每次持续约 30 秒，随后宫缩逐渐频繁，持续时间也逐渐延长，最后达到约 2 分钟一次，每次持续约 2 分钟。子宫颈逐渐变宽，以至于能通过胎儿的头部。第一个阶段持续的时间最长，具体时间与母亲的年龄、种族、怀孕次数以及胎儿和母亲自身的很多因素有关。在第二个阶段，随着一次次的宫缩，婴儿的头开始移动，依次通过子宫颈和产道，最后，胎儿完全脱离母体。在第三个阶段，胎儿的脐带和胎盘从母体娩出，这个阶段只需要几分钟的时间，也最容易完成。

分娩的方式从总体上可以分为顺产和剖腹产。剖腹产是通过外科手术，将胎儿从母亲的子宫中直接取出。在一些危急情况下，需要剖腹产。例如，在胎儿是臀位生产时，就必须进行剖腹产。由于剖腹产的产程较短，即使没有危险，许多孕妇也选择剖腹产。但是，剖腹产可能有一定的危险，母亲伤口愈合的时间较长，伤口容易发生感染。

实际上，围绕剖腹产和顺产的优点和缺点，有多种看法。一种观点认为，剖腹产的孩子没有经过产道的挤压，一些有利于增强新生儿免疫力的激素不能正常地释放；而且，有一些研究发现，在患多动症的孩子中，剖腹产的孩子占多数。还有一种观点认为，剖腹产的孩子没有经过产道的挤压，头部没有受到影响，因而比较聪明。这些观点都缺乏足够的证据。你支持哪一种看法？为什么？可以就这个问题进行小组讨论。

儿童刚出生时的外表并不像很多人所想象的那样漂亮、可爱。他们的皮肤表层覆盖着一层胎儿皮脂，它在胎儿通过产道时起到润滑作用；而且，新生儿周身长满胎毛。他们出生后的皮肤还会因失水而布满皱纹，面部和额部还可能因产道的挤压而有点变形，很多孩子出生后鼻子扁平。

新生儿每天都在不同的觉醒和睡眠状态中变换着。在一天中的大部分时间，新生儿都是在睡眠中度过的。新生儿的状态往往传达着不同的信息，通过这些信息，有经验的抚养者可以知道新生儿身体是否正常或舒服，从而做出相应的反应。

新生儿的睡眠和啼哭发挥着重要的功能。睡眠可以保护他们免受外界刺激的伤害，尤其是强烈光线对眼睛的伤害，而且有利于脑的发育。啼哭对于新生儿的生存和发展也具有保护、促进作用。它可以说是新生儿向抚养者传递信息、与抚养者进行交流的重要手段。新生儿不会说话，因而他们主要通过最初的简单动作、表情、哭泣表达自己的感受。例如，新生儿躁动不安、大声哭泣，可能表明他这时感到不舒服，需要喂奶了，或者需要换尿片了。在母亲喂奶或换尿片之后，如果这种哭声停止了，说明他的“苦恼”解除了，身体感到舒服了。因此，啼哭常常是新生儿召唤母亲的方式，它可能传达着丰富的信息。

总之，完成从母体环境到母体外环境的适应性转变，是新生儿最重要的发展任务。而适应的手段主要是他们先天的反射和已经具有的某些能力。

拓展阅读

如何判断一个新生儿是否健康——阿普加量表（Apgar）

在医院里，人们经常采用阿普加量表测量新生儿的健康状况。这个量表包括五个方面，简便易行。表 4.1 是它测量的内容和记分标准。在新生儿出生后第 1 分钟测 1 次，5 分钟后再测 1 次。你可以从这五个方面为一个新生儿打分，看他或她在每个方面能得几分，然后，将每个方面的得分相加，就可以知道这个孩子的健康状况了。

表4.1 阿普加量表

特征	分数		
	0	1	2
心律	无	慢，每分钟低于 100 次	每分钟超过 100 次
呼吸	60 秒内无呼吸	慢、浅、不规则	强，哭
肌肉弹性	松弛无力	手脚动作软弱，有点屈曲	手脚动作强壮有力
肤色	皮肤发青或苍白	身体微红，四肢发青	全身微红
反射（打喷嚏、咳嗽、皱眉等）	没有反应	有微弱的反应（皱眉、哭声微弱）	哭声强有力、咳嗽、打喷嚏

一个孩子得分为 7 分或 7 分以上，表明健康状况良好；如果是 4 ~ 6 分，则表明需要进行监控，采取呼吸等方面的医疗干预；如果是 3 分以下，就要立即组织抢救。

二、新生儿的感觉和学习能力

新生儿看似一无是处，其实有着巨大的适应和发展潜能。在出生后不久，这种潜能就会比较明显地表现出来了。新生儿的适应和学习能力是以先天的反射和感觉能力为基础的。

（一）新生儿的先天反射

新生儿生来具有一些无条件反射，这些先天的反射是他们适应外部环境的“最初装备”，也是他们学习的基础。目前，人们发现的新生儿先天反射有70多种，这些反射又可以分为生存反射与原始反射两类。生存反射有助于新生儿维持基本的生存，或者说，是他们维持生存必须具备的本能，而原始反射可能在某个特定的时期曾经有助于人类这个物种维持下来。

1.生存反射

常见的生存反射有以下几种：

(1) 呼吸反射。他们一生下来，就开始呼吸了，肺开始发挥功能，反复吸气和呼气，这是在外部环境中生存的最基本条件。

(2) 眨眼反射。在受到强光刺激时，或眼睛可能受到伤害时，新生儿会眨眼。这种反射可以保护眼睛，免受外界的伤害。

(3) 瞳孔反射。遇强光时，他们的瞳孔会缩小，在弱光中瞳孔会变大。在刺激颈部皮肤或发出突然的响声时，他们的瞳孔也会放大。这也是保护眼睛的一种方式。

(4) 觅食反射。新生儿能够把头转向刺激出现的方向，做出要吃奶的动作。用手指触摸新生儿的面颊，他会向手指这一方向转过头去，张口做吮吸的反应。在母亲的乳头碰到他的面颊时，他也会做出寻觅乳头的动作。这种反射可以保证新生儿寻找和吃到食物。

(5) 吮吸反射。新生儿会吮吸放入口中的物体。只要用手指碰一下他们的嘴唇，就可以看到他们做出吮吸动作。这种反射可以保证新生儿生下来就能吃奶，吮吸乳头，获取乳汁。

(6)吞咽反射。新生儿能吞咽放在口中的食物。显然，这种反射也是他们获取营养、维持生存的必要条件。

(7) 食物反射。将食物或其他物品放到新生儿口中时，他们会分泌唾液。这种反射也是一种维持生命所必需的基本反射。

2.原始反射

常见的原始反射有以下几种：

(1) 行走反射，又叫迈步反射。在新生儿清醒时，让他们身体直立，在脚接触到地面时,他们就会做出向前迈步的姿势。这种反射有助于儿童学习自主的迈步动作。

(2) 抓握反射，又称达尔文反射。将手指、棍棒等物体放在新生儿的手掌中，他们会紧紧地抓握这些接触手掌的物体。用一个手指或棍棒甚至可以把他们的身体提起来。它可以防止儿童从母亲身上掉下去，依附于母亲，而且有助于儿童学习自主的抓握动作。

(3) 游泳反射。让新生儿俯卧，放在水里，他们会四肢划动，屏住呼吸，做出协调的游泳动作。在多水的环境中，这种反射有助于维护新生儿的生存。

(4) 摩罗反射，又叫惊跳反射。新生儿在听到巨大的声响或受到疼痛刺激而受到惊吓时，或者在身体突然失去支撑（如用手掌托住新生儿的后背放在床上）时，会双臂外伸，伸腿，弓背，然后，双臂向胸前收拢，做出拥抱的姿势，好像要抱住什么东西，同时伴随着哭声。这种反射是全身性的反射，有助于儿童在危险时抱住母亲，以免受到伤害。

(5) 交叉伸展反射。握住新生儿一条腿的膝部，将腿伸直，敲打或按压这一只脚的脚底时，另一条腿会立刻弯曲，随后很快伸直。

(6) 强直性颈部反射。新生儿仰卧时，会表现出不对称的“击剑者”的姿势，头侧向一边，并伸直同一侧的手臂和脚，另一边的手和脚则相应地屈曲起来。在另一种情况下，将新生儿低着的头抬起时，他们会手臂伸直，双腿屈曲，表现出对称的强直性反射。

(7) 巴宾斯基反射。触摸新生儿的足底，他们的脚趾会像扇形一样张开，随后向里弯曲。

小实验

如果你身边有这样一个新生儿，你可以按照上面所说的做法，做一些小实验，看新生儿是否有这些基本的反射。但是，一定要保障孩子的安全。

在正常情况下，其中很多反射会在出生后几个月内自然消失，例如，交叉伸展反射在 4 ～ 5 周时消失，行走反射在 6 ～ 10 周时消失，强直性颈部反射在出生后 3 个月时消失，摩罗反射会在出生后 4 个月时消失，吮吸反射、抓握反射、觅食反射等会在 3 ～ 4 个月后消失，游泳反射在出生后 6 个月时消失，巴宾斯基反射在出生后 6 ~ 18 个月时消失。这些反射如果不能按时消失，就可能表明儿童存在着某种神经发育障碍。另一些反射，如眨眼反射、瞳孔反射、吞咽反射、呼吸反射等基本的生存反射，则保持终生。按照进化论的观点，这些反射都曾经具有或者至今仍然具有重要的生存价值，有利于人类的生存和延续，因而得以保存下来。

（二）新生儿的感觉能力

新生儿已经具备某些基本的感觉能力，包括触觉、视觉、听觉、嗅觉、味觉等。这些感觉能力也是他们适应外界环境的基本手段。

新生儿的触觉能力发展最早，触觉包括温度觉和痛觉。这种感觉能力在孕期就已经发展起来了。新生儿一出生，就能受到冷空气的刺激，感受到母体环境与外界环境的不同。他们在尿湿的时候会哭，这也是触觉在起作用。他们喜欢温柔的抚摸。而且，上面提到的行走反射、巴宾斯基反射、摩罗反射、抓握反射、觅食反射、吞咽反射、食物反射等，都充分证明，新生儿在接触到某些物体时，能很快地做出相应的反应。因此，触觉在新生儿的生活中发挥着十分重要的作用。

新生儿的味觉和嗅觉也比较敏感。他们天生有对某些气味和食物味道的偏好。他们一般喜欢甜的东西。如果把薄荷糖放在一个新生儿的鼻子边，他们闻到这种气味就会做出吮吸的动作。如果把有酸味的东西放在他们唇边，他们就会紧紧地闭上嘴唇，同时表现出皱眉的表情。这些感觉能力在孕期就已经具备了，到出生时已经比较复杂了。

已有的研究发现，新生儿已经具备了初步的视觉能力。瞳孔反射就是很好的证明。他们已能区分不同的颜色，而且，还偏好某些颜色。研究表明，他们能区分红、绿、黄、蓝，而且，盯着蓝色和绿色的时间长于其他颜色。还有一些研究发现，他们对那些比较复杂（中等复杂）的图形、对比鲜明的图形、人脸或类似人脸的图形看的时间较长，还能分辨亮度不同的东西。但是，由于视觉器官还没有发育成熟，大脑皮层的视觉中枢也没有充分发育，他们晶状体的调节功能较差，因而视敏度或视力较差，是天生的“近视眼”，因此，在母亲怀抱着他们的时候，他们看到的妈妈的面孔是模糊不清的。另外，新生儿在出生后 15 天左右就能较长时间地注视移动的物体，视线跟着物体动，但是，这种追视能力还是很差的。

听觉在胎儿期就表现得比较明显了。摩罗反射就证明了这一点。许多人主张进行胎教的一个主要依据就是胎儿已经具有听觉能力。在一项研究中，研究者对 7 ~ 9 个月大的胎儿每天播放胎教音乐，发现胎儿“胎动”时间延长，在他们出生之后播放这些音乐的时候，他们会转头寻找声源，而且四肢活动明显。这表明，他们已经有了音乐的听觉记忆，对音乐产生了偏好反应。他们还能分辨不同的人的声音，对母亲的声音十分敏感，在哭闹时听到母亲的说话声，哭声经常会降低。还有人发现，正在哭闹的新生儿如果听到别的新生儿的哭声，他们会继续哭，但是，如果听到的是自己哭声的录音，他们很快就会停止哭泣，好像是认出了这种哭声。当然，也可能是发现了这种哭声有点“异样”。

小实验

如果你身边有一个刚出生的宝宝，不妨做一些这样的小实验，比如，播放不同的音乐片段，看他有什么反应；给他看不同的颜色，观察他看每种颜色的时间有多长；给他闻不同的气味（如酸味、香味），看他有什么反应。

有充足的证据说明，孕期或产前期是心理的发生期，早在儿童出生之前，这些基本的感觉能力就已经发展起来了，尽管发展水平很低。因此，不能把儿童出生之前与出生之后的心理发展分割开来，二者是连续的、不可分割的。换句话说，出生之后的心理是出生之前的心理的延续，只不过出生前后隔了一个“门槛”：出生之前是在母体中发展，出生之后则是在母体外发展。这种环境的急剧变换当然会对儿童的心理包括感觉带来极大的“冲击”，就像一个人突然从幽暗的房间走到明亮的、人声嘈杂的场合一样，新生儿在心理上会发生一些急剧的变化，感官不再依赖子宫环境，而要迅速地适应各种光线、声音、空气、味道以及多种触觉刺激，从而在感觉能力上不断增强。但是，这本质上不过是一种生活环境的变化。在生活或行为方式发生急剧变换的同时，他们也保持了心理上的相似性或稳定性。

（三）新生儿的学习能力

具有较高的学习能力是人类的突出特征之一。新生儿的学习主要表现为三种形式：习惯化、经典条件反射及操作条件反射。

1. 习惯化和去习惯化

如果对新生儿呈现一个新鲜的刺激，他最初会注意它，反应明显，但是在多次呈现这个刺激之后，就不再注意了。这就是一个习惯化的过程。这时，再给他呈现一个新的刺激，他又会重新注意它，这是一个去习惯化的过程。如果一个新生儿能够习惯化和去习惯化，说明他已经能够将一个熟悉的刺激与另一个不熟悉的刺激区分开来，具有了记忆能力。因此，习惯化与去习惯化也成为研究新生儿学习的一种方法。

也许人们难以相信，新生命在出生之前就已经具有了明显的进行习惯化的能力。在一项研究中，在胎儿 27 ~ 36 周大的时候，在孕妇的下腹部放一个震动器，起初胎儿很活跃，胎动较多，但是，过了一段时间之后，胎动就停止了，换句话说，胎儿已经习惯化了。在儿童出生后，这种能力也表现得十分明显。让一个出生 4 天的新生儿反复观看一个简单的图形，多次呈现之后，你会发现，新生儿对这个图形的注视时间逐渐减少，在注视时间比第一次呈现时减少 8 秒时，研究者变换另一个图形，这时，新生儿的注视时间又显著增加，而且，这个新图形与旧图形差异越大，新生儿注视的时间越长。这个实验表明，新生儿不仅记住了旧的或熟悉的刺激，而且，能够把旧的刺激与新的刺激区分开来。还有的研究发现，出生 3 天的新生儿就能对词形成习惯化和去习惯化，也就是在他们对一个词的声音习惯化之后，呈现一个新词的声音，他们会再次把头转向声源。

小实验

如果身边有一个新生儿，你不妨用一个声音（如一段音乐、一个词）或一个图形做个实验，看新生儿是不是能习惯化和去习惯化。同时，想一想一个人长大之后，是不是仍然有这种现象？

2. 条件反射

新生儿已经能建立条件反射，包括经典性条件反射与操作性条件反射。条件反射是新生儿另一种重要的学习方式，也是他们具有学习能力的重要表现。

经典性条件反射指俄国生理学家巴甫洛夫所发现的条件反射。通过将一个中性刺激（如母亲的声音）与一个无条件刺激（如喂奶）反复匹配出现，婴儿能够对这个中性刺激产生条件反应（如转头吃奶、流口水）。华生对小阿尔伯特所做的著名实验就证明了婴儿建立这种条件反射的能力。其实，在第一个月儿童就能建立这种条件反射。在一项研究中，将一个中性的声音（中性刺激）与奶嘴（可以引起吮吸反应的无条件刺激）匹配呈现给刚出生 2 ~ 3 天的新生儿（在响起声音的同时给他们奶嘴），经过几次试验之后，新生儿在奶嘴出现之前，只要一听到这个声音，他们就表现出吮吸奶嘴的反应。也就是说，他们形成了对声音的经典性条件反射。

这实际上是一种信号意义的学习，它可以让新生儿知道，什么样的信号出现，预示着将会发生什么事情，以便及时地避免危险，或者做好应对的准备。但是，与年龄较大的儿童相比，新生儿建立这种条件反射的时间较长，也容易消退，而且，当这些条件反射与他们的生存（如吃、喝、排泄）相联系时更容易建立。

习惯化和去习惯化：确定早期儿童是否进行了学习的一种方法。给一个新生儿呈现一个新鲜的刺激，他最初会注意它，反应明显，但在多次呈现这个刺激之后，他就不再注意它。这是习惯化的过程。这时，再给他呈现一个新的刺激，他又会重新注意它，这是一个去习惯化的过程。

思考

在生活中，我们也经常会看到，新生儿在饥饿或不舒服的时候，只要一听到母亲的说话声或脚步声，就能马上停止哭泣，或哭声减小，这是为什么？

新生儿在表现出一种自发的反应或行为之后，能根据这种反应或行为的后果，调整自己后来的行为，这就是操作性条件反射，它是在一种行为与这种行为的后果间建立的联系。如果一种行为能够得到满意的结果，这种行为就能保持下来，如果得到不满意的结果，这种行为就可能消失或者减少。许多研究表明，新生儿已经具备了建立这种条件反射的能力。新生儿能在饥饿或尿湿的时候，用哭声召唤母亲，他们在哭声与母亲的喂奶、安抚行为之间建立了联系，这是因为哭声导致了满意的结果，从而强化了他们感到不舒服时哭的行为。

在一项实验中，研究者首先确定新生儿吃奶时每两次吮吸母亲奶头的平均时间间隔，然后，把新生儿分成两组，对他们采取了不同的处理，一组在吮吸时间间隔长于平均时间时，会听到母亲的说话声，另一组在吮吸时间间隔短于平均时间时，会听到母亲的说话声，不然，这两组新生儿听到的就不是母亲的声音。结果表明，大部分新生儿在出生后 3 天就能改变自己吮吸奶头的时间间隔，吮吸变快或变慢。让新生儿听音乐，也能让他们建立这类操作性条件反射。显然，他们在较快或较慢地吮吸奶头与母亲的声音或音乐之间建立了联系。这种行为得到了自己想要的结果，即听到母亲的声音或音乐而不是其他的声音。

能够建立操作性条件反射，说明新生儿已经具备了基本的自我调整能力。这种反射可以告诉新生儿，他们通过自己的行为能否得到想要的东西，或者说，他们在某些情境中的行为是否合适。如果不合适，他们就应调整或改变这种行为，以更好地适应环境。这种能力是儿童适应环境的基本条件，也反映了儿童与环境的相互作用。另一方面，通过对儿童的行为增添某种后果，建立适当的操作性条件反射，抚养者也可以让儿童形成某些好的行为习惯，或者改变某些不好的行为。

小实验

怎样才能让一个新生儿在妈妈喂奶时向右或向左转头？如果身边有这样一个新生儿，不妨做个实验，让他或她形成妈妈想要的某种行为（如吃奶时不乱动）。

除此之外，新生儿还有一种特殊的能力，那就是能够模仿别人的行为。这种能力既是一种重要的学习能力，又是新生儿社会性发展的重要表现。

三、新生儿社会性的发展

即使在出生后的第一个月，儿童就已经表现出某些明显的情绪了，开始与周围的人建立社会关系。严格地说，早在孕期，儿童的社会性就已经萌芽和发展了。胎儿已经能熟悉母亲的声音，并在出生后表现出对母亲声音的“偏好”。有人甚至认为，胎儿在子宫中就已经表现出某些基本的情绪了，例如，他们可能有愉快的表情，还可能会哭。

新生儿具有十分明显的模仿能力。心理学家对新生儿的一系列研究发现，如果成年人向新生儿表现出高兴、悲伤、吃惊的面部表情，这些新生儿就能在一定程度上模仿这些表情。人们还发现，在成人向新生儿示范张嘴、伸舌头等行为时，他们能够自发地模仿这些行为；而且，他们经常是在短暂的延迟之后表现出与成人一样的表情。尽管研究结论不尽相同，对这些行为的性质也存在不同的看法，但是，人们均发现了新生儿模仿成人伸舌头的行为。模仿可以帮助儿童学习各种社交技能，学会以恰当的方式回应别人，从而为将来的社会互动奠定基础。图 4.1 展示了新生儿的一些模仿行为。

小实验

如果身边有新生儿，可以做一些这样的小实验，看新生儿是否能模仿你的一些表情和行为。

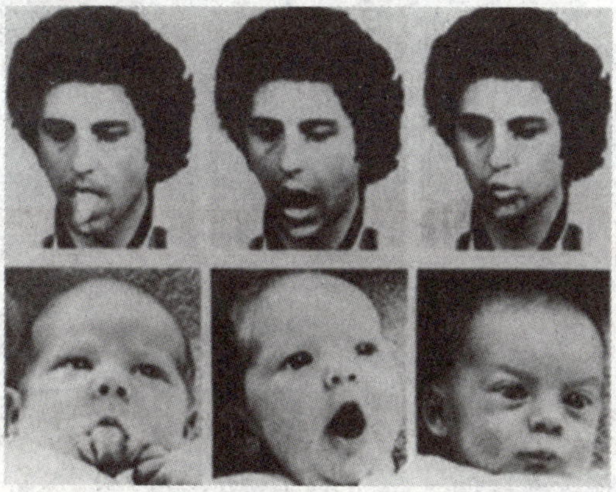

图4.1 新生儿已经能够模仿成人的某些表情

经典性条件反射和操作性条件反射： 经典性条件反射：当一个中性刺激（如母亲的声音）与一个无条件刺激（如喂奶）反复匹配出现时，儿童能够对这个中性刺激产生条件反应（转头吃奶），在两个刺激之间建立了联系。这个中性刺激成为一种特定的（喂奶）信号。

操作性条件反射：儿童在行为与这种行为的结果间建立的联系，在表现出一种自发的反应或行为之后，能根据这种反应或行为的结果，调整随后的行为。

拓展阅读

在 20 世纪 70 年代之前，人们虽然对新生儿的这种模仿行为感到惊讶，但是，他们大多认为这只是一种随机的行为。20 世纪 70 年代以后开展的研究倾向于认为，这种行为是一种模仿。当然，至今仍有一些研究者对新生儿的这种模仿行为表示怀疑，认为模仿伸舌头的行为在出生后两个月左右的时候就消失了，而模仿不大可能只限于一个单独的动作，而且只持续了这么一段时间。因此，这种行为很可能不是模仿，而仅仅是新生儿的一种探索性行为。至于婴儿的模仿行为到底是从什么时候开始的，仍然需要进一步的研究。

对于这种观点，可以查阅下面的文献：

Anisfeld，M.（1996）. Only tongue protrusion modeling is matched by neonates. Developmental Review，16，149-161

Bjorklund，D. F.（1997）. The role of immaturity in human development. Psychological Bulletin，122，153-169

新生儿的另外一些反应，也可以表明他们具有与他人建立社会关系并进行社会交往的倾向。例如，他们对人类的语言符号具有积极的反应，能够区分有意义的言语模式与杂乱的噪音；他们对人们说话的声音更敏感、更偏爱，尤其是对母亲的声音，喜欢看真正的人脸。这些倾向是儿童社会化的基础。

此外，某些基本的情绪已经在新生儿期表现出来。早在 20 世纪 40 年代，我国心理学家林传鼎就观察了出生后 1—10 天的新生儿的情绪，发现他们已经具有愉快与不愉快这两种明显的表情。国外心理学家则发现，新生儿一开始就具有七种基本的、普遍存在的面部表情，它们是愉快、悲哀、惊奇、好奇、厌恶、愤怒、恐惧。表 4.2 是新生儿的一些情绪最初出现的时间和诱因以及经常出现的时间和诱因。

表4.2 新生儿的基本情绪出现的时间及其诱因

情绪	最初出现的时间	最初出现的诱因	经常出现的时间	经常出现的诱因
痛苦	出生后 1 ~ 2 天	生理刺激（如疼痛）	出生后 1 ~ 2 天	生理刺激
厌恶	出生后 1 ~ 2 天	不良的味觉刺激	出生后 3 ~ 7 天	不良的味觉刺激
微笑	出生后 1 ~ 2 天	睡眠时的反应	1 ~ 3 周	睡眠、温柔地抚摸面颊
兴趣	出生后 4 ~ 7 天	适宜的声音和光刺激	3 ~ 5 周	适宜的声音和光刺激
愉快	3 ~ 6 周	高频语音和人的面孔	2.5 ~ 3 个月	人的面孔、面对面的玩耍
愤怒	4 ~ 8 周	持续的疼痛	4 ~ 6 个月	持续的疼痛，身体活动持续地受限制（如按住四肢不让活动）

从总体上看，新生儿最初的情绪主要是由生理需要引起的。在生理需要得到满足、身体感到舒适（如吃饱、穿暖）时，他们会表现出积极的情绪；反之，在生理需要没有得到满足、身体感到不舒适的时候，则容易表现出消极的情绪。另一方面，他们出生后的情绪已经具有很明显的社会性，这突出地表现在，某些情绪反应（如微笑、愉快）可以由成人的行为或社会性刺激引起。从功能上看，这些最初的情绪可以成为传达信息、进行社会交流的手段。通过婴儿的表情，成年人可以知道儿童目前的身体状态和偏好，并根据这种信息，做出适当的反应。例如，新生儿最初的微笑可能表明，他们身体比较舒适，或者喜欢成人温和的抚摸，厌恶的表情则可能表明他们不喜欢某些味道。抚养者可以根据新生儿表情提供的信息，避免或撤除他们厌恶的刺激（如难闻的气味、疼痛、身体的限制），而给予可引起他们积极情绪的社会刺激（如温和的抚摸、微笑），与他们建立良好的关系。在这种意义上，情绪或表情是新生儿进行社会交往的基本条件和基本手段。

思考

到此为止，你能想象出一个新生儿的基本面貌了吗？请你从生理和心理两个方面，全面地描绘你心目中的新生儿。同时，反思自己以前对新生儿的看法或想象中有哪些是不科学的。

第二节　婴儿期的心理发展

在玛丽和彼德最初的三年中，妈妈亲眼看到了他们一点一滴的变化：从最初的“大头人”到身体比例逐渐变得协调，从最初的躺着，到随后的坐着，再到后来的站着，从蹒跚学步到大步走，再到跑、跳。与这些同时发生的还有另外一些变化：他们从只会哭，到发一些简单的音节，再到会喊“妈妈”和说成句的话；他们知道的东西越来越多，但在完成什么任务时，注意很容易分散，而且很难“想一想”再做；他们从最初对“什么人都亲”，到“只对妈妈亲”，特别喜欢与妈妈在一起，在妈妈离开的时候，会哭闹，尤其是年幼的玛丽。但是，妈妈也发现，这两个孩子从一生下来就有很多不同之处，最典型的就是玛丽生下来就很安静，好像很容易照看，而彼德很容易哭闹，而且很难让他安静下来。这两个孩子为什么会有这样一些变化？他们又为什么会有这样的差异？

一、婴儿的生理发展

婴儿期是儿童出生后度过的最初三年，这是人出生后身体发育的第一个高峰期。这表现在生理发展的各个方面。

（一）身体发展的一般特点

在这三年中，儿童身体快速发育，身高和体重迅速增加，满3岁时，他们从肌肉、骨骼系统到中枢神经系统，都有了十分明显的变化。卫生部的调查结果显示，我国城市市区正常出生的男女新生儿的平均身高分别为50.4厘米和49.8厘米，平均体重分别为3.30千克和3.20千克；城郊男女新生儿的平均身高分别为50.3厘米和49.7厘米，平均体重分别为3.27千克和3.18千克。

在出生后的最初两年，儿童的身体成长十分迅速。到4～6个月时，体重就比出生时增加了一倍，到2岁时，身高通常会达到成人身高的一半，体重则是出生时的4倍。2岁以后，身体生长速度放慢，此后一直到青春期，都是比较缓慢而稳定的。

从身体比例来看，新生儿显得“头重脚轻”，头部约占身长的四分之一，大约与他们的腿一样长。随着年龄的增加，身体各部分的比例迅速改变，到1岁时，躯干部分大大延长，头部只占身长的五分之一，大约到上小学时（学龄初期），儿童身体的比例已经接近成年人。

从骨骼和肌肉的发育来看，新生儿的骨骼比较软，弹性较强，他们无法站立或保持平衡，与骨骼的这种发育特点有关。实际上，新生儿的骨骼尤其是头骨较软，有利于他们顺利通过产道。各部分骨骼发育的速度有所不同，头部和手部的骨骼发育较早，腿骨发育较晚。另一方面，新生儿的肌肉含水分较多，其中35%是水，而肌肉纤维在出生后增长迅速。

婴儿的生理发展并不是整齐划一的，而是具有个别差异和群体差异的。同一年龄的孩子有的发展得快一些、早一些，有的则慢一些、晚一些。另一方面，男婴比女婴要高一些、重一些，而女孩的发育速度相对要快一些；北美洲、北欧、澳洲的婴儿要比亚洲、南美洲、非洲的婴儿高一些、重一些。而且，身体成长的速度也存在文化差异，例如，美国的亚裔和非裔婴儿比美国的欧裔婴儿和欧洲婴儿发展得快一些。这与婴儿的遗传和生活环境密切相关。

（二）身体发展的一般模式

婴儿身体的成长具有普遍的规律或模式，最典型的就是从头到尾、由近及远的发展模式，又可称为头尾原则和近远原则。另外，身体的发育还遵循等级整合原则和系统独立性原则。

从头到尾是指儿童出生后，是从上到下、从头部和身体的上半部分向身体下半部分依次发展的，头部的发育较早、较快，头部和颈部的肌肉、骨骼比躯干和四肢先成熟。由近及远是指，身体的发育从身体中部开始，向四肢和边缘部分发展，离身体中轴线越近的部分发育越早,越远的地方发育越晚。儿童一般是沿着头部、躯干—胳臂、腿—手脚的顺序依次发育的。孕期的发育也遵循从头到尾、由近及远的规律，由此也可以看出，婴儿期的生理发展是孕期生理发展的延续。

等级整合原则是指简单的技能一般是独立地发展起来的，随后这些简单的技能被整合成复杂的技能。也就是说，简单或初级的技能首先发展起来，随后，才能相互协调，形成更高级的技能。例如，婴儿先是各个手指能自由地活动，然后，才能把每个手指的活动整合或协调起来，用手指自由地抓握东西，而这是一种更高级的技能。

系统独立性原则是指不同的身体系统的发展进程和速度是相对独立的，它们以不同的速率向前发展。在某个身体系统获得发展时，另外的身体系统不一定有同样的发展。在成年之前，头部和神经系统的发育最快，其次是呼吸、消化和运动系统，生殖系统的成熟最晚。

这些规律不仅表现在孕期和婴幼儿期，而且贯穿于身体成长的各个时期。之所以说它们是普遍的发展模式或规律，是因为不同文化、不同种族或民族的儿童和青少年身体的成长均表现出这些相同的模式或规律，它们具有跨文化、跨种族或民族的普遍性。运用这些规律，可以解释婴儿期出现的很多生理现象和与之相关的心理现象，例如，婴儿“头重脚轻”，动作从头到尾依次发展（从抬头，到翻身、坐立，再到站立、行走），主要是从头到尾的发展顺序引起的。

思考

观察你身边的婴儿，想一想，用上述发展模式，可以解释他们身上的哪些现象？

（三）神经系统的发展

婴儿的哭泣、微笑、皱眉、打喷嚏等反应从何而来？如果从生理上追溯它们的根源，就可以发现，婴儿的每一个动作、每一种行为，都是以脑和神经系统为基础的。在婴儿期，神经系统的发展非常迅速。这主要表现在神经元联结的复杂化、神经元的髓鞘化和脑的单侧化等方面。

1.神经元联结的复杂化

新生儿的脑重约为 300 ~ 390 克，是成人脑重的 25%；到第一年末，脑重增加到 800 ~ 900 克，约为成人脑重的 60%；到第二年末，增加到 1000 ~ 1500 克，约为成人脑重的 70% ~ 75%。脑重的增加意味着神经元结构的复杂化和神经元联结数目的增多。孕期的最后 3 个月以及出生后的最初 2 年被认为是大脑的生长加速期，人超过一半的脑重在这一阶段发展。有人统计，从孕期的第 7 个月到儿童的周岁生日，儿童的脑重大约每天增加 1.7 克，或者说，每分钟增加 1 毫克还多。

在婴儿期，神经元以及神经元网络有了怎样的变化？首先是神经元之间的联结日益稠密和复杂。实际上，经过孕期的快速分裂，新生儿已经具有 1000 亿个以上的神经元，但是，这些神经元之间的联结比较少。在出生后的两年中，婴儿神经元之间的联结已经非常稠密，构成一个十分复杂的神经网络。而且，随着年龄的增长，神经网络会日益复杂。研究表明，婴儿的神经元之间建立联结的速度非常快，而随着年龄的增长，人们建立联结的速度会逐渐减慢，而且，他们倾向于采用已有的神经联结。婴儿很容易形成各种技能或能力（如很容易学会第二语言和弹奏乐器），与婴儿神经系统的这种特点有关。

2.神经元的髓鞘化

婴儿神经系统的发展的另一个方面是神经元的髓鞘化。髓鞘是神经元外面包裹的一层脂肪般的物质。神经元就像一条电线，而髓鞘就像电线外面包裹的绝缘材料，它可以保证电流不四处扩散，而沿着一个方向传递，提高电流的传递速度。髓鞘不仅可以起到保护作用，而且可以保证神经冲动的精确传导。婴儿的神经元体积不断增加，树突的数量也持续增加，而且髓鞘化很快。这是婴儿脑重迅速增加的重要原因。

髓鞘化能够让婴儿的脑更精确地“指挥”躯体、四肢，婴儿逐渐能够自主地抬头、用手活动、翻身、坐立、站立、走路和跑，这些都与神经元的髓鞘化有关。但是，这种髓鞘化的程度并不很高，有些脑区，如额叶、网状组织都没有髓鞘化。婴儿在游戏过程中很容易分心，不容易长时间集中注意，可能都与此有关，由于髓鞘化没有完成，神经冲动容易扩散，脑还不能精确地控制身体的活动。

3.脑的发育

为什么婴儿的各种反射、感觉活动和身体的各种动作出现较早，而高级的思维能力出现较晚呢？在动作的发展方面，为什么婴儿先会抬头，然后才能坐起、爬行、直立行走呢？为什么婴儿的精细动作（如手指的动作）发展较晚？这些问题都与婴儿脑的发育特点密切相关。

可以说，脑是人的生理和心理活动的“司令部”，各个部分发挥着不同的作用或功能（见图 4.2），而大脑外面覆盖的大脑皮层又发挥着至关重要的作用。在婴儿期，脑快速发育，但是，脑的各部分发育的速率并不相同。其中，脑干部分发育较早，这一部分负责婴儿的反射行为和基本的生命活动，如呼吸、消化、排泄活动。大脑皮层发育较晚。在大脑皮层的各个分区中，负责看、听等感觉活动的感觉区以及负责简单的身体活动的运动区发育较早，而控制思维和意识的额叶部分发育最晚，而且，大脑皮层中控制头部和躯干活动的那些部分先发展起来，与躯干和四肢活动有关的部分随后发展起来。到 6 个月时，婴儿大脑皮层中负责身体各种动作的运动区迅速发展起来，而且逐渐与具有抑制功能的皮下组织联系起来，因此，这时婴儿先天的反射逐渐消失，而自主控制的动作逐渐增多。

到 3 岁时，婴儿的大脑皮层才能与负责精细动作和身体平衡的小脑相连。另一方面，从总体上看，婴儿的大脑皮层更容易兴奋，且抑制过程较差，这是婴儿自我控制能力较差的生理原因。

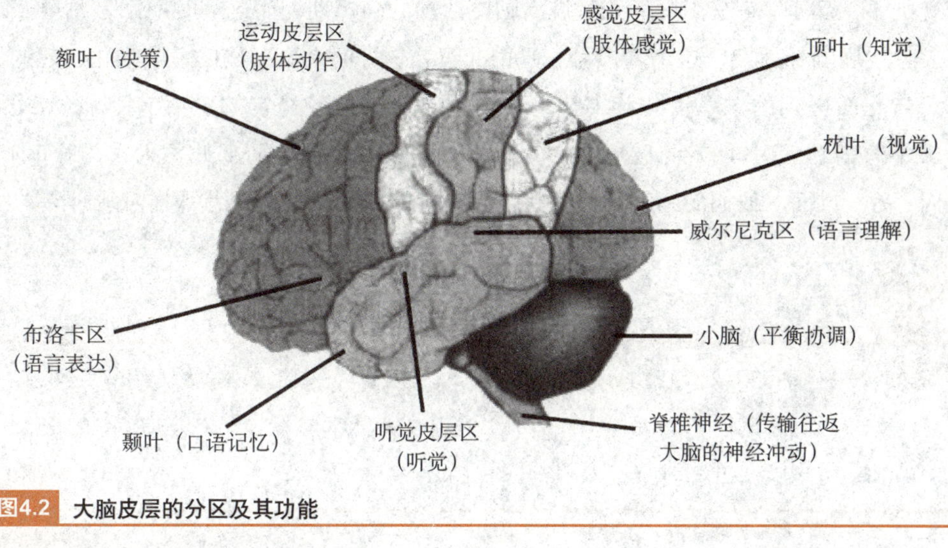

图4.2 大脑皮层的分区及其功能

拓展阅读

大脑两半球的功能分化是从何时开始的

我们知道，大脑分为两个半球：左半球与右半球。它们有着不同的分工，却又相互合作。通常，左半球控制我们身体的右半边，而右半球控制我们身体的左半边。左半球主要处理言语信息，负责言语活动、抽象思维和积极的情绪体验，当我们说话、倾听、阅读、写作、进行数学运算和逻辑推理时，或者感到高兴时，就是左半球在发挥它的功能。右半球主要处理非言语信息，负责空间认知活动、形象思维和消极的情绪体验，当我们看地图、判断距离的远近、认识几何图形、欣赏音乐和其他艺术表演时，或者感到苦恼、悲伤时，就是右半球在发挥作用。大脑两半球功能的分化（也就是大脑的单侧化）是什么时候开始的？这个问题引起了人们的极大兴趣。

从大脑两半球的功能分化来看，儿童出生时就已经出现了单侧化的倾向。甚至有研究发现，大脑的单侧化从孕期就已经开始了，新生儿在听到人们说话时左半球的脑电活动较多，而在尝到酸柠檬汁（可以让他们产生厌恶情绪）的时候右半球脑电活动更多。而且，大部分新生儿喜欢向右转而不是向左转，喜欢用右手而不是左手够东西。尽管儿童一出生就可以看出这种倾向，但是，要到两岁时儿童的左利手和右利手才能变得更明显。大脑的单侧化程度不断加深，说明婴儿脑的活动越来越专门化，越来越接近于成年人的大脑。

现在，心理学家可以通过分析婴儿的脑电图，考察婴儿脑的发育状况。这方面的研究表明，儿童在出生后的 3 个月内，脑电图很不规则，而 3 个月以后就变得比较规则了，到了 1.5 ～ 2 岁，儿童进入脑电活动的高峰期，而这一时期正是儿童言语和表象发展的加速期。这个高峰可能是由儿童在这一时期脑结构的急剧变化引起的。

与上面提到的这些变化相对应，婴儿逐渐形成比较稳定的生活节律。一方面，一天中总的睡眠时间减少，新生儿每天大约睡 16 个小时，而婴儿每天大约睡 12 个小时；另一方面，他们的睡眠和清醒状态更有规律，而不像新生儿那样时睡时醒。

链接

可以从互联网下载、观看视频《大脑的进化》，这部影片讲述了人脑的微观结构和婴儿脑的发展特点。参考网址：http://v.youku.com/，还可以从互联网或图书馆查找其他有关的资料，以更好地了解婴儿脑的发育特点。

二、婴儿的动作发展

儿童出生后，随着肌肉和骨骼、脑和神经系统的发育，各种动作技能也逐渐发展起来。在出生后的一段时间内，儿童显得很“无能”，但在随后一年中很快就成为“乱动”的孩子。

（一）动作的发展遵循一些基本的原则

动作的发展与身体发育的一般模式是相应的。它具有自己的“里程碑”，虽然具有明显的个别差异，甚至还存在一定的文化差异，但是，从总体上来看，婴儿动作发展的基本时间表是类似的。这与他们身体各部分发展的顺序或时间表是相应的。

动作的发展遵循一些基本的原则。一是头尾原则，它是指动作的发展是从头到脚、从上到下的，首先是头部和颈部的动作，如转头、抬头，然后是躯干部分的动作，如翻身、坐立，最后才是腿和脚的动作，如站立、行走。二是近远原则，它是指婴儿动作的发展是从身体中部开始，由近及远，逐渐发展，先有头和躯干部分的动作，后有肩膀、手臂和腿的动作，最后才是手指和脚趾的动作。三是大小原则，它是指婴儿运用大肌肉完成的大动作或粗动作（如翻身）要先于用小肌肉完成的精细动作（如手指的动作）。

（二）动作的发展具有相对稳定的“时间表”

婴儿的动作可以分为大动作与精细动作。大动作是主要依靠身体的大肌肉（如躯干、手臂和腿部肌肉）完成的动作，精细动作是主要依靠小肌肉（如手指、脚趾的肌肉）的协调完成的动作。婴儿动作的发展也可以从这两个方面来看。从表 4.3 中，可以看到西方（美国）婴儿与中国婴儿的重要动作发展的具体时间。

表4.3 婴儿重要动作发展的年龄常模（月）

美国儿童			中国儿童	
动作	50% 的婴儿此时能完成此动作	90%的婴儿此时能完成此动作	动作	平均月龄
俯卧时能抬头 90 度	2.2	3.2	俯卧抬头	1.5
翻身	2.8	4.7	翻身	4.5
依靠扶持而坐	2.9	4.2	拉坐——头不向后	3.6
不须支持即能坐好	5.5	7.8	不需支持地坐	6.4
能扶物站立	5.8	10.0	扶东西站立	7.0
爬行	7.0	9.0	爬行	10
扶持行走	9.2	12.7	扶家具可走	10
玩拍手游戏	9.3	15.0		
能有短暂的单独站立	9.8	13.0	能单独站立瞬间	9.9
单独站立得很稳	11.5	13.9	独自站立	11
行走得很稳	12.1	14.3	独自行走	11.7
叠起两块积木	13.8	19.0	用两块积木搭塔	13.8
上楼梯	17.0	22.0	扶栏杆上楼梯	21.9

资料来源：Bayley, 1969；Frankenberg & Dodds, 1967；范存仁、周志芳，1983；范存仁，1988

从表 4.3 中的数据可以看出，虽然美国婴儿与中国婴儿完成某些动作的时间有所不同，但是，从总体上看，在两种文化背景下，婴儿的主要动作，包括大动作和精细动作，出现的时间表是基本相同的。

严格地说，儿童最早的动作可能是胎儿期出现的“胎动”。儿童在出生后的第一个月，也就是新生儿时期，甚至就能完成一些动作，例如，他们在趴着的时候能摆动手臂和双腿。到 3 个月左右的时候，一些婴儿就能翻身了；到 6 个月左右的时候，婴儿一般都能自己坐起来；到 8 ~ 10 个月的时候，婴儿就能爬行了。但是，婴儿走路较晚，一般到第一年末才能做到。跳的动作也出现较晚，双足并跳要到 24 个月左右，独脚跳要到 40 个月左右。精细动作经历了一个越来越复杂的过程。婴儿最初是用整个手掌抓东西，后来各个手指逐渐能协调活动，完成某些动作。婴儿在 3 个月左右的时候能抓住拨浪鼓，在 8 个月左右的时候，能用拇指和另外四个手指抓握东西，到 10 ~ 11 个月的时候能用拇指和食指抓握东西，11 个月左右的时候能够从地上捡起小球一类的东西，到 2 岁左右的时候能小心地端起杯子喝水，而且能在纸上模仿别人画画。

（三）关于动作发展的不同观点

动作的发展既遵循某些普遍的原则，又具有个别差异。有的孩子发展快一些、早一些，有的孩子发展慢一些、晚一些。该怎样解释这种现象呢？目前，存在三种典型的观点：成熟说、经验说、动力系统说。

1. 成熟说

成熟说认为，由人类基因所决定的生理的成熟决定了动作的发展，一方面，世界各地的婴儿具有大致相似的动作发展历程。另一方面，机体的成熟而非后天的经验，是决定动作发展的关键因素（见拓展阅读：格塞尔的双生子爬梯实验）。

拓展阅读

格塞尔的双生子爬梯实验

美国心理学家格塞尔在 20 世纪 20 年代做了著名的“双生子爬梯实验”。他选择了一对双生子为研究对象，他们的身高、体重、健康状况都相同。格塞尔先让双生子中的哥哥在出生后的第 48 周开始学习爬楼梯，在一般情况下，48 周的小孩刚学会站立，或者刚会摇摇晃晃地走。格塞尔每天训练这个孩子 10 分钟，在连续训练了 6 周之后，也就是到了第 54 周的时候，这个孩子终于能够自己独立爬楼梯了。格塞尔让双生子中的弟弟从第 52 周末的时候开始练习爬楼梯，训练的强度和内容与哥哥相同。这时的孩子已经走得比较稳了，腿部肌肉的力量也更大了。结果，这个孩子只用了 2 周就能独立地爬楼梯了。

简言之，同是双生子，一个从 48 周开始，练习了 6 周，到了 54 周学会了爬楼梯；另一个则是从 52 周末开始，练习了 2 周，也是在 54 周时学会了爬楼梯。后学的孩子尽管用时较短，但效果并不比先学的那个孩子差。格塞尔后来重复了这类实验，得到了相同的结果。根据实验研究的结果，他提出了“成熟势力说”，认为成熟和基因是决定人生理和心理发展（当然也包括动作的发展）的基本因素，没有成熟就不能进行技能的学习。

你赞同这种观点吗？为什么？只有成熟而没有练习，又会有怎样的结果？

2. 经验说

经验说认为，在动作发展过程中，生理的成熟是必要的，但是它不起决定作用，动作的发展还需要有后天的练习。丹尼斯（W. Dennis）在 20 世纪 60 年代初研究了伊朗收容所收养的孤儿，发现他们在一两岁时都不会行走，甚至不能自己坐起来，到三四岁时也只有 15% 的儿童能独立行走，这是因为，他们在最初两年中都是躺在摇篮里，从来不练习坐或站。这项研究的结果证明了经验对于动作发展的作用。

3. 动力系统说

动力系统说是美国心理学家埃斯特·泰伦在 20 世纪 90 年代（Esther Thelen, 1995）提出来的，它并不强调成熟或练习的决定作用，而是认为，儿童的动作是在他们探索感兴趣的东西或目标的过程中发展起来的。当儿童发现感兴趣的东西时，他们就会协调已经发展起来的个别的、基本的动作，逐渐形成协调的动作技能。儿童实际上是在某种动机的推动下，运用已有的动作和知觉能力，形成特定的动作系统。就以爬为例，并不是婴儿的基因程序和肌肉的发展推动着儿童，让他会爬，而更可能是因为，婴儿在肌肉和知觉能力发展到一定程度的情况下，看到了一个他们感兴趣的东西，并产生了爬的动机，这种动机推动着他们去抓取这个东西，整合了手臂、头、颈和腿的动作，从而促成了爬的动作技能。在此意义上，动作技能实际上是一个目标引导的动力系统。在动作发展的过程中，婴儿整合了与动作有关的肌肉、神经系统和知觉能力、动机等多个方面。显然，它强调儿童探索环境的动机在动作发展中的作用，强调儿童自身与环境两个方面的作用及其相互影响。这种观点得到了一些研究的支持，例如，古德菲尔德（Goldfield，1989）发现，七八个月大的婴儿只有在学会了有规则地转变方向和抬头朝向有趣的东西之后（发现有趣的东西之后），才能学会爬。

思考

对上述三种观点，你最赞成哪一种？为什么？

目前，许多心理学家认为，婴儿动作的发展一方面与肌肉、骨骼与神经系统特别是脑的发展密切相关，受人类基因程序的控制，另一方面又受练习和儿童探索动机的影响。前者可以解释婴儿的动作为什么具有基本相同的发展“里程碑”，后者能够解释婴儿的动作发展为什么具有不同的方式，而且也能够解释动作发展的其他个别差异。

（四）动作发展可以促进婴儿的身心发展

婴儿动作的发展，无论对于婴儿的生理发展，还是对于婴儿的心理发展，都具有重要的促进作用。在生理方面，婴儿的动作一方面以肌肉的发展为基础，另一方面又促进了各部分肌肉的发展，而且，动作引起的肌肉动觉刺激还可以促进脑和神经系统的发展，特别是影响着大脑皮层的发展。在心理方面，婴儿的动作不仅可以成为思维发展的前提条件（就像皮亚杰所说的那样），促进他们认知能力的全面发展，而且，成功的动作还可能有助于儿童产生某种成功感或效能感，从而增强他们探索的信心，促进他们人格和社会性的发展。

三、婴儿的认知发展

婴儿的感知、注意、记忆、思维能力逐渐发展起来，其中感知觉在他们的认知发展中占有重要地位，高级认知能力，如思维，还主要处于感知运动阶段。

（一）感知觉的发展

提示

儿童的感觉是他们对事物个别属性的认知，如看到电灯，首先会知道电灯是明亮的、白色的，白色、明亮是电灯的个别属性；而知觉是他们对个别的感觉信息整合之后产生的、对事物的整体认识，如将电灯的亮度、颜色、形状等个别属性整合起来，知道是一盏电灯而不是别的东西。你知道婴儿心目中的世界是什么样子的吗？

感知觉几乎是婴儿发展最早、最快的一种能力。新生儿已经具有一定的视觉、听觉、触觉等感觉能力。视知觉在第一年中得到迅速发展，到了6个月左右，他们的视力已经接近成年人。

拓展阅读

关于知觉发展的理论：婴儿对一个事物的知觉是怎样形成的

婴儿的知觉能力来自何方？他们怎么会知道一个事物是这一种事物（如狗）而不是那一种事物（如猫）呢？对此，哲学家和心理学家提出了不同的观点。这些观点主要围绕两个问题展开：这种能力是先天带来的还是后天产生的？是由个人头脑中的知识决定的还是由外部刺激决定的？

对于第一个问题，有两种对立的观点：感知的先天论和后天论。法国哲学家笛卡尔、德国哲学家康德都持先天论，认为婴儿基本的感知觉能力是天生的；相反，英国思想家洛克等则持后天论，认为婴儿生来就像一块白板，后天经验决定了婴儿会具有怎样的感觉知识。

对于第二个问题，也有两种对立的观点：充实论和分化论。充实论以瑞士心理学家皮亚杰为代表，认为人们感觉到的刺激都是一些片段。例如，只看到颜色、形状等刺激，不足以让人们知道那是一只狗。但是，人们头脑中已有的图式或知识，可以去帮助人们理解这些刺激，使这些本来难以理解的刺激成为有意义的东西。例如，只要看到一只狗的大体轮廓，我们就倾向于把它看做一只狗，因为人们头脑中已有的狗的图式或知识充实或丰富了这些刺激。与此相反，吉布森（E. Gibson）提出的分化论认为，人们通过眼睛、耳朵等感官接受的刺激已足以产生完整的知觉，婴儿最初对事物的知觉是笼统的、未分化的，随着年龄的增长，他们逐渐能够发现一种事物与另一种事物的主要差异，从而将两种事物区分开来。例如，一些婴儿在最初看到鸡的时候，可能把它叫做“小鸟”，但是，随着年龄的增长和经验的增加，他们逐渐发现了“鸡”与“小鸟”的一些主要区别：小鸟是在天上飞的，而鸡主要是在地上走的，是飞不高的，从而将它们区分开来。

这些观点强调了感知觉发展的不同条件，似乎都有一定的道理。你最赞成哪种观点？为什么？

1.早期的婴儿能看到物体的完整的形状吗？

事实上，婴儿已经表现出明显的形状知觉能力。许多研究者认为，早期的婴儿是能够看到物体的形状的。研究发现，2个月以内的婴儿表现出明显的视觉偏好，他们更喜欢看对比鲜明的图案（如黑白方块相间的图形）、中等程度复杂的图案（如密度不太大的黑白方块相间的图形）和移动的物体。这很可能是因为他们的眼睛尚未发育成熟，还不能看清一个东西的细节，而对中等复杂程度的图形、对比鲜明的图形则能看到比较清晰的形态，移动的物体则更容易引起他们的注意。随着视觉器官的快速发展，2个多月的婴儿视觉能力也迅速发展起来。到4个月大的时候，他们就能把一根中间被板子挡住的棍子看成一个完整的物体，而不是像新生儿那样看成两根棍子。

2. 婴儿能清晰地认出母亲的面孔吗？

研究表明，3 个月大的婴儿就能将母亲的面孔与其他相似的面孔区分开，而且更喜欢看母亲的面孔。3 ~ 7 个月大的婴儿能很快地从陌生的面孔中辨认出熟悉的人的面孔，到了 8 ~ 10 个月，他们已能理解母亲的面部表情，并做出相应的反应。

3. 婴儿能清晰地知觉三维物体吗？或者说，他们具有空间知觉吗？

研究表明，在出生后的第一年，婴儿已经具有空间知觉能力。新生儿能对向自己逼近的物体表现出眨眼的反应。到四五个月时，婴儿就能知道看得见的移动的物体比被遮挡的物体离自己更近。6 个多月的婴儿就已经具有明显的深度知觉，对不同水平面之间的深度差距有明显的反应。这种深度知觉能力可以防止他们从高处跌下来。

提示

空间知觉是对物体空间属性（如距离、深度或高度）的知觉。其中，深度知觉是人通过视觉估计一个物体的深度或它与自己的距离时产生的知觉。

拓展阅读

视觉悬崖实验

吉布森和沃克（R. Walk）在 20 世纪 60 年代设计了一种“视觉悬崖”，检验婴儿能否知觉到不同水平面之间的深度。视觉悬崖的设计方法是，在一座玻璃平台的下面，用板子隔成“深”、“浅”两部分，在“浅”的一部分，紧贴着玻璃铺上黑白相间的、棋盘一般的图案，在“深”的一部分的玻璃下方几尺的地面上铺上另一种图案（高度和图案可以调整），这样，透过玻璃板看上去整个平台好像一半深、一半浅，在深浅两部分相接的地方好像是一个“悬崖”（见图 4.3）。研究者把六个半月的婴儿放在玻璃平台的中间，也就是“视觉悬崖”的一边，让婴儿的母亲在“视觉悬崖”的另一边召唤婴儿，看他们是否会爬过中间的“视觉悬崖”。结果显示，90% 多的孩子在“悬崖”边都会停住，只有不到

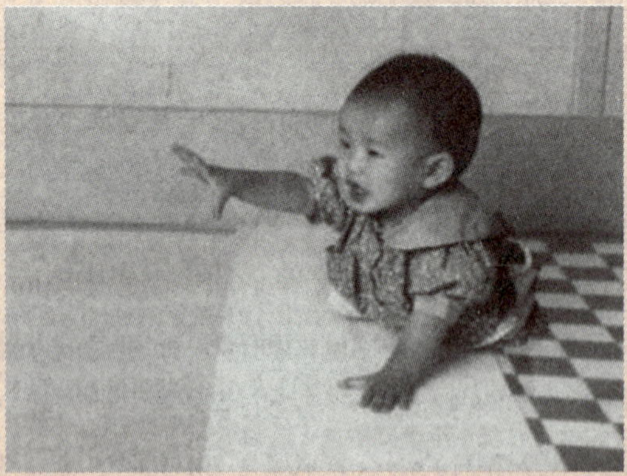

图4.3 婴儿在视觉悬崖边

10%的孩子会爬过“悬崖”，这也就是说，大部分孩子已能知觉到这种深度，害怕掉下去。许多研究者认为，这种深度知觉能力与他们的动作经验有关。

4. 婴儿能听到不同的声音吗？

事实证明，在听觉方面，胎儿已经表现出听觉能力。在出生后的第一年内，婴儿就能觉察不同的声音，对声音进行定位，而且，能区分不同的声音。在2岁以前，婴儿对高频和低频的声音更容易觉察，而对中等频率的声音不如成人敏感，但随着年龄的增长，对高低频率的声音的听觉能力会下降，而对中等频率的声音的听觉能力会上升。这可能是因为出生后的环境噪音损害了儿童对高频和低频声音的听觉能力。婴儿似乎对人类的语言表现出特殊的听觉能力，4个半月的婴儿就能区分自己的名字与其他相似的发音，5个月的婴儿能够区分不同的语种（如英语与西班牙语），而且，他们更喜欢听母亲的声音。

此外，婴儿还具有良好的嗅觉、味觉、触觉等感知觉能力，他们能够分辨出母亲的声音和气味，喜欢吃甜食，对疼痛和触摸很敏感。而且，婴儿能够整合不同感觉通道的信息，表现出较高的感觉统合能力。例如，四五个月大的婴儿在听到一个有声音的玩具走近时，会转头（听觉），看着它走到身边（视觉），然后伸手抓住它（触觉）。

表4.4 我国婴儿感知觉发展的常模年龄

项目	常模年龄（月）（85%通过）
眼睛跟踪物体180度	2.6
立刻注意到玩具	3.2
找声源	5.7
近处玩具可以取到	5.7
注意看大朵花	5.9
玩具失落会用眼睛找	6.7
有意听人讲故事，但不懂内容	18.6
认识图形大小	24.4
除红色外认识1～2种颜色	30.3
知道长短、前后	33.7
认识圆、方、三角形	34.4

资料来源：茅于燕，1986

（二）婴儿记忆的发展

婴儿能记住他们经历过的事情吗？他们记住的事情能长久不忘吗？大量研究证明，婴儿已经显示了明显的记忆能力。实际上，早在胎儿期，他们就已经显示了这种记忆能力。27 ～ 36 周的胎儿已经能对母亲腹部的震动表现出习惯化的反应，而且，儿童在出生后对于母亲在胎儿期重复讲述的故事表现出更多的反应（见第三章）。因此，可以说，孕期是记忆的发生期。

提示

通过观察一个婴儿是否已经对某种刺激习惯化，是否在两种刺激物之间建立了联系或条件反射，可以知道他们是否具有了记忆能力。

研究表明，1 岁以内的婴儿已有短时记忆，甚至有了长时记忆。短时记忆是信息一次呈现后，保持在 1 分钟以内的记忆，长时记忆是信息多次重复后长久保持在头脑中的记忆。有的研究者采用习惯化的方法研究了婴儿记忆的发展，发现婴儿形成习惯化的能力迅速增强，随着年龄的增长，对刺激习惯化的时间大大缩短，不到 4 个月的婴儿往往需要与刺激物接触较长的时间，才能形成习惯化，而 5 ～ 12 个月的婴儿只需要几秒就能熟悉一个物体，甚至能在几天或几周内记住它；6 个月的婴儿能很容易地从一堆熟悉的玩具中找出新玩具。这与婴儿脑的成熟和信息处理能力的增强有关。但是，婴儿习惯化的速度具有明显的个体差异。

拓展阅读

婴儿记忆实验

在一项研究中，研究者让二三个月的婴儿躺在小床上，在小床上方挂上一些吸引人的玩具，然后用带子将玩具与婴儿的脚连在一起，在几分钟之内，婴儿就学会了通过踢腿让玩具摇晃起来，也就是说，在踢腿的动作与玩具的摇动之间建立了条件反射。研究发现，2 个月的婴儿在 3 天后看到摇动的玩具时仍会做出踢腿动作，而 3 个月的婴儿在一周后看到摇动的玩具时仍会做出踢腿动作。即便如此，仍然不能高估婴儿的记忆能力，与成年人和年龄较大的儿童相比，他们的记忆保持时间较短。

在出生后的第一年内，婴儿就已经能够延迟模仿。延迟模仿是儿童在观察一种行为之后，不是立刻模仿，而是过一段时间之后再进行模仿。它至少说明儿童已经记住了他们观察的某种行为，或者说已经在头脑中形成并保持了某种行为的表象。有研究发现，9 个月的婴儿已经能够能进行延迟模仿，随着年龄的增长，这种延迟模仿能力也不断增强，14~18 个月的婴儿甚至能在延迟 2 天后，模仿同伴玩同一玩具的行为。

思考

婴儿具有了延迟模仿能力，这对于早期教育具有怎样的启示？

（三）婴儿思维的发展

通常，婴儿期被看做真正意义上的人类思维的发生或萌芽期。我国心理学家林崇德（2002）认为，3 岁前儿童的思维主要属于直觉行动思维，也就是说，直观行动性是这一时期儿童思维活动的基本特点，婴儿的思维主要指向他们直接感知到（看到、听到等）的东西，或者说思维主要表现为外部的行为，缺乏计划性和目的性。当一个物体从他们身边消失的时候，他们常常不再去想它。3 岁前儿童的思维可以分为四个小的时期：①条件反射建立时期（0—1 个月）；②知觉常性产生时期（1 个月—1 岁），这是婴儿感知觉迅速发展的时期，其中，5 个月以后是知觉常性和客体永久性产生和迅速发展的时期；③直观行动性思维时期（1—2 岁），这一时期，婴儿的动作和语言迅速发展起来，直观行动概括能力发展起来，如他们看到物品时知道数量是多还是少；④词语调节型直观行动性思维时期（2—3 岁），儿童的思维能够受语言调节，通过语言进行思维，如成人用言语向儿童提出要求，他们能够按照要求思考。

延迟模仿：儿童在观察某种行为之后间隔一段时间进行的模仿，而不是观察之后马上进行模仿。

提示

知觉常性是一种知觉能力，当一个物体离儿童的距离发生了变化，或者它的角度、明度等特征发生变化的时候，儿童仍然能知觉到它的本来属性。知觉常性分为形状常性、大小常性、明度常性等。例如，一扇门无论它关着还是开着，儿童都知道它是长方形；一个人无论离儿童远还是近，儿童都知道他的身高、大小是不变的。

客体永久性，也叫物体存继性，是皮亚杰提出的一个概念。它是一种认知能力，具有这种能力的儿童能够知道，当一个事物不在眼前时，它仍然继续存在。

皮亚杰的认知发展阶段论认为，在出生后的最初 2 年内，儿童的思维主要处于感知运动阶段。在这一时期，他们由完全依靠先天无条件反射生存的新生儿，逐渐发展为能够有计划地解决问题的人。但是，从总体上来看，他们的思维主要依赖于直接感知到的实物和直接的行动，还不太会在头脑中思考和制订计划。皮亚杰将儿童 2 岁之前的思维发展划分为以下六个小的阶段：

(1) 简单反射阶段（0—1 个月）：主要依靠先天反射适应环境。在这个阶段，新生儿主要运用各种天生的反射适应环境。这些反射包括吮吸反射、觅食反射、抓握反射等，它们是婴儿的适应性行为。

(2) 初级循环反应阶段（1—4 个月）：重复指向自己身体的有趣的动作。婴儿开始学会某些行为，重复一些偶然发生的、让他感到愉快或满足的动作，例如，反复地吮吸自己的手指。吮吸反射是天生的，而这种行为是在婴儿天生反射的基础上产生的，因而是一种初级的反应。另一方面，这类行为又是重复或循环出现的，因而是一种循环的反应。婴儿的这些行为主要指向自己的身体（如手指），而不是外部的客体。

但是，婴儿在重复这些行为的时候，能够根据情境进行调整，例如，他们在吮吸行为中，会根据奶嘴的不同形状调整嘴型。而且，他们可以将单个的行为或动作协调起来，完成一种简单的活动，例如，他们可以抓住一个奶嘴吮吸它，将抓握与吮吸两种动作协调起来。

(3) 二级循环反应阶段（4—8 个月）：重复指向外部物体的动作，以得到有趣的结果。婴儿从对动作本身感兴趣转变为对动作的结果感兴趣，注意力集中到身体以外的物体上。他们会反复地表现出某种偶然的行为，以获得有趣的结果。例如，婴儿偶然发现摇动拨浪鼓，可以听到清脆的响声，为了听到这种响声，他们会不断地摇动拨浪鼓，或者反复地摔打一个玩具，以听到它的响声。这种反应是在初级循环反应的基础上发展起来的，因而是二级循环反应。

在这一时期，婴儿产生客体永久性。当一个东西从婴儿的视野中消失之后，如用一块布遮住玩具的一部分，婴儿会去寻找，因为他们已经知道玩具仍然存在。

(4) 二级循环反应的协调阶段（8—12 个月）：将单个的二级循环反应协调起来，以达到自己的某种目的。婴儿开始用二级循环反应（动作）作为自己达到目的的手段，有意识地应用这些动作解决新情境中的问题，例如，婴儿用上一阶段形成的摔打玩具的动作，挪开一个新玩具前面的东西，以便拿到那个新玩具。这一阶段，婴儿已经形成了有目的的或有意的行为，而且，对客体永久性的认识进一步发展。如果用一块布遮住玩具，婴儿会拿开布，寻找玩具。

拓展阅读

婴儿的“AB错误”

在二级循环反应的协调阶段，婴儿在寻找藏起来的物体时，常常会犯一种错误。如果当着婴儿的面，将一个东西先藏在A处，然后再拿出来藏在B处，婴儿会到哪个地方去寻找这个东西呢？他们通常会到A处去寻找。这是为什么呢？人们对此有多种看法。皮亚杰认为，这可能是因为婴儿这时还不能保持物体的清晰表象。

如果你身边有这样一个婴儿，不妨做个小实验，看婴儿是否具有这种反应。同时，也可以对这种行为提出你自己的看法。

（5）三级循环反应阶段（12—18个月）：积极尝试，以发现行为的结果或解决问题的新方法。婴儿不再简单地重复同样的动作（初级循环反应或二级循环反应），而是以尝试－错误的方式，有目的地对原来的动作做出一些改变，就像在不断地试验，以了解物体更多的特征，引起新的结果。例如，婴儿不断地从不同的位置和距离扔出手中的玩具，看玩具会掉在哪里，或发出怎样的响声。这一时期，婴儿能够更好地理解客体永久性，不再犯“AB错误”，而且，会模仿别人的行为。

（6）思维发生或心理表象阶段（18—24个月）：产生了心理表象，并用表象进行思维。婴儿开始运用事物的表象进行思维，儿童的智力也开始由前五个阶段所表现的感知运动思维，转化为表象思维，这是一种真正意义上的思维或智慧。换句话说，婴儿已经具有了心理表征能力。在这一阶段，婴儿已能利用头脑中的符号或表征进行思考，找到解决问题的方法。例如，他们能够在头脑中想象一个球的运动轨迹，在抛出一个球之后，球可能会滚到哪个地方，从而到哪个地方去寻找。

皮亚杰认为，随着心理表征能力的发展，婴儿的延迟模仿行为也产生了，而且

初级循环反应：婴儿在原始反射的基础上产生的、重复地指向自己身体的动作或行为反应，如反复吮吸手指。

二级循环反应：婴儿在初级循环反应的基础上发展起来的、重复地指向外部物体以获得有趣的结果的动作或行为反应。

三级循环反应：婴儿在二级循环反应基础上发展起来的、尝试－错误式的重复动作或行为反应。

皮亚杰提出的这三个概念描述了婴儿早期的认知发展水平。

表征：个体在头脑中对经历过的事件或感知到的物体所形成的表象或符号，也可以指这种表象或符号形成的过程。

假装游戏：儿童运用表征或想象能力，通过以一物代替另一物或假扮进行的游戏活动。

出现了假装游戏行为，如用勺子假装给布娃娃喂饭。而延迟模仿和假装游戏正是2—4岁儿童的典型特征。

许多心理学家认为，皮亚杰对婴儿思维发展的描述大体上是可信的，但低估了婴儿的智力。通过改进实验的工具和方式，可以发现婴儿在较小的年龄就已经产生了多种认知能力（如对客体永久性的认识）。

除了感知、记忆、思维的发展之外，婴儿的注意也有了很大的发展，注意的范围不断扩大，注意加工的速度不断加快，有研究发现，5个月的婴儿就能对比较复杂的刺激习惯化。

四、婴儿的言语发展

一个出生不久的孩子主要用哭、表情等向抚养者传递信息，几个月以后，他会发出[a]和[o]等声音，到了1周岁左右的时候，他会模仿抚养者说出“妈妈”、“爸爸”等语音。在第一年中，他主要运用手势、表情和能够发出的这些语音，向妈妈或其他人表达自己，到了第二年，他才能运用真正意义上的词和句子表达自己。人类言语发展的历程与此类似。

提示

> 语言与言语是两个概念，它们紧密联系而又有所不同。语言是人类进行社会交际的符号系统，在这个符号系统中，有一套系统的语法规则，有各种各样的语音、词汇、语句（甚至有特定的表情或身体姿势，如体态语）。但是，言语是人类运用语言的活动，包括听话（言语理解）、说话（言语表达），以及阅读。

婴儿期是言语发生和迅速发展的时期，也是言语学习的关键期。从总体上看，言语的学习，在内容上可以分为对语音、词汇和句子的学习，在过程上又可以分为对言语信息的感知、理解和言语表达(对语言符号的运用)。婴儿言语的发展可以分为三个时期：言语发展的准备期（0—1岁）、单词句时期（1—1.5岁）和多词句时期（1.5—3岁）。

（一）言语发展的准备期（0—1岁）

在第一年，儿童处于言语发展的准备期。也就是说，在这一时期，儿童能够发出一些基本的语音，为说话或真正的言语活动做好准备。国内外的相关研究得到了类似的结果。

在最初4个月，婴儿发出的语音主要是单音节语音，而且主要是元音，如[a]，[o]，[au]，到三四个月时还能发出辅音，而且，辅音与元音常常是结合在一起发出的，如

[ba-ba-ba]，[ha]，[kou] 等。

4 个月以后，儿童进入咿呀学语阶段，能够发出的元音增加，如 [u]，[i]，[uei] 等音节，而且能发出由不同音节组成的音，如 [ba-wa]，[ou-ma] 等，这些音类似于成人发出的语音。这一时期，儿童表现出明显的与人交往的愿望。到了第十二、十三个月，婴儿能正确地模仿成人的发音，并能用语音称呼周围的人或事物，语音具有了意义，成为真正的语言符号。

前面提到，早在孕期，胎儿已经开始熟悉人类的语言尤其是母亲的语言，在出生后对母亲的语言表现出某种“偏好”。因此，孕期可以说是儿童开始接受语言刺激、学习语言的特殊时期。儿童好像天生具有学习语言的倾向，刚出生的儿童就对语言表现出了某些特殊的反应。当有人对着他们说话时，他们会睁开眼看说话的人。出生三天后，新生儿已能辨认出母亲的声音；而且，在出生后的最初几天里，婴儿已开始辨别双音节和三音节的词的重音或节奏。这种学习语言的准备和倾向是否与胎儿期对语言刺激的“学习”有关呢？这有待于进一步的研究。

从总体上看，儿童的言语理解先于言语表达，1 岁左右的儿童就逐渐理解了许多词的意义，这构成了他们运用语言的基础。在出生之后的第一年，特别是八九个月以后，儿童能够用咿呀语、手势、面部表情和其他非语言方式表达自己的意图、感受和愿望，与别人进行交流，这被称为前言语交流。一个孩子可能会发出啊啊的声音，同时用手指着地上的一只小猫，身体挣着表现出要去摸小猫的样子，这时，妈妈就会明白，他对小猫产生了兴趣，想要抓地上的小猫。在前言语交流中，咿呀语是婴儿发出的一些类似言语而又没有实际意义的语音，它开始于出生后的二三个月，一直持续到 1 岁左右，婴儿最初是重复某个元音（如 [a]），5 个月以后咿呀语的语音增加，包括了辅音在内。在所有的文化中，都有咿呀语现象，这可能反映了言语的发展与言语器官的成熟具有密切的关系，因为各个民族或种族的儿童言语器官的发展是类似的。

（二）单词句时期（1—1.5岁）

在这一时期，儿童理解语言的能力逐渐发展起来。儿童还不能用完整的句子表达自己的意思，但能用一个词代表一句话的意思，结合情境，表达自己的意图或感受。也就是说，他们在这一时期能够说出一些“单词句”。一个孩子可能对妈妈说“猫猫”，她可能在用这个词表达多种意思：“妈妈，我想看小花猫”；“妈妈，我看到小花猫了”；“妈妈，墙上有一只小花猫”等。至于她到底想表达哪一种意思，要根据当时的情境来推断。

儿童最初说出的词通常是指他们非常熟悉的人、物体、动作，如妈妈、爸爸、猫猫、球、抱抱等，其中，名词和动词居多。婴儿还很难准确地运用这些词。一方面，他们说出的词的概括性很低，往往特指他们熟悉的某一个东西，如“猫猫”可能特指家里的那只小花猫。另一方面，他们也可能会出现词义泛化或外延扩大的现象，如把一只狗也叫做“猫猫”。这说明，他们还缺乏足够的经验，还不能概括出事物的本质或相似性。我国研究者发现，1 岁左右婴儿一般能说出 20 个左右的词，2 岁末能说出 300 ~ 500 个词。

（三）多词句时期（1.5—3岁）

这一时期又可以分为简单句阶段（1.5—2 岁）和复合句阶段（2—3 岁）。婴儿开始进行积极的言语活动，好像突然喜欢开口说话，说话的主动性增强。

在简单句阶段，婴儿开始说出一些结构不完整的双词句或多词句，这些句子常常缺乏主语、谓语或其他句子成分，很像发电报的时候所用的语句，因此，也称为“电报句”。他们看到小花猫的时候，会说“妈妈猫猫”，看到汽车的时候会说“开车车”，想穿袜子的时候会说“妈妈袜袜”。成年人仍然需要根据情境，确定他们到底想表达什么意思。在说出电报句的同时，儿童也能说出一些结构简单但比较完整的句子，如主谓句、主谓宾句等。2 岁时，儿童一半以上的话都是这类完整句。

婴儿为什么会在这一时期出现这种现象呢？许多研究者认为，这一时期的儿童运用这种电报式的语言，很可能是因为他们在说介词、冠词等表示关系的词时有困难，因而在说话时省略了这些词，只说那些能帮助他们与别人有效沟通的实词（名词、动词等）。但是，也有的研究者发现，在俄罗斯、土耳其等国家，儿童很早就能说出合乎语法的简单句，这可能与它们的语言更强调语法规则有关。

从 2 ~ 2.5 岁以后，儿童逐渐能说出一些简单的复合句。复合句是由两个以上的简单句组成的、结构比较复杂的句子。儿童在简单句还不十分完善时，就已经能说出极少的复合句了，在复合句出现之后，与简单句并行发展。这时，儿童能说的句子的成分和字数也增加了，2 岁以后的孩子已能在句子中运用“我的妈妈”、“我的爸爸”、“今天”、“明天”、“昨天”之类的词和短语。

从总体上看，婴儿言语的发展一般遵循从语音、单词到句子的发展顺序，而句子的发展又遵循从单词句到双词句，再到简单句和复合句的发展顺序。在这个过程中，言语理解通常是先于言语表达的，或者说，儿童通常是先理解单词、句子的意思，然后才能说出这些单词或句子。但是，言语的发展与其他方面的发展一样，也具有明显的个别差异，甚至具有文化差异。

提示

如果身边有这样的婴儿，可以观察他们的言语发展情况，看他们是否表现出了上面提到的这些特点。最好能观察到 1 岁以内、1—1.5 岁、1.5—3 岁这几个年龄阶段的孩子。

拓展阅读

言语是怎样发展起来的：对言语发展的解释

婴儿的言语是怎样发展起来的？会受到哪些因素的影响？这是心理学家们普遍关心的问题。他们对此提出了多种解释，这些观点在总体上可以分为三类：(后天）学习论、天赋论和相互作用论。

1. 学习论：言语是后天强化或模仿的结果

学习论强调后天环境的作用。这种观点认为，儿童生活的环境，尤其是他们的抚养者，决定了儿童言语的发展进程。斯金纳的强化论和班杜拉的模仿论是这种观点的典型代表。

1957 年，斯金纳出版了《言语行为》一书。他认为，儿童之所以能够学会语言，是因为成人有选择的强化造成的。儿童在说出合乎语法的话时，成人就会给予相应的强化，这个过程从婴儿咿呀学语时就开始了，儿童一发出听起来像词的语音，成人就可能做出回应，或者重复婴儿的发音，或者微笑、亲吻他们，这种注意或赞赏强化了儿童恰当的言语行为。在儿童能说出词之后，成人会进一步用相同的方法，让他们说出句子。

班杜拉则认为，儿童之所以能学会说话，是因为他们会认真地听成人或年龄较大的同伴说话，然后进行模仿。在这个过程中，成人或年长儿童的作用是给年幼的儿童示范说话的行为，强化他们正确的言语行为，纠正他们错误的言语行为。在日常生活中，大人们经常先教给孩子说一个词或一句话，然后看他们能不能说出来，是不是说得正确，如果说得正确或者好像是正确的，就会夸奖他们，如果说错了，就会多教几遍，帮他们纠正，直到他们说出正确的词或句子。

显然，强化论和模仿论都强调环境的决定作用，强调了成人（或年长的人）“教”的作用，但忽略了儿童自身的生物学因素的影响。强化和模仿的方法并不能让动物学会说人类的话。另外，儿童在早期常常会“造词”、“造句”，说出一些成人没有说过的话，这也很难用模仿论来解释。

2. 天赋论：言语是儿童与生俱来的能力

与学习论不同，天赋论认为，言语能力是儿童与生俱来的一种能力，正是因为人类具有这种学习语言的天赋，儿童才可能有复杂的言语活动。

语言学家乔姆斯基（N. Chomsky）的观点最有代表性。他认为，人类生来就具有一种语言获得装置（language Acquisition Device，简称 LAD)，其中贮存着人类所有语言共有的一般语法规则。儿童能够从输入的各种语言刺激（听到的各种语音、单词和句子）中概括出自己的语法规则，并按照这种规则，理解输入的各种语言刺激，产生合乎语法的句子。无论学习哪一种语言，都是如此。也可以说，儿童通过LAD将人类共有的语法规则转换为个别的语法规则，从而生成自己的言语。因此，他的观点也被称为转换生成说。

另有一些心理学家认为儿童并没有什么天生的语言知识，但却具有天生的语言制造潜能（language-making capacity，简称LMC），这是一种专门用来学习语言的认知潜能。他们认为这是言语发展的根本原因。

儿童利用这种装置或潜能，输入语言刺激，产生自己的“语言理论”（语法规则），随着儿童听到的语言材料（输入的语言刺激）越来越多，他们理解和运用语言的能力就越来越强，最终形成与成人类似的言语。因此，在天赋论看来，语言的学习是自然的，也是自动的。

很多研究和事实似乎都支持了天赋论的观点。例如，儿童几乎在相同的时间理解语言、学会说话，他们的言语发展几乎具有相同的“里程碑”，而动物却不能学会人类的语言；人类语言信息的处理和学习主要由大脑左半球负责。研究表明，从出生到青春期是语言学习的敏感期，如果错过了这一时期，要熟练地掌握语言就会比较困难。但是，这种观点只是强调了先天机制在语言学习中的决定性作用，但没有说清楚这种先天的装置或潜能到底如何起作用，也没有说明它们处理语言信息、生成言语能力的过程；而且，它不太强调环境在言语学习中的作用。试想一下，如果一个孩子生下来就被放在一个没人说话的环境中，他能学会说话吗？

3. 相互作用论：言语是生物因素、认知因素和环境因素相互作用的结果

这种观点既不否认后天教养环境的重要性，也不否认先天语言学习机制或潜能的作用，它认为，儿童的言语是生理成熟、认知与语言环境之间相互作用的结果。儿童学习语言，不是依靠某种神秘的语言获得装置或语言制造潜能，而是依靠生来就能学习语言的强有力的脑和神经系统。它推动着儿童不断学习新的知识。儿童随着生理的成熟特别是脑的成熟，他们会不断地从同伴或其他人那里获得新的知识，然后用言语把这种知识表达出来，与同伴或周围的人分享。随着年龄的增长和生理成熟程度的提高，他们在与同伴的交谈中使用的语言也越来越复杂。语言是一种工具，儿童凭借它与同伴或其他人进行沟通，正是在这个过程中，他们的言语能力才逐渐发展起来。

皮亚杰的理论本质上也属于这种相互作用论。在皮亚杰看来，思维发展是言语发展的基础，只有儿童在达到一定的思维发展水平之后，才可能掌握语言，学会说话，换句话说，儿童的言语发展与他们的思维发展水平是相对应的。例如，在前运算阶段，儿童的思维具有自我中心的特点，他们倾向于从自己出发考虑问题，在此基础上，他们产生了自我中心言语，即自言自语。另一方面，语言是人类用来代表具体事物（如书、杯子、水）的符号，儿童在掌握这种符号之后，可以提高他们的思维能力。皮亚杰的理论不仅强调言语与思维的相互作用，而且考虑到了生理成熟和社会环境的作用。维果斯基也认为，儿童的言语是在儿童与周围人的社会交际过程中形成的，它本质上是一种社会行为，自我中心言语也不例外。

在上述观点中，你最赞同哪种观点？为什么？

链接

Bloom，L.（1993）. The transition from infancy to language：Acquring the power of expression. New York：Cambridge University Press

Piaget，J.（2001）. The Language and Thought of the Child. UK：Routledge

维果斯基著．李维译．思维与语言．浙江：浙江教育出版社，1997

五、婴儿气质的发展

如果到医院的产房里去一下，你就会发现，刚出生的孩子有的比较安静，有的经常大声哭闹，无论成人怎么安慰，都难以安静下来；有的比较爱动，有的则不爱动；有的吃奶、睡觉等比较有规律，有的则没有规律，显得很难适应环境。同样是新生儿，为什么有这么明显的差异呢？

其实，新生儿的这些表现主要反映了他们的气质特点。通常认为，气质主要与一个人的遗传和高级神经活动类型有关。儿童降生以后，就表现出了各自的气质特点。正是他们的气质，让儿童生来就显得各不相同。气质成为儿童后来人格发展的基础。

提示

通常，气质被认为是一个人心理活动的动力性特点，它主要表现在行为和心理活动的强度、速度、稳定性、灵活性和指向性等方面。在生活中，有的人反应快，有的人则反应慢；对同样的事情，有的人情绪比较稳定，反应不大，有的人则情绪波动较大，反应较强；有的人外向，喜欢与人交往，有的人则比较内向，喜欢安静。所有这些，都反映了人的气质特点。

1. 儿童早期的气质差异主要表现在哪些方面呢？儿童早期的气质可以分为哪些类型呢？

美国心理学家托马斯和切丝等人（Thomas，Chess，& Birch，1970）在对婴儿进行追踪研究的基础上，认为儿童气质的差异主要反映在九个方面：①活动水平：有的婴儿活动较多，显得比较活跃，有的则比较安静，活动较少。②生物节律性：有的婴儿睡觉、喂奶等比较有规律，有的婴儿则难以预测，显得没有规律。③注意的转移：有的婴儿注意容易转移、分心，在哭闹时也容易转移注意，容易安抚，有的则注意不容易转移，不易安抚。④注意的广度或持久性：有的婴儿注意持久，能长时间注意一个东西（如玩具），有的儿童则很容易失去兴趣。⑤趋向与退缩：儿童对新事物、新环境的反应不同，有的婴儿很容易接受新事物、新环境，容易接受陌生的人和新刺激，有的婴儿则在生人或新刺激出现时退缩。⑥适应性：有的婴儿能很快适应环境的变化，有的婴儿则很长时间适应不了。⑦反应强度：有的婴儿反应较强，烦躁时经常大声地哭，愉快时大声地笑，有的婴儿则哭声和笑声较小。⑧反应阈限：儿童对声、光及其他刺激的敏感性不同，有的婴儿反应阈限较低，对微弱的刺激就很敏感、警觉，另一些婴儿反应阈限则较高，对这些刺激不太敏感。⑨心境：有的婴儿经常保持高兴或愉快的心境，有的婴儿则经常紧张不安，啼哭不已。

根据婴儿在以上这些方面的表现，托马斯和切丝等人对儿童的气质特点进行了分类。从总体上看，儿童早期主要有以下几种典型的气质类型：

（1）容易抚育型。这类婴儿往往比较愉快，能很快形成有规律的生理节律，生活显得有规律，对人很友好，容易适应新环境。这类婴儿大约占 40%。

（2）抚育困难型。这类婴儿的睡眠、进食等没有什么规律，难以适应环境的变化，很小的变化也会激起强烈的反应，如大哭、发脾气，在接触陌生人或新事物时时常退缩。这类婴儿大约占 10%。

（3）“逐渐热情”型或缓慢型。这类婴儿比较安静，不爱活动，反应比较温和。他们不喜欢新的环境，但能缓慢地适应新的环境。这类婴儿大约占 15%。

（4）“平均”型。这类婴儿在各个方面都处于中等水平。这类婴儿大约占 35%。

思考

如果你身边有一个婴儿，他可能属于上面哪一种气质类型？也可以问一下你的父母或其他抚养者，在你还是婴儿的时候具有哪些行为特点？你可能属于哪一种气质类型？

目前，许多心理学家认为，人们气质的差异主要表现在以下五个方面：活动性或活动水平，即一个人是否显得有活力；易怒性或消极情绪的多少，即遇到消极的事情时，是否容易感到沮丧；平静的心境，即在遇到不好的事情之后是否能很快恢复平静；恐惧性，即是否很注意那些强烈的刺激，并感到恐惧（如面对一个新的环境是否感到害怕）；社交性，即是否喜欢社交。儿童气质的差异也表现在这些方面。

2.婴儿的气质是稳定的吗？在后天生活中是否会发生变化？

大量研究证明，气质具有中等程度的稳定性。也就是说，婴儿的气质是相对稳定的，但也会在后天生活环境的影响下，发生明显的变化。通常认为，气质主要受遗传和高级神经活动的影响，这是气质稳定性的生理基础。双生子研究发现，在出生后的第一年，同卵双生子在活动水平、易怒性和社交倾向等方面的相似性要高于异卵双生子。行为的抑制性是气质的典型表现之一，抑制性水平较高的孩子在陌生的情境中（如遇到生人、到陌生的环境中），比较害羞、胆小。对行为抑制性的研究表明，那些抑制水平极高与极低的儿童的气质具有长期的稳定性。托马斯和切丝的追踪研究也得到类似的结论。

另一方面，环境对气质的影响也十分明显。父母的养育方式、文化、价值观等都会引起气质的改变。如果父母有耐心，允许婴儿轻松自在地面对新环境，那么抚育困难型的儿童也常常会改变他们的任性行为，较好地适应环境。在同一家庭中，父母对不同的孩子采取不同的教养方式，也会使这些孩子表现出不同的气质特点。事实证明，对于男孩与女孩的不同性别期望，会让男孩与女孩倾向于表现出不同的气质特点，通常男孩比较好动，女孩比较安静，在中国文化背景下就常是如此。

案例分析

通过上面的学习，你能回答本节开头的那个案例中所提出的问题吗？

六、婴儿社会行为的发展

婴儿具有哪些社会性的行为？在出生后的人类社会生活中，他们是怎样逐渐变成一个“社会人”的？婴儿与同龄人是如何相处的？他们与父母或其他抚养者在一起时通常具有哪些表现？

早在孕期，胎儿就已经受到母亲的言语等社会性刺激的影响了。在儿童出生后不久，他们的社会行为就开始表现出来，随着年龄的增长，他们越来越像一个“社会人”。

（一）婴儿期各个阶段主要的社会性行为

从总体上看，在这一时期的不同阶段，婴儿的社会性行为表现出不同的特点。

（1）在0—3个月，婴儿就开始表现出对人的兴趣，对他人（特别是母亲）的表情十分敏感。他们在这个时期能对人微笑，这是一种社会性微笑（与身体舒适感引起的肌肉的反射性微笑相对）。

（2）在3—6个月，婴儿能够预测身边成人的行为，他们会生气、失望或谨慎地行动。他们逐渐能将熟人与陌生人区分开来，对熟人特别是抚养者的微笑较多，而对陌生人的微笑减少。他们还会发出一些最初的语音，会高声地笑。这是婴儿的社会性开始觉醒的阶段，婴儿与抚养者之间能够以语音、身体姿势、表情等，进行早期的交流。

(3) 在6—9个月，婴儿能与成人玩社会性游戏（如藏猫猫游戏），主动引起人们的反应。与其他婴儿在一起时，会相互“说话”和触摸。这时，他们的情绪更为分化，表现出高兴、恐惧、愤怒、惊奇等多种情绪。而且，他们面对陌生人时表现得比较谨慎，出现“怯生”现象，在母亲或其他的抚养者离开时表现出分离焦虑。

(4) 在9—12个月，婴儿对他们的主要抚养者表现出强烈的依恋，这是婴儿与母亲或其他抚养者建立的一种亲密的情感联系，也是婴儿期社会性发展的主要内容。他们害怕陌生人（怯生），在陌生情境中比较谨慎、警惕，与母亲或其他抚养者的分离焦虑更明显。

(5) 在12—18个月，婴儿能以依恋对象（母亲或其他抚养者）为安全基地，探索周围的环境，活动范围不断扩大。当他们能够理解和控制周围的环境时，就会表现得更加自信。

(6) 在18—36个月，婴儿在与抚养者分离时，仍然会感到焦虑。他们对母亲和其他抚养者的社会性微笑更频繁，并且能有目的地用社会性微笑表达自己的感受。他们还会模仿和认同周围的成年人，对社会现实生活的理解加深。

（二）婴儿社会性发展的具体表现

1.婴儿能“读懂”他人的情绪吗？在母亲不高兴的时候，婴儿会有什么反应？周围人的情绪会影响婴儿的行为吗？

其实，在出生后的第一年，婴儿就已经表现出明显的情绪理解能力，能理解人的表情的意义，并做出相应的反应。在出生后的头半年，他们已经能够区分母亲不同的表情，包括快乐、伤心、生气。到8～10个月的时候，这种能力就变得很明显了，他们会观察父母的表情，根据这些表情调整自己的行为，而且，随后对其他人也能做到这一点。例如，如果身边的陌生人对陌生的玩具微笑，12个月大的婴儿就会接近这个玩具，如果陌生人表现出害怕的样子，婴儿就会避开这个玩具。能够从别人的表情尤其是面部表情收集参照信息，以调整自身的行为，这是婴儿进行社会交往的必要条件。这时，表情成为婴儿传达自身信息（包括自己的感受、需要、意图）和“捕捉”他人信息的重要工具，成为他们社会交往的重要手段。

2. 婴儿是怎样与周围的人进行交往的？他们与其他孩子在一起的时候会有怎样的表现？

人们围绕这类问题开展了很多研究，这些研究表明，婴儿在第一年内主要通过注视、发出各种声音、身体姿势（如伸手够物）、模仿面部表情等方式发出社会交往的信号。同时，他们对他人的社会性反应（如听到说话声转头去看）、微笑或成人进行的社会性游戏也不断增加。随着年龄的增长，到半岁以后，婴儿对其他儿童表现出明显的兴趣，出现相互抚摸、高兴等反应。

在与同龄的儿童在一起的时候，婴儿已经能够表现出最初的亲社会行为。亲社会行为也叫利他行为，也就是对他人、对社会有利的社会性行为，包括帮助、支持、安慰、谦让行为以及与别人分享、合作的行为等。研究表明，1.5 ～ 2 岁的婴儿亲社会行为越来越明显，2 岁的婴儿甚至能主动帮助陷入困境的儿童，拿出自己的东西给对方。而且，2 岁的婴儿还表现出移情能力，移情是一种对别人情绪感受的体验，也是一种基本的社会能力。18 个月大的孩子在看到另一个孩子跌倒后大哭的时候，他也会表现出悲伤的表情，甚至会跟着哭起来。2 岁的孩子已经学会安慰和关心别人。

3. 婴儿的亲子关系是怎样的？他们是如何与父母或其他的抚养者交往的？

下面这三个孩子就典型地代表了婴儿不同的亲子关系。玛丽、麦瑟林、汤姆是三个婴儿，他们在与母亲分离和相聚时的反应截然不同。玛丽在母亲离开时，号啕大哭，一位陌生人前来安慰，她也不愿接近。母亲回来后，她立即靠近妈妈，甚至带着眼泪微笑起来，情绪很快好转，主动地与母亲一起玩耍起来。麦瑟林则是另一番景象。母亲离开时他似乎无动于衷，转过脸去径自玩起玩具来。陌生人走近，他也不回避，但他一个人留在房间里时有些不安。母亲回来时，他并没有表现得十分高兴，甚至躲开母亲，只顾自己玩耍，对母亲显得很冷淡。然而，汤姆显得难以忍受与母亲的分离，在母亲离开时十分痛苦，在陌生人接近时他表示反抗，并表现出退缩，母亲回来后，他却显得十分矛盾，既要与母亲接近，又要拒绝她。他哭了很久，要母亲抱，同时又推她、拒绝她抱，从她怀里挣脱。这三个婴儿的反应为什么如此不同？

其实，上述三个婴儿都形成了对母亲的依恋，他们分别表现了不同的依恋行为。

简单地说，依恋就是婴儿与母亲或其他抚养者之间建立的亲密的情感联系。与家庭成员尤其是抚养者之间的社会交往，是

依恋：人们之间建立的亲密而稳定的情感联系，尤其是儿童早期与母亲或其他抚养者建立的一种亲密的、稳定的情感联系。

亲社会行为：也叫利他行为，也就是对他人、对社会有利的社会性行为，如帮助、支持、安慰、谦让行为以及与人分享、合作的行为等。

移情：能够站在别人的立场上认识和感受别人的情绪感受的能力。

婴儿主要的社会交往，相应地，依恋构成儿童早期社会性发展的主要内容，婴儿与母亲或其他抚养者建立的依恋关系也成为婴儿最重要的社会关系。

4.婴儿的依恋是怎么形成和发展起来的呢？

约翰·鲍尔贝
(1907—1990)

尽管心理学家划分的依恋发展阶段有所不同，但是，他们的划分也具有一致之处。在这些研究中，英国心理学家鲍尔贝(Bowlby，1979)的研究比较有代表性。他将婴儿依恋的发展过程划分为以下四个阶段：

(1) 前依恋阶段（从出生到1.5～2个月)。这一阶段是无差别的社会反应阶段，婴儿对任何人的反应都是相似的、无差别的，但是，他们更喜欢人，并表现得特别兴奋。他们主要用哭、笑等情绪反应引起母亲的注意，他们还会凝视母亲的面庞，用手抓母亲，让母亲做出反应。他们已能认识母亲的微笑和声音。

(2) 依恋开始形成阶段（1.5～2个月至6～8个月)。这一阶段实际上是选择性的社会反应阶段。婴儿已能分辨熟人与陌生人，并对他们做出不同的反应，他们对熟悉的抚养者尤其是母亲的微笑、发声更多，对陌生人则很少。他们喜欢与熟人和母亲接触，但在他们离开时没有明显的分离焦虑。

(3) 依恋形成阶段（6～8个月至1.5岁)。在6～8月时，婴儿对熟悉的人产生明显的分离焦虑，在抚养者离开时，他们会强烈“抗议”、哭闹，表现得十分苦恼，反对他们离开。婴儿开始以依恋对象为安全基地，探索周围的环境，在危险时退回他们的身边。同时，他们产生怯生现象，对陌生人很警惕。

(4) 互惠关系形成阶段（1.5岁至2岁以后)。在这一阶段，婴儿已经与依恋对象形成一种互惠关系。由于言语、动作的发展，2岁左右的婴儿已能理解依恋对象离开的原因，理解他们行为的目的，分离焦虑减轻。他们已能调整自己的行为，通过“谈判”等方式与母亲（或其他抚养者）达成“协议”。例如，他们会与母亲“谈判”，让母亲答应在什么时候回来。

玛丽•艾因斯沃斯
(1913—1999)

显然，依恋的发展实际上是婴儿区分出熟悉的抚养者，并与之建立亲密的情感联结的过程，形成这种情感联系之后，婴儿就能从抚养者那里获得足够的安全感。

5.婴儿具有哪些类型的依恋？

艾因斯沃斯等人（Ainsworth，et al.，1978）根据婴儿在陌生情境中的反应，将婴儿的依恋分为三类。

(1) 安全型依恋。在陌生的情境中，这类婴儿以母亲为安全基地，探索周围的事物，在与母亲分离时，感到焦虑不安；在母亲返回时，很快地寻求接触。大部分婴儿属于这种依恋类型。

(2) 矛盾型依恋。在陌生的情境中，这类婴儿在母亲在场时，显得非常依赖母亲，不愿与母亲分开，当与母亲分离时，表现得非常苦恼；在与母亲团聚时，表现出非常矛盾的反应，一方面想让母亲亲近他们，另一方面又拒绝和推开母亲，显得很难安抚。这是一种非常生气的抗拒行为。这种依恋也称为抗拒型或反抗型依恋。属于这类依恋的婴儿较少。

(3)回避型依恋。在陌生的情境中，这类婴儿即使与母亲在一起，也不太在乎母亲的存在，当母亲离开时也没有苦恼的反应，在与母亲重聚时，他们通常会回避母亲。他们对陌生人的反应与对母亲的反应好像没有什么不同。属于这类依恋的婴儿也较少。

另外，研究者发现，还有一种依恋，即无组织的紊乱型依恋。形成了这类依恋的婴儿在与母亲分离后再团聚时表现出混乱的、矛盾的反应，如在母亲抱他的时候，他的目光可能看着别的地方，眼神抑郁，在母亲安慰他的时候，他可能莫名其妙地大哭，或者反应冷漠。这类儿童也极少。想一想，刚才提到的三个孩子——玛丽、麦瑟林、汤姆，分别属于哪种类型的依恋？

各类依恋的根本区别在于安全感。安全型依恋的孩子内心的安全感最强，回避型、矛盾型、无组织的紊乱型依恋都属于不安全依恋，其中，无组织的紊乱型依恋的孩子安全感最差。这种安全感对儿童以后的认知发展、社会性发展都会产生重要的影响。研究表明，早期属于安全型依恋的孩子在认知、社会性等方面都要好于不安全依恋的孩子，在遇到自己不能解决的问题时，很少发脾气，他们热情更高，能坚持解决问题，并能寻求别人的帮助。到了幼儿期和童年期以后，他们的社会技能和同伴关系也好于不安全依恋的儿童。

6.有哪些因素会影响婴儿的依恋？

大量研究显示，抚养的质量、文化、儿童自身的气质都可能影响依恋的质量。在抚育孩子的过程中，如果父母对孩子发出的各种信号（如哭、微笑、伸手、依偎、蹬腿、看着抚养者）非常敏感，能够做出及时的反应（如抱起或拥抱孩子、摇晃孩子、安慰孩子、对孩子说话），满足孩子的基本需要，解除孩子的不适（如喂食、换尿布），经常逗孩子玩，这些孩子就更可能形成安全型的依恋。反之，如果父母过多地强迫孩子按照自己的要求去做，或者比较迟钝，对婴儿发出的各种信号不能及时地做出反应，这些孩子就可能形成不安全的依恋，包括回避型依恋、矛盾型依恋。不同文化中的价值观不同，也会影响到婴儿的依恋质量，如德国的父母鼓励儿童的独立性，不鼓励父母与孩子身体的亲近，因而回避型较多，日本的婴儿很少与母亲分离，因而抗拒型依恋较多。另外，婴儿本身的气质也是影响依恋的重要因素，抚育困难型的儿童更可能让父母失去耐心，因而形成不安全依恋。概括地说，为婴儿创设一种温暖的、充满爱的生活环境，是婴儿安全感形成的基础，也是他们心理健康发展的基础。

综上所述，可以看到，婴儿已能理解他人的情绪，与同伴相处时表现出明显的亲社会行为，同时形成了对母亲或其他抚养者的依恋。所有这些，都是婴儿社会性发展的重要成就。

链接

1. 婴儿为什么会形成依恋？依恋的本质是什么？对这些问题有着不同的观点，下面这篇文章较好地概括了这些观点：

谷传华，王美萍．儿童依恋理论述评．山东师大学报，2000，1

2. 除了人类的婴儿，动物的幼崽也能形成对母亲的依恋，请参阅：

Harlow，H.（1958）. The Nature of Love. American Psychologist，13，673-685

[美]哈克著．白学军等译．改变心理学的 40 项研究：探索心理学研究的历史．中国轻工业出版社，2004

3. 艾因斯沃斯等人提出了用于评价婴儿依恋的“陌生情境法”。这种方法主要是在实验室中创造一种婴儿感到陌生的情境，观察他们在与母亲在一起时、与母亲分开和团聚时、与陌生人在一起时的反应，然后，根据这些反应，对儿童的依恋进行分类和评价。关于这种方法的具体操作程序和细节，请参阅：

http：//bpc.digitalbrain.com/bpc/web/LearningObjects/Ainsworth/strange

http：//www.psy.sunysb.edu/ewaters/mainmenu.htm

拓展阅读

婴儿依恋研究的新视角：从“子宫依恋”到“社会子宫依恋”

自从 20 世纪五六十年代以来，早期依恋的发展一直是研究者非常感兴趣的研究问题，但是，研究者大多关注儿童在出生之后的依恋发展，而很少关注儿童出生后的依恋与孕期环境的关系。谷传华（2008）采用日记法，对一名婴儿进行了为期一年的自然观察，从产后依恋与产前依恋的关系这个角度，提出了关于儿童心理发生、发展的观点。

观察对象是一名健康的婴儿，智能发育正常，属于容易抚育型气质。在观察过程中，对每天的行为，包括饮食、睡眠、洗澡、排泄、社会性行为和反应，进行客观而详细的记录或登记。观察结果显示，出生后的依恋与孕期的发育环境（母体环境）具有密切的关系，依恋的发展过程表现出明显的阶段性。根据这名婴儿出生后在各种典型的情境中的行为，可以将其依恋的发展过程划分为母体依恋（“子宫依恋”）阶段（0—1.5 个月左右最典型）、泛化的“类子宫依恋”阶段（1.5—2.5 个月左右最典型）、分化的“类子宫依恋”阶段（约 2.5—6 个月最典型）、“社会子宫依恋”阶段（6 个月以后最典型）四个阶段，其中每个阶段都有相应的典型的行为模式。可以说，这名婴儿经历了一个由“子宫依恋”到“类子宫依恋”，再到“社会子宫依恋”的发展过程，依恋的发展实质上是一个社会化程度不断提高的过程。

研究者据此认为，最初的母体依恋或“子宫依恋”主要是婴儿对自身生存和发育环境的一种单向的依恋。母体的子宫环境是一种“包裹式”的环境，在通常情况下，它舒适、安全、温暖、稳定，动静适宜，氧气和各种养分的供给自动、及时而充足，排泄或生物异化过程安适而自然。出生后的环境则要求婴儿独立地获取营养，获得温暖感、安全感、舒适感。这种由环境变化导致的从“自动”到“主动”的转变，很容易促成婴儿对子宫环境的依恋，类似于子宫内环境的外界环境也更容易引起婴儿的偏爱和对子宫的“怀念”。在泛化的“类子宫依恋”阶段，无论是谁，只要能够创造类似于子宫的环境或者能引起类似于子宫感受的环境，就能够引起婴儿的偏爱或依恋。在分化的“类子宫依恋”阶段，由于熟悉的成人（特别是孩子的母亲）所创造的相对稳定的、类似于子宫的环境，会引起婴儿更多的偏爱，熟悉的成人也更可能成为他们的依恋对象。在“社会子宫依恋”阶段，婴儿能够与熟悉的成人形成具体的依恋关系，熟悉的抚养者通过各种适当的抚养行为，为婴儿创造稳定的、可以预测和控制的环境氛围，即能创造一种社会性的“子宫”，使婴儿能够在其中获得充分的安全感、稳定感、舒适感，因此，熟悉的成年人（婴儿的主要抚养者）更可能成为婴儿的依恋对象。“社会子宫依恋”实质上是婴儿对稳定的、温暖的社会环境的依恋。婴儿出生后之所以形成依恋，有可能是因为他们更喜欢一种类似于子宫的环境，而母亲常常能创造这样一种环境，因而她们更可能成为婴儿的依恋对象，但这并不意味着对环境的偏爱是引起依恋的唯一因素。你赞成这种观点吗？为什么？

资料来源：Chuanhua Gu. The development of early attachment：An observation study on an infant throughout the first year. XXIX（29th）International Congress of Psychology，Berlin，Germany，2008. 7

第三节 幼儿期的心理发展

如果去幼儿园走一趟，你会发现幼儿特别喜欢游戏，却不能集中注意听老师讲课；

在游戏过程中，很容易分心，被旁边的人或事所吸引；他们不能计算“2+1=？”这样抽象的数学题，却知道2个苹果加上1个苹果是几个苹果；他们还特别喜欢听童话故事或其他有趣的故事，一些孩子还能有声有色地讲故事，而且他们还喜欢自言自语。幼儿为什么具有这样一些行为？这些行为反映了他们的哪些心理特点？

进入幼儿期以后，儿童在生理上进一步成熟，在此基础上，他们的游戏、言语以及各种认知能力、个性和社会性品质也都得到了进一步发展。

一、幼儿游戏的发展

通常认为，游戏是幼儿期的主导活动。那么，什么是游戏呢？对此心理学家并没有统一的看法。霍尔（G. S. Hall）认为，儿童的游戏就是儿童“复演”人类祖先的生活的活动，如女孩玩洋娃娃是在“复演”母性本能时期的生活；弗洛伊德认为，游戏是儿童用于满足和补偿现实中不能满足的愿望的活动；皮亚杰认为，游戏是儿童智力活动的一种形式。人们实际上是从不同的角度理解游戏。通常认为，游戏是一种可以促进儿童身心发展的活动，其中融合了多种心理活动。有人甚至指出，游戏就是儿童的玩或自由活动。

问题和讨论

游戏对儿童的认知和社会交往可能具有怎样的作用？有的父母从孩子很小时，就要求他们学习各种书本知识，以至于孩子没有自由玩耍的时间，你认为这样做合适吗？为什么？

在幼儿期，不同年龄的孩子通常玩哪些游戏呢？从不同的角度出发，可以将儿童的游戏分为不同的类型，它们分别反映了儿童在游戏方面的不同发展水平。

（一）反映不同智力水平的游戏

根据皮亚杰的认知发展理论，可以将游戏分为练习游戏、象征游戏、结构游戏和规则游戏，它们分别有不同的认知发展水平，也反映了不同的智力水平。

（1）练习游戏，又称为感知运动游戏或机械的游戏，与感知运动阶段的智力相对应，主要是感知运动阶段（0—2岁）的儿童玩的一种游戏。它出现最早，主要是儿童简单的重复动作，如重复地摇晃拨浪鼓。这类游戏随着年龄的增长而减少。

（2）象征游戏，它是前运算阶段（2—7岁）的儿童经常玩的一种游戏。在这种游戏中，儿童用一个物体替代或象征另一个现实的物体，儿童经常玩的各种假装游戏，如让一个洋娃娃假装睡觉、假装用勺子吃饭、骑在凳子上假装骑马等，都是象征游戏。

它实际上是儿童用符号表征事物的一种形式。

(3) 结构游戏，又称为造型游戏或工作游戏。在这种游戏中，儿童用积木、金属、泥沙、水等材料搭建建筑物或构造某个东西，如用积木盖楼房、造塔。人们发现，1.5岁左右的儿童开始堆叠物体，2—3岁的儿童先动手后思考，建筑主题不明确，3—4岁的儿童会预先设定主题，建筑结构比较复杂，5岁以后的儿童的计划性和合作性更明显。皮亚杰认为，结构游戏是从感知运动游戏向象征性游戏过渡的环节。

(4) 规则游戏。在这种游戏中，儿童会按照一定的规则开展游戏。这种规则大多是教师或其他成年人预先规定的，也可能是故事情节要求的，还可能是儿童自己规定的。例如，在过家家游戏中，需要预先分配角色，有的扮演爸爸，有的扮演妈妈和孩子等。一般到幼儿中期，儿童才能玩规则游戏，到了幼儿晚期，儿童对规则的理解加深，也更能执行规则。皮亚杰认为，具体运算阶段的儿童更容易开展这种游戏。

（二）反映了不同的社会性发展水平的游戏

帕腾（Pattern，1932）根据儿童在游戏中的相互关系，将游戏分为独自游戏、平行游戏、联合游戏、合作游戏。它们反映了不同的社会性发展水平。

(1) 独自游戏，实际上是一种非社会性游戏。儿童自己玩自己的，或者站在一旁看别人游戏，而自己不参与（这有时也被称为旁观游戏）。这类游戏随着年龄增长而减少。

(2) 平行游戏，儿童各自用相同的材料或玩具，进行相似的游戏，但并不相互影响，也不参与对方的游戏，各自按照自己的方式玩，没有合作行为，也没有共同的目的。随着年龄的增长，这类游戏逐渐减少。

(3) 联合游戏，儿童各自玩自己的游戏，但他们会经常交换玩具，相互评论对方的行为。在这类游戏中，儿童能够相互影响。

(4) 合作游戏，儿童在这类游戏中有一个共同的目标，而且有合作的行为，大家共同为了达成一个目标而合作，例如，儿童一起建造一座塔或房子。这类游戏的社会性水平最高。

帕腾认为，独自游戏是游戏发展的第一阶段，平行游戏是第二阶段，联合游戏和合作游戏是第三个阶段，它们的社会性水平越来越高。研究表明，上述各种游戏是依次出现的，但是，在整个幼儿期，通常各种游戏都是存在的，随着年龄的增长，虽然独自游戏和平行游戏随着年龄增长而减少，但它们并未消失。

从总体上，幼儿的游戏内容和形式是越来越丰富、越来越复杂的。同样是假装喂布娃娃吃饭，在幼儿初期可能只是重复喂的动作，幼儿中期可能用多种餐具喂养，到了幼儿晚期，则可能包括了做饭、喂养、洗碗等环节。其次，幼儿游戏的种类也越来越多，假装游戏在 1 岁左右出现，在幼儿期达到高峰，成为最典型的游戏，由成人发起的简单的规则游戏在幼儿期也较多。另外，幼儿游戏持续的时间越来越长，参加游戏的成员也是越来越多的，到了幼儿晚期，往往是多个儿童在一起长时间地玩游戏。

日常观察

可以观察身边的幼儿平时是怎样玩游戏的，玩的都是哪类游戏。

二、幼儿言语的发展

通常认为，婴幼儿时期是掌握母语的最佳时期。进入幼儿期以后，儿童的发音器官和大脑皮层进一步成熟，活动和社会交往的范围进一步扩大，认知也进一步发展，在此基础上，言语也相应地进入一个快速发展期。幼儿言语的发展表现在语音、词汇、语句和语言交际能力等各个方面。

幼儿期是学习语音的关键期，幼儿逐渐能正确地发出声母和韵母，随着年龄的增长，发音错误率不断降低。通常，4 岁儿童已基本掌握本民族语言的全部语音。调查表明，我国各个年龄的幼儿犯错误最多的语音是 zh，ch，sh，r，其次是 z，c，s 和 d，t，n，l，一些人认为，3 ~ 4 岁是培养儿童正确发音的最佳时期，幼儿可以学会几乎所有语言的任何发音。

在词汇的发展方面，幼儿掌握的词汇量迅速增加，词汇的内容不断丰富，词类范围也不断扩大，而且，他们对词义的理解也越来越正确和深刻。从词汇量来看，我国 3 ~ 4 岁儿童的词汇量为 1700 个左右，4 ~ 5 岁儿童的词汇量为 2500 个左右，5 ~ 6 岁儿童为 3500 个左右。国外研究也证明，幼儿词汇量的增长十分迅速。在各年龄段的幼儿所掌握的词汇中，名词和动词都是最多的，虚词数量虽然较少，但也都已经出现，早在 3 岁前，儿童就已经初步掌握副词、连词、助词、拟声词等。幼儿掌握的词汇内容也比较丰富，涉及人物称呼、身体、生活用品、交通工具、自然常识、社交、个性、时间空间以及动作行为、心理活动等各种具体名词和抽象名词。

更重要的是，幼儿掌握的积极词汇越来越多。积极词汇是指儿童既能理解又能正确使用的词，它是相对于儿童不能正确理解或使用的消极词汇而言的。年龄较小的幼儿可能认为，拄拐棍的老年男性才叫爷爷，扎小辫子的小孩才是小女孩。随着年龄的增长，这类“用词不当”现象逐渐减少。

从语句和语言交际能力来看，幼儿逐渐掌握了正确的语法结构，语言表达能力迅速发展起来。从句子的类型和结构来看，幼儿使用的句子以简单句为主，3 岁时使用的句子基本上都是简单句；随着年龄的增长，幼儿使用的复合句越来越多，3 岁时约占所有语句的 20% 左右，到 5 ～ 6 岁时能达到 40% 左右。他们所使用的句子包含的字数越来越多，呈逐年递增的趋势。句子的修饰语越来越多，他们会说“小白兔长着一身雪白的毛”、“一只小鸟飞上了蓝蓝的天空”这类句子。

从言语表达能力来看，幼儿在说话时具有明显的情境性，如离开了看书、用餐的情境，让他们连贯地描述看书、用餐的过程，就会比较困难。但是，幼儿已经开始从情境性言语向连贯性言语过渡，例如，他们逐渐能够连贯地叙述刚刚发生过的熟悉的事件。到了幼儿晚期，儿童已经具有较好的连贯言语能力，同时，讲话也更有逻辑性。

幼儿有一个特别有趣的现象，那就是自言自语。当一个幼儿一个人玩的时候，他会自己对自己“说话”。例如，一个孩子可能一边搭积木，一边说：“这块放在哪里好呢？……放在这里吧，……哦，不行……放这里，好了。”

这种自言自语是一种什么性质的言语呢？它有什么作用呢？对此，人们有着不同的看法。皮亚杰认为，幼儿的自言自语实际上是一种自我中心言语，它是前运算阶段的思维特点决定的，换句话说，它是由这一时期思维的自我中心特点决定的，是儿童自我中心思维的表现。在前运算阶段，儿童主要以自己为中心思考问题、组织知识，还认识不到别人具有与自己不同的观点，因而这种言语不是一种社会性言语，社会性言语是一种指向他人的言语。随着认知的发展和社会经验的增多（如通过同伴之间的争论），这种言语会逐渐减少。与此相反，维果斯基则认为，幼儿的自言自语也是一种社会性言语，它是儿童与自己的对话。在解决问题或完成某个任务时，它可以帮助儿童思考。它实际上是一种出声的思维过程，可以帮助儿童指导、调节、控制自己的行为。儿童在搭积木的过程中，通过“与自己对话”，会不断调整自己的行为，最终找到解决问题的方法。但是，皮亚杰和维果斯基都认为，自言自语是儿童从外部言语（出声的言语）向内部言语（不出声的言语）过渡的中间环节。

积极词汇：儿童既能理解又能正确使用的词汇。

消极词汇：儿童不能正确理解或不能正确使用的词汇。

自我中心言语：皮亚杰提出的概念，指由前运算阶段的自我中心思维决定的言语活动，即自言自语。皮亚杰认为，它不是一种社会性言语，而是儿童自我中心思维的表现。

日常观察

观察身边的幼儿，看他们是否有自言自语现象，他们是在什么情况下自言自语的？是怎样自言自语的？你是怎样看待幼儿自言自语的？

三、幼儿认知的发展

与婴儿期相比，幼儿的感知、注意、记忆、思维能力都有了很大的提高，但是，与年龄较大的儿童相比，他们的认知活动又具有很多局限性。

（一）感知和注意的发展

幼儿的感知觉更为完善，视力和听力都迅速提高。他们已经能够辨别各种基本的颜色，年龄较大的幼儿在观看图形时还能随意地控制自己的视线。随着年龄的增长，幼儿辨别两个相似音的能力也不断提高。他们能够比较准确地比较物体的大小，但是，方位知觉（对物体方位的知觉）、时间知觉（对时间的知觉）发展较慢，到 6 岁时，幼儿才能正确地辨别上、下、前、后四个方位，这时还不能很好地以自身为中心判断物体的左右方位。例如，你站在他们的对面，问他们“哪是我的右边？”他们常常会出错。

小实验

不妨找个幼儿，做个这样的小实验，检验一下幼儿能否准确地判断左右方位。

幼儿注意发展的突出特点是，无意注意迅速发展，而有意注意还在逐步形成。无意注意是无目的的注意，有意注意则是有目的的、由意志控制的注意。概括地说，幼儿注意的目的性还较差。在游戏活动中，在日常生活中，他们很容易受到各种无关刺激的干扰而分心。

与学龄儿童相比，幼儿注意的稳定性较差，注意时间较短，而且很难注意细节。注意的分配和转移能力总体上也是较差的，年龄较小的幼儿还不能很好地同时注意两个东西（如一边听音乐一边跳舞），而且，他们的注意力还不能很快地从一种活动转到另一种活动上来。但是，随着年龄增长，这些能力都会逐渐发展起来。

在幼儿期末，注意变得更有计划性，有意注意逐渐发展起来。例如，在寻找丢失的东西时，年龄较大的幼儿能够有计划地寻找，从多个地方逐一寻找。但是，这种有意注意水平仍然较低。例如，在要求幼儿判断两幅图画是否相同时，幼儿往往不能全面地进行比较。在完成包括多个步骤的复杂任务时，他们也难以决定先做什么后做什么。

（二）记忆的发展

幼儿更容易记住哪些东西？在什么情况下更容易记住？从总体上看，幼儿记忆的突出特点是，无意记忆和形象记忆占优势，有意记忆和语词逻辑记忆逐渐发展。通常，幼儿最容易记住熟悉的物体，其次是熟悉的词，对生疏的词的记忆效果最差。而且，对于感兴趣的、特点鲜明或刺激强烈的事物（如形象生动的卡通人物），他们更容易在无意中记住它们。

与婴儿相比，幼儿的记忆能力有了很大提高。他们已能用语言描述所记住的东西，还能按照要求识记一些材料。给幼儿看 10 张图片或 10 个玩具，然后把它们和幼儿不熟悉的图片或玩具混在一起，让儿童说出他们见过哪几张或哪几个，四五岁的幼儿就能较好地再认这些图片或玩具。对幼儿来说，再认要比再现或回忆容易。他们还不善于运用策略（如多次重复或复述）提高记忆效果。

从总体上，让幼儿有目的地识记一些材料还是有困难的，3 岁儿童还不能接受成人提出的记忆任务，他们基本上属于无意识记，到了幼儿中晚期，无意识记的效果仍然好于有意识记。但是，通过做游戏（如购物游戏）的方式，让他们记住某些东西（如到商店去买哪些东西），记忆效果往往较好。

提示

无意记忆是无目的的、不受意志支配的记忆，而有意记忆是有意识或有目的的记忆。形象记忆是对事物形象的记忆，而语词逻辑记忆是对语言逻辑等抽象材料的记忆。

幼儿的元记忆能力也不断提高。元记忆是对自己记忆的材料、过程和策略等方面的认知监督和控制能力。幼儿对自身记忆活动的意识性和记忆方法不断发展。研究表明，4 岁左右的儿童就能运用特定的记忆策略，但水平较低。在一项实验中，实验者把糖豆和小木块放在 12 个形状相同的容器中，然后把这些容器一个一个地递给儿童，让他们记住糖豆藏在哪个容器中，结果显示，4 岁的儿童就能把放有糖豆的容器单独放在桌子的某一个地方，把盛小木块的容器放在另一个地方。另有研究表明，5 岁的儿童已经知道，记住一个短词表要比记住一个长词表容易，记住熟悉的物体要比记住生疏的物体容易。从总体上看，幼儿还不善于使用记忆策略，这可能是因为他们很少需要亲自记住一些东西，也可能是因为记忆策略可能占用了他们太多的资源，因而，他们还难以同时做到记住记忆任务和应用策略。

幼儿能记住他们在生活中经历过的事情吗？这实际上是自传体记忆。自传体记忆是人们对那些对自己有意义的生活事件（如入学、升学、过生日）的记忆。它本质上是对熟悉的生活事件的再现。研究表明，幼儿已经会用脚本（script）进行自传体记忆，脚本是对在某个场景中发生的事件和发生时间的概括描述。简单地说，就是人们对自己熟悉的生活场景和事件（如吃饭、上课、过生日、外出旅游）发生过程的概括描述。脚本一旦形成，就可以用它来预测以后在相似的场合中会发生什么。幼儿最初的脚本主要包括了生活场景中和事件发生过程中的一些主要行为。随着年龄的增长，幼儿的脚本会变得更详细。例如，让3岁的孩子说出去餐馆吃饭会发生什么事情，他们会说，"走进去，买饭，吃饭，然后付账。"幼儿能以正确的顺序再现这类事件发生的过程。而一个5岁儿童则这样描述："走进去，坐在桌旁，然后，告诉服务员你想要什么，然后吃饭，可以要一点甜食。然后，付账回家。"在做假装游戏时，他们还会使用脚本计划和安排情节。

（三）思维的发展

幼儿的思维主要处于"前运算阶段"，总体特点是具体形象性为主，但已经具有初步的抽象概括性。所谓具体性，是指幼儿容易掌握那些具体的事物或者代表实际事物的概念（如"苹果"、"梨子"），不容易掌握那些不具体的或抽象的概念（如"水果"）。所谓形象性，是指幼儿容易理解和掌握事物的表象或形象，思维受生活经验的影响，具有明显的拟人化特点，容易受事物表面现象的干扰，不能看到事物的本质。换句话说，他们在思考过程中，必须以实际可见的实物作为"支持物"，或者以头脑中的实物的形象作为"支持物"，否则思维就难以进行。

1. 前运算阶段的特点

皮亚杰认为，前运算阶段最突出的特点是，儿童具有了表征或符号。这也就是说，他们已经能用一个事物或符号来（代替）象征另一个事物，语言符号是最灵活的表征形式（如"苹果"这个词可以表征实际的苹果）。在假装游戏中，幼儿的表征形式越来越灵活。婴儿只是使用现实存在的物体进行假装游戏，例如，用玩具电话假装说话，或者假装用杯子喝水。到3岁时，幼儿用来假装的东西不一定与它所代表的物体相似。

皮亚杰发现，幼儿还不能在头脑内部进行逻辑运算，或者说，不能在心理上进行思维的操作，因而是"前运算"。前运算思维最突出的局限性是自我中心。幼儿还没有意识到别人的观点，而是认为，别人对世界的理解、思考和感受与自己是一样的。这使得幼儿的思维比较刻板，具有"泛灵论"的特点，认为"一切有灵"，一个幼儿可能认为，是谁打开了雷电的开关才打雷的，或者打雷是因为雷公公生气了。他们的思维受面前的实际事物的影响，往往只看到某一事物的某一个方面，不能实现守恒。守恒是指在物体的外表发生变化时，它的本质没有发生变化。例如，两个完全相同的杯子盛着同样多的水，如果当着幼儿的面将其中一个杯子中的水倒进另一个形状不同的杯子里，他们就会认为，水不一样多了，这说明他们还不能实现容积守恒，类似地，他们也不能实现面积守恒、数量守恒、质量守恒、长度守恒、重量守恒。之所以如此，是因为儿童的思维还没有可逆性，也就是说，还不会“反过来想”。他们不会想，那个杯子里的水如果再倒进原来的杯子，两个杯子的水仍然是一样多的。

由于缺乏逻辑运算能力，幼儿还不会进行等级分类。也就是说，他们不能根据物体的相同和不同之处把它们分成类和子类。在一个著名的类包含问题中，皮亚杰给幼儿呈现 16 朵花，其中 4 朵是蓝花，12 朵是黄花，问儿童黄花多还是花多。结果，前运算阶段的儿童通常认为“黄花更多”，他们还没有认识到，“黄花”和“蓝花”都是包含在“花”这一类型里面的。

许多研究证明，皮亚杰可能低估了幼儿的认知能力，他设计的实验任务对幼儿来说过于复杂和困难，因而难以测出幼儿真正的认知发展状况。研究发现，如果改进实验材料和研究方式，幼儿是能够完成皮亚杰所提出的很多认知任务的，其中包括守恒任务、类包含任务。

自传体记忆：人们对自身生活经历或对自己有意义的生活事件的记忆，它本质上是对熟悉的生活事件的再现。

脚本：人们对在某个场景中发生的事件和发生时间的概括描述，或对自己熟悉的生活场景和事件（如吃饭、上课、过生日、外出旅游）发生过程的概括描述，它是人们自传体记忆的凭据。

守恒：儿童认识到事物的本质不因外部现象的变化而变化的能力。

泛灵论：儿童为无生命的事物赋予生命的倾向。

等级分类：根据物体的相同和不同之处，把它们归入不同层次的类别和子类的能力。

拓展阅读

皮亚杰的三山实验

皮亚杰用三山实验检验了幼儿思维的自我中心特点。在这个实验中，给儿童看一个有三座山的模型，其中每座山的颜色和山顶都是不同的。一座山上有红色的十字架，另一座山上有一个小房子，第三座山山顶上有一个“雪帽”。在儿童的另一面有个娃娃模型。他发现，前运算阶段的儿童是自我中心的，如果问他们，对面的那个娃娃眼里的三座山是什么样子的，他们往往说不出来，他们只能说出从自己这个角度看到的三座山的画面，认为娃娃看到的三座山的样子与自己看到的是一样的。

2. 社会环境对幼儿认知发展的促进作用

与皮亚杰不同，维果斯基强调社会环境对儿童认知发展的作用。他认为，在幼儿期，成人和技能较高的同伴可以在很大程度上帮助儿童进行学习和完成任务，从而提高他们的认知能力。即使在玩游戏（如搭积木）的过程中，母亲或其他的成年人也可以与儿童交谈，帮助他们更好地完成游戏任务。下面是一个幼儿在玩拼图游戏（把一些碎片或零件拼成一个完整的图形或玩具），他的妈妈在旁边帮助他：

孩子："这个放不进去。"（他想把一个零件放到玩具的某个位置）

妈妈："哪一个可以放在这儿呢？"（指着玩具的底部）

孩子："他的鞋子。"（拿了一个像鞋子的零件，但拿错了）

妈妈："哪一个像鞋？"（再次指着玩具的底部）

孩子："棕色的。"（拿起棕色的零件，觉得很适合，然后试另一个，看看妈妈）

妈妈："把它转一下。"（用手势比划着）

孩子："好了！"（在妈妈的指导下又拼上了几个）

提示

拼图游戏是儿童常见的一种游戏，在游戏中，儿童要把不同的碎片或零件拼成一个完整的形状或图形（如兔子或大象）。

维果斯基认为，这类成人指导的过程可以在很大程度上促进幼儿的认知发展，但是，成人的指导和言语应该适合儿童现有的发展水平和最近发展区。最近发展区是儿童独立完成任务时所表现的能力水平与在充分的指导（教师、家长等成年人的指导或能力较高的同伴的指导）下所表现的能力水平之间的差距，它反映了儿童在某个方面发展的潜力。例如，儿童独立完成语文学习任务时能得 20 分，而经过教师的教学和指导之后能得 100 分，其中 80 分的变化范围就是儿童的最近发展区。

另外，人们还从信息加工的角度，对幼儿的思维发展进行了研究。这些研究发现，儿童在出生后的第二年就已经开始掌握数字之间的顺序关系，如知道 3 比 2 大、2 比 1 大，在两三岁时，就开始数数。到三四岁时，大部分儿童已能将一些简单的数字与它们代表的东西一一对应起来。四五岁的儿童甚至能掌握基数的主要规则。到幼儿期末，儿童能根据事物的表象，计算简单的应用题，如问他们"每一堆有 6 个，一堆再加上另一堆，一共有多少个？"在此过程中，他们经常掰着手指数数。在多种文化中，人们都发现了幼儿的这种计数和计算能力。

小实验

不妨找一个幼儿，从上面提到的这些方面，做一些模拟性的小实验，如守恒实验、类包含实验、计算应用题，看幼儿是否具有上面提到的这些能力或特点，如守恒能力、等级分类能力、计算能力以及自我中心等。

四、幼儿个性和社会性的发展

明明进入幼儿期以后，他的父母注意到他发生了一些明显的变化：他不太像从前那样“听话”了，干什么事情都要自己做，喜欢说“我自己做……”，尽管这种行为在2岁以后就有了，但在幼儿期更明显了，如果成人怕他做不好帮他做，他就会很生气、大哭不止；喜欢问“这是什么”、“那是什么”、“为什么”之类的问题，常常问得父母张口结舌；他活泼好动，不能长时间听老师讲故事，还特别喜欢做游戏，喜欢在游戏活动中扮演各种角色；他有很多小朋友，但没有一个能长久交往的朋友，而且，他们之间还常常发生争执。更有趣的是，他总是认为，一个对老师说谎话让老师高兴的孩子，要比说实话让老师很生气的孩子好得多。他的父母很纳闷。请你帮助明明的父母分析一下他的行为。

在认知发展的同时，幼儿在自我意识、性别认同、社会交往、道德等多个方面也发生了明显的变化。

（一）幼儿期个性发展的基本倾向

按照埃里克森的理论，4—7岁的儿童个性发展的主要任务是获得主动感，克服内疚感。主动感对内疚感是这一时期的主要心理冲突或危机。如果儿童成功地解决这一危机，就可以形成目的性这一品质。

埃里克森认为，在幼儿期儿童一旦形成自主感，感到自己能够“主宰”自己，与父母分开是安全的，他们就会充满活力，“雄心勃勃”地探索环境。

一方面，他们想要摆脱父母的限制和干涉，独立地做事情。他们充满热情地解决各种任务，与同伴一起游戏。通过游戏，尤其是假装游戏，幼儿对他们周围的人和社会的理解逐渐加深。另一方面，在遭到失败时，他们会产生内疚感。他们要不断地面对这种冲突。如果父母能给予他们独立行动的机会，同时给予适当的指导，就

最近发展区：儿童独立完成任务时所表现的能力水平与在充分的指导下所表现的能力水平之间的差距，它反映了儿童在某个方面发展的潜力。

能够促进幼儿主动性的发展。仔细观察一下，就会发现这一时期儿童最明显的变化是独立做事的愿望增强，他们什么事情都要自己做，经常说“我自己做”。

（二）自我意识的发展

自我意识是一个人对自身的认识、评价、情绪体验以及自我调控，换言之，包括自我认识、自我评价、自我体验和自我调节等方面。许多心理学家认为，掌握代词“我”，是自我意识产生的主要标志，这一般要到两三岁时才能做到。

1. 在幼儿的眼中，自己是什么样的人？他们是怎样认识自己的？

经过婴儿期的发展，可以说，幼儿已经产生了明显的自我意识，他们经常说“这是我的……”之类的话，说明他们能够将自己与他人、自己的与他人的区分开来。

从自我认识来看，幼儿的自我描述是非常具体的，他们通常很少描述自己抽象的特征。一个 3 ～ 5 岁的孩子很可能这样描述自己：“我叫汤姆。我穿着红色的衬衫，还有运动鞋。我有一个皮球。我会打球。我 4 岁了。我会自己刷牙，自己梳头。我能自己穿袜子，还能自己穿鞋。”幼儿所描述的自己的特征通常是一些可以直接观察或感知到（如看到、听到）的特征，如名字、外貌、拥有的玩具或财物、日常的行为。

他们还认识到自己的心理活动。三四岁的孩子会说“我想去学校”、“我不想吃饭”、“与明明在一起玩，我很高兴”或“我不喜欢与大人在一起”等，这里的“我想”、“我不想”、“我很高兴”、“我不喜欢”表明，他们已经开始了解自己的愿望、需要和感受。4 岁以后，幼儿对自己的认识和言语有了一定的认识，例如，他们在说错话时，会说“我说错了”。

2. 幼儿通常是怎样评价自己的？他们会感到羞愧吗？

两三岁的儿童就已经开始出现自我评价。幼儿在评价自己的时候，倾向于从外部的特征进行评价，这种评价主要受成人的影响和情绪的影响，例如，幼儿会说“我很漂亮”，这是对自己外貌的评价，这种评价很可能是因为成人经常这样夸他（她），而且可能他（她）当时很高兴。随着年龄的增长，幼儿自我评价的独立性和客观性会有一定的增强。另一方面，幼儿的自我体验也在发展。五六岁的孩子已经表现出非常明显的自尊、羞愧等自我情绪体验。

从总体上看，幼儿自我评价的发展水平还不高，在完成任务或做事情时，他们倾向于把自己评价得过高，而低估任务的难度。即使失败好多次，他们仍然会说自己很棒。自我评价的这种特点有利于他们保持较高的自信，主动地探索环境。

3. 幼儿会调节和控制自己的行为吗？他们能调节自己的情绪吗？

事实证明，幼儿的自我调节和控制能力总体上较差。但是，他们已经能够根据成人的言语指示，调节自己的行为，例如，能按照幼儿园老师要求坐好、不讲话，听老师讲故事。五六岁的幼儿通常已经具有一定的自控能力。在情绪调节方面，有研究发现，三四岁的儿童已经能说出许多调节情绪的策略。他们知道，在感到害怕时，可以捂住眼睛或耳朵，不去看让人害怕的景象或声音；在急切地等待妈妈回来时，可以通过自言自语（“妈妈说她很快就会回来”）减轻焦虑。

（三）性别认同的发展

幼儿知道自己是男孩还是女孩吗？他们通常有哪些与性别相应的行为？这涉及性别认同问题。成年人都有明确的性别角色，也就是说，他们形成了一套与自己的性别相应的态度和行为方式，能够按照社会对男性或女性的要求为人处事。幼儿的性别角色是怎样的呢？研究表明，2 岁左右的儿童已经能分清男女性别，3 岁左右的儿童通常能说出自己是男孩还是女孩。两三岁的儿童已有关于性别角色的知识，但是，幼儿的性别角色标准比较刻板、不灵活，例如，他们认为，女孩就是扎小辫、长头发的小孩，而认识不到这些方面都是可以变化的。

不仅如此，幼儿还具有一些性别化的行为，这突出地表现在两个方面：一是男孩与女孩偏爱的玩具和活动方式不同，二是选择的游戏伙伴不同。在游戏中，男孩更喜欢玩飞机、坦克、刀枪、棍棒等玩具，喜欢玩摔跤、打仗、比赛等活动剧烈的游戏，而女孩更喜欢玩布娃娃、小锅、小勺、卡片等玩具和比较安静的游戏。而且，男孩更喜欢与男孩在一起玩，女孩更喜欢与女孩在一起玩。这种性别偏好在 2 岁左右就出现了。但也有研究发现，大约 5 岁以后，儿童通常才能认识到自己的性别是不变的。幼儿性别角色的发展可能与生物学因素有关，也可能与他们对周围的成年男性和女性的观察和学习有关。

观察和访谈

不妨问一问身边的幼儿性别方面的问题，如你是一个男孩还是一个女孩？男孩是什么样的？女孩是什么样的？看幼儿对性别的认识有哪些特点。同时，观察一下男孩和女孩的玩具和游戏种类，看他们各自具有怎样的特点。

（四）社会交往的发展

幼儿与他们的同伴、老师和父母是怎样交往的？这些交往具有什么特点？幼儿

性别认同：儿童认识到自己是一个男孩或者是一个女孩，并形成一套与自己的性别相应的态度和行为方式的过程。

社会交往的范围扩大了，他们交往的对象主要包括他们的父母和其他家庭成员、教师和周围的同伴。一般说来，幼儿受父母、教师等成人的影响极大，他们很容易接受成人的评价和观点。因而，成人在他们的心目中是绝对的“权威”，他们的话常常成为幼儿判断别人和自己行为对错的标准。

另一方面，幼儿的同伴交往也逐渐增多。他们倾向于与自己年龄相仿、能力相近的同伴一起做游戏。在他们的心目中，要好的伙伴就是能与自己在一起快乐玩耍和游戏的孩子，这一点在整个幼儿期都占有重要地位。随着年龄的增长，他们逐渐学会与同伴合作，在遇到冲突的时候进行协商。但是，在整个幼儿期，儿童与同伴之间只是短暂的游戏伙伴关系，他们还不太会考虑对方的观点和需要，因而经常会为一些小事发生争执，同伴关系显得很不稳定。

在同伴关系中，幼儿开始形成和占有一定的社交地位，它是儿童在与同伴的交往过程中形成的一种人际关系状态。幼儿从总体上可以分为受欢迎型、被拒绝型、被忽视型、一般型等类型。研究表明，受欢迎型的幼儿通常比较友好，乐于与同伴交往，因而受到同伴的喜欢、接纳，在同伴群体中地位较高，影响力较大；被拒绝型的幼儿通常消极的攻击性行为（如打人、骂人、嘲讽人）较多，因而遭到多数孩子的排斥、拒绝。被忽视型的幼儿通常不喜欢与同伴交往，在交往中经常退缩，他们的友好行为和不友好行为都较少，在同伴群体中影响力较小，经常被同伴们忽略；一般型幼儿的行为和影响力都处于中间状态，既不特别友好也不是特别不友好，既有同伴喜欢他们，也有同伴不喜欢他们。不少研究发现，不同的社交地位会影响他们的人格和社会性的发展，另一方面，幼儿的社交地位与他们的社交技能和多种环境因素有关。

链接

Asher，S. R.，Dodge，K. A.（1986）. Identifying children who are rejected by their peers. Developmental Psychology，22：444-449

Welsh，M.，Parke，R. D.，Widaman，K.，O' Neil，R.（2001）. Linkages Between Children's Social and Academic Competence：A Longitudinal Analysis. Journal of School Psychology，39（6）：463-481

（五）道德的发展

道德的发展是儿童个性和社会性发展的重要方面，它也有一个发展的过程。从总体上看，幼儿的道德表现出一些十分典型的特点。

1. 道德认知和移情的发展

在幼儿的心目中，什么样的行为是道德的？什么样的行为是不道德的？从道德认知的发展来看，幼儿已经对道德规范的认识具有具体形象性、表面性和片面性，总是与具体的行为、情境相联系，而且不够深刻、全面。例如，他们通常认为，好孩子就是“不打人”的孩子，就是“听话”的孩子，“助人为乐”就是“帮妈妈洗小手帕”。

而且，幼儿主要根据一种行为的结果而不是动机，判断这种行为是道德的还是不道德的。为了研究幼儿道德的发展，皮亚杰曾经给幼儿讲了这样一个故事：有两个孩子，一个叫约翰尼，另一个叫贝利，约翰尼想帮妈妈把一些东西送到厨房里，开门时不小心打碎了盘子上的15只玻璃杯。贝利想从厨房偷吃饼干，打碎了1只玻璃杯。然后，他问儿童约翰尼和贝利哪个更坏一些？幼儿通常会认为约翰尼更坏一些，因为他打碎的杯子多。显然，幼儿的道德判断更容易受直观的行为结果所影响，这与他们思维的具体形象性具有密切的关系。

从情感的发展来看，幼儿的移情反应比婴儿更多、更明显，而且会引起相应的亲社会行为，在整个幼儿期，移情都在发展。例如，他们在看到一个伙伴哭的时候，会想办法安慰他，或者主动帮助他。移情的发展可以促进幼儿道德行为的发展。

2. 道德行为的发展

有的人认为，幼儿没有什么道德行为可言。你认为这种说法对吗？为什么？如果幼儿也有道德行为，他们能做到知行合一吗？

其实，幼儿的道德行为主要是受成人控制的，幼儿还处于他律道德阶段，还没有达到自律道德阶段。幼儿的这种行为特点是由他们的道德认知决定的。皮亚杰认为，幼儿的道德判断是由他们的思维发展水平决定的，因而，在幼儿看来，道德规范是绝对的、固定不变的，是由权威（包括他们的父母、老师）规定的，服从权威的行为就是道德的，否则就是不道德的。例如，幼儿认为，听老师的话的孩子就是好孩子，不听话的孩子就是坏孩子。在这种认识的影响下，他们倾向于服从权威人物，按照成人的话去做，以免遭到惩罚。而且，幼儿的知与行常常是不一致的或脱节的。例如，他们明知道与同伴争夺玩具是不对的，却仍然去争夺。这可能是因为他们的自我控制能力较差，也可能是因为他们的思维具有自我中心的特点，还不善于从别人的

他律道德：由外部力量制约或决定的道德发展阶段。

自律道德：自我约束、自觉履行道德规范的道德发展阶段。

攻击：有目的地侮辱或伤害别人的行为，包括直接的攻击（如身体的攻击、言语的攻击）和间接的攻击（如排斥、拒绝、散布谣言）等形式。

角度考虑问题。

另一方面，幼儿期的攻击行为相当普遍。攻击是一种有目的地侮辱或伤害别人的行为，其中包括身体和言语的攻击，也包括排斥和拒绝他人、散布谣言或说别人的坏话等间接的攻击。研究表明，攻击行为具有性别差异、年龄差异，一般男孩的攻击行为比女孩多，尤其是身体攻击，而对女孩来说，间接攻击通常较多；随着年龄的增长，幼儿的攻击行为通常会逐渐减少。儿童为什么会攻击别人？对此，人们有着不同的解释，有的认为是出于本能（如弗洛伊德），有的认为是观察学习的结果（如班杜拉），许多研究的确发现，儿童看电视暴力节目越多，他们的攻击行为也越多。你是怎么理解幼儿的攻击行为的？

拓展阅读

幼儿心理理论的发展

幼儿能理解别人的心理吗？能知道别人是怎么想的吗？能知道别人为什么这样做而不那样做吗？对幼儿心理理论的研究为人们提供了一些有关的信息。

心理理论是人们关于心理活动的知识和信念，是关于人的心理活动的理论。每个人对于人的心理活动都可能有一套这样的“理论”，用来解释别人的行为。研究发现，幼儿已经能理解别人的心理活动，知道别人是怎么想的，能说出别人行为背后的心理原因。

通常，4 岁左右的儿童已能用“害羞”或“小气”这类字眼，推断别人的动机和感受。例如，他们知道，一个害羞的人不喜欢和生人在一起。而且，他们已经知道，一个人的认识和愿望会决定他的行为。研究者曾经给幼儿提出这样一个实验任务（又叫错误信念任务）：一个叫马克的小孩把一块巧克力糖放在橱柜里，在他离开后，他的妈妈把巧克力放到了另一个地方，那么，马克回来以后会去哪儿找巧克力？结果表明，很多 3 岁儿童认为他会去妈妈放巧克力的地方去找，而 4 岁儿童一般都能认识到，马克会认为巧克力还在橱柜里，因而会到那里去找（Wimmer & Gschaider，2000；Flynn，O’Malley，& Wood，2004）。这说明，4 岁儿童已能较好地理解他人的心理活动了，或者说，已经有了自己的心理理论。

五、婴幼儿的早期教育

有没有可能对年龄较小的婴幼儿进行早期教育？如果可能，那么，应该怎样进行早期教育？这几乎是每一位爸爸、妈妈关心的问题。在只有一个孩子的家庭中，尤其如此。实际上，通过婴幼儿期心理发展的分析和思考，人们基本上都能得出自己的结论。虽然人们仍然可能从不同的角度或立场，提出不同的反对意见，但是，事实充分说明，如果想让婴幼儿在认知、社会性、个性或人格等方面获得良好的发展，就应当进行早期教育。换句话说，早期教育，可以让婴幼儿拥有健康的身体和心理，具有较高的认知能力或智力，形成良好的个性或人格。早期教育势在必行。下面将从生理的发展及其与心理发展的关系、认知的发展、个性和社会性的发展这几个方面，讨论这个问题。

（一）促进早期生理的发育：营养和运动

*怎样让婴幼儿拥有健康的身体和发育完善的脑？*从生理的发展来看，婴幼儿时期正是身体迅速成长的关键时期。营养、运动直接影响着他们身体的健康发育，特别是神经系统和脑的健康发育。大量事实证明，如果一个婴儿早期缺乏足够的营养，食物缺乏或饮食结构不合理，他的各个器官的发育都会受到严重影响，有的还会导致身体发育畸形。在这类孩子中，许多长得像豆芽菜，他们身体的免疫力很差，这种早期的发育缺陷甚至会持续一生。相反，如果早期营养充足而平衡，或者说，抚养者十分注意孩子的饮食和运动，让孩子摄取足够的蔬菜、水果和各种营养，这些孩子不仅能够正常地发育，而且在一生中身体的免疫力都很强，或者说，他们的身体抵御各种致病因素的能力会持续终生。

众所周知，生理发展是心理发展的基础。有了发育良好的身体作为基础，心理才可能迅速地、健康地发展。前面提到，新生儿的脑发育很快，可塑性很大，他们接受各种知识的能力极强，随着年龄的增长，这种接受能力或可塑性会逐渐降低。可以说，青少年期之前是身体、知识技能（包括言语、动作）、个性发展的关键期。这主要是因为，他们在这段时间内身体正处于发育成熟的过程之中，特别是脑和神经系统正处于发育过程之中。

身体发育的基本要求是营养和运动，运动与营养同样重要。大量研究表明，运动直接影响着儿童肌肉和身体其他各个系统的发育，而且直接影响着动作的发展，而动作的发展又影响着认知的发展，影响着儿童的社会交往和个性、社会性的发展。因此，从婴幼儿时期，培养儿童良好的运动习惯，“解放”他们的四肢和身体的各个部分，显得十分重要。而在身体发育日新月异的婴儿期，采取一些必要的措施，如抚养者定期做一些婴儿体操，可以促进婴儿肌肉和神经系统的发育。在抚育过程中，力所能及地“解放”婴儿，让他们自然地成长，十分重要。一些需要指出的是，在一些地方，人们仍然受到各种不科学的育儿习俗的影响，他们的抚育方式限制了婴儿的身体，束缚了各个部分的活动，这势必影响他们生理的健康发育。

问题和讨论

在婴儿喂养问题上，存在一些争议，例如，一些人主张母乳喂养，认为这样更有利于婴儿的成长，另一些人则认为是否母乳喂养对婴儿没有什么影响。对这个问题你是怎么看的？为什么？可以就这类问题，查找相关资料，与别人进行讨论。

（二）促进认知的发展：全面的“门户开放”

怎样让婴幼儿拥有较高的认知能力，变得很“聪明”？前面提到，婴幼儿时期是感知觉、注意、记忆、思维等迅速发展的时期，也是脑的结构迅速发育和完善的时期。婴幼儿认知的发展很大程度上依赖于全面的“门户开放”。所谓“门户开放”，就是让儿童的各种感官，包括眼睛等视觉器官、耳朵等听觉器官、鼻子等嗅觉器官、舌头等味觉器官、手和身体皮肤等触觉器官等，都充分地敞开，接受各种适宜的刺激。所谓“全面”，是指身体多种感官的充分利用、多种刺激的综合输入和加工，而不是“开放”某一种感官，输入某一种刺激。教育者应当创设一种刺激丰富的生活环境。在这里，尤其需要指出的是，多与婴幼儿说话，尽可能地让他们自己说话，施加充分的言语刺激，对于他们言语的发展至关重要。这样，根据用进废退的原则，儿童的脑（包括大脑皮层）才能得到充分的发育，儿童对各种事物的知识才能日渐丰富，从而形成系统化的知识结构或认知结构。同时，通过手和身体的各种动作或自由的操作，儿童的思维能力也会按照一定的规律迅速发展起来。

另一方面，在促进认知发展的过程中，尊重和引导婴幼儿的兴趣是十分重要的。一方面，要尊重他们的兴趣，给他们提供尽可能多、尽可能好的、他们喜欢的刺激，让他们顺其自然地发展。另一方面，要引导他们的兴趣，让他们在已有知识和能力水平的基础上，对有利于形成新的知识和能力的信息感兴趣，从而让他们的认知能力不断攀升。兴趣是形成良好的注意品质的关键，儿童对于他们感兴趣的东西，更容易集中注意。

提示

虽然刺激丰富的环境有利于婴幼儿的认知发展，但是，也应该根据儿童身心发展特点和接受能力，适当地安排环境刺激，让他们得到足够的、适当的刺激，而不是整天泡在嘈杂、混乱的环境中。

拓展阅读

婴幼儿心理发展的趋势：优势递减法则

从婴幼儿各个方面的心理发展趋势来看，似乎遵循着一条基本的法则——优势递减法则。也就是说，在整个婴幼儿时期，甚至包括孕期在内，都是最初的阶段最具有发展的优势，器官和机能的“可塑性”越强，在生命的早期，脑和神经系统具有高度的可塑性，随着年龄的增长，脑和神经系统的可塑性下降。越是往后的阶段，心理发展的优势越少，对外界刺激的敏感性越差。这并不是说，随着年龄的增长，学习必然越来越难，而是说学习的优势会随着年龄增长而下降，这种优势常常表现在学习的质量上。大量事实已经证明了这一点。例如，在言语发展方面，在婴幼儿时期，儿童可以很容易地学会几乎所有语种的地道的发音，随着年龄的增长，这种语言学习优势会逐渐减少，到了成年期，即使花费很多时间学会了某种语言，其言语也常常受到本族语的影响，具有“本族语特色”，也就是说，语言学习的质量下降了。当然，这是就一般情况而言的，在这方面也存在着明显的个别差异。

（三）促进个性、社会性的发展：温暖的教养和教育

家庭、学校是婴幼儿的主要生活环境，因此，抚养者的教养方式、教师的教育方式都直接或间接地影响着他们的个性、社会性的发展。但是，什么样的教养方式或教育方式是最好的？尽管人们在这个问题上并没有得到十分一致的结论，但是，综合有关的研究，可以发现，能够为婴幼儿提供充分的情感温暖的环境，有利于婴幼儿个性、社会性的发展，换句话说，能够让儿童感到温暖的、充满爱的教养方式或教育方式，可以促进婴幼儿个性、社会性的发展。

在婴儿期，儿童的身体和动作的发育尚不完备，还不能独立地满足自身的基本需要，新生儿尤其如此。在这种情况下，抚养者如果能敏感地觉察婴儿发出的各种信号（包括面部表情、身体姿势、发出的语音等），理解这些信号的意义，知道他们需要什么（包括喂食、排泄、睡觉、换尿片或不舒服的衣被、亲近成人或同龄的伙伴、玩耍等），并能及时地满足他们的基本需要（解除痛苦或不舒适感，满足生理需要，进行安慰，逗着玩等），婴儿就会感到周围的人和他们的行为是可以预测的，在自己发出信号的时候抚养者就会来到身边，安抚他们。在这种亲子交往中，婴儿会产生内在的温暖感和充足的安全感。这是他们个性、社会性发展的基础。他们可以从这里出发，形成对母亲和周围人的信任，充满自信地探索周围的环境，认识周围的事物，主动地与周围的同伴和成人建立社会关系。反之，如果抚养者缺乏这种敏

小结

新生儿最重要的任务是完成从母体环境到母体外环境的适应性转变。新生儿生来具有一些先天的生存反射与原始反射。常见的生存反射有呼吸反射、眨眼反射、瞳孔反射、觅食反射、吮吸反射、吞咽反射、食物反射，常见的原始反射有行走反射、抓握反射、游泳反射、摩罗反射、交叉伸展反射、强直性颈部反射、巴宾斯基反射。新生儿已经具备某些基本的感觉能力，包括触觉、视觉、听觉、嗅觉、味觉等。这些感觉能力也是他们适应外界环境的基本手段。孕期或产前期是心理的发生期，早在儿童出生之前，这些基本的感觉能力就已经发展起来了，尽管发展水平很低。

新生儿已经表现出明显的学习能力。新生儿的学习主要表现为三种形式：习惯化、经典条件反射、操作条件反射。新生儿还能够模仿别人的行为。他们已经能够与他人建立社会关系、进行简单的社会交往。此外，某些基本的情绪已经在新生儿期表现出来。

婴儿期是身体发育的第一个高峰期。婴儿身体的成长具有普遍的规律或模式，最典型的就是从头到尾、由近及远的发展模式，它们又称为头尾原则和近远原则。另外，身体的发育还遵循等级整合原则和系统独立性原则。

婴儿期神经系统的发展非常迅速，这主要表现在神经元联结的复杂化、神经元的髓鞘化和脑的单侧化等方面。婴儿动作的发展遵循一些基本的原则，如头尾原则、近远原则、大小原则等，它具有相对稳定的"时间表"，遵循一定的顺序。

婴儿期是言语发生和迅速发展的时期，也是言语学习的关键期。从总体上看，言语的学习，在内容上可以分为对语音、词汇和句子的学习，在过程上又可以分为对语言信息的感知、理解和语言表达（对语言符号的运用）。婴儿言语的发展可以分为三个时期：言语发展的准备期（0—1岁）、单词句时期（1—1.5岁）和多词句时期（1.5—3岁）。

婴儿的感知、注意、记忆、思维能力逐渐发展起来，其中感知觉在他们的认知发展中占有重要地位，高级认知能力，如思维，还主要处于感知运动阶段。感知觉是婴儿发展最早、最快的一种能力。大量研究证明，婴儿已经显示了明显的记忆能力，能够延迟模仿。婴儿期是思维的发生或萌芽期。这一时期，儿童以感知运动思维或直观行动思维为主。

婴儿具有明显的气质差异。从总体上看，儿童早期主要有容易抚育型、抚育困难型、“逐渐热情”型或缓慢型、“平均”类型等典型的气质类型。婴儿的气质是相对稳定的，但在后天生活环境的影响下可能会发生明显的变化。

在婴儿期，儿童表现出最初的亲社会行为和情绪理解能力。在第一年的下半年，儿童形成对父母或其他抚养者的依恋。婴儿依恋的发展过程大致可划分为前依恋阶段、依恋开始形成阶段、依恋形成阶段、互惠关系形成阶段。婴儿的依恋可以划分为安全型依恋、矛盾型依恋、回避型依恋、无组织的紊乱型依恋等类型。

进入幼儿期以后，儿童在生理上进一步成熟，在此基础上，他们的游戏、言语以及各种认知能力、个性和社会性品质也都得到了进一步发展。游戏是幼儿期的主导活动，它具有不同的发展水平。

婴幼儿时期是掌握母语的最佳时期。进入幼儿期以后，言语也相应地进入一个快速发展期。幼儿语言的发展表现在语音、词汇、语句和语言交际能力等各个方面。自言自语是幼儿期的一种典型言语现象。

与婴儿期相比，幼儿的感知、注意、记忆、思维能力都有了很大的提高。幼儿的感知觉更为完善。幼儿的无意注意迅速发展，而有意注意还在逐步形成；无意记忆和形象记忆占优势，有意记忆和语词逻辑记忆逐渐发展，幼儿的记忆能力有了很大提高，其中包括元记忆能力和自传体记忆能力。幼儿的思维主要处于“前运算阶段”，总体特点是具体形象性为主，但已经具有初步的抽象概括性。前运算思维最突出的局限性是自我中心，幼儿还不能实现守恒，还不会进行等级分类。社会环境可以促进幼儿认知的发展。

在认知发展的同时，幼儿在自我意识、性别认同、社会交往、道德等多个方面也发生了明显的变化。幼儿个性发展的主要任务是获得主动感，克服内疚感。幼儿已经产生了明显的自我意识，但自我调节和控制能力总体上较差。幼儿已经形成一定的性别角色标准，但是比较刻板。幼儿还具有一些性别化的行为。幼儿社会交往的范围扩大了，除了亲子和师生交往之外，幼儿的同伴交往也逐渐增多。在同伴关系中，幼儿开始形成和占有一定的社交地位。

从总体上看，幼儿的道德认知更看重行为的后果而不是动机，他们的移情反应比婴儿更多、更明显，幼儿的道德行为主要是受成人控制的，还处于他律道德阶段，还没有达到自律道德阶段。幼儿期的攻击行为相当普遍。

在早期教育过程中，应注意促进早期生理的发育，特别是婴幼儿的营养和运动习惯的培养；通过全面的“门户开放”，促进他们认知的发展；通过温暖的教养和教育，促进他们个性、社会性的发展。

人们经常可以看到，儿童进入小学以后，生活发生了明显的变化。他们背着书包成群结队地去上学，按照老师的要求，在课堂上认真地听课，做笔记。他们学习语文、数学等多门课程，能够进行有感情的朗读。而且，他们开始学习写作文，到高年级,甚至有一些小学生已经在报纸、杂志上发表自己的作文。他们还能进行加、减、乘、除等运算，做各种算术应用题，一些学生甚至还能提出一些新的解题方法，在刚开始学习算术时，他们经常掰着手指进行计算，但到中高年级后这种现象就逐渐消失了。不仅如此，一些学生还特别喜欢进行小发明、小制作之类的活动。人们还会看到，小学生通常有一些很好的朋友，他们经常在一起写作业，讨论问题，做游戏。另外，小学生们每年都会踊跃参加学校举行的运动会。小学生为什么会有这些行为的变化？这些行为背后反映了他们什么样的心理特点？

第一节 儿童的一般特点

在幼儿身心发展的基础上，小学儿童的身体进一步成长，感知、注意、记忆、思维和创造力等进一步发展。同时，他们建立各种社会关系的能力和道德也逐渐发展起来。

一、儿童的生理发展特点

在整个学龄初期或小学时期（也叫童年中期），儿童在生理上发生了很大的变化。只要比较一下小学生与幼儿的身体发育状态，就能很容易发现这一点。

*与幼儿相比，儿童生理发展的突出特点是什么？他们身体的成长发生了什么变化？*从总体上看，小学儿童生理发展的突出特点是缓慢而稳定。他们处于身体发育的两个高峰期——婴儿期与青春期之间。与婴幼儿和青少年相比，小学儿童身体的发育速度放慢，变得比较稳定。可以说，到童年中期以后，儿童在生理上进入了一个平缓发展的时期。概括地说，儿童生理的发展表现在肌肉和骨骼系统的发展、神经系统的发展等方面。

（一）身高和体重的增加

这一时期，儿童的身高、体重的增长较为平缓而有规则。20 世纪 80 年代末的调查数据表明，我国小学儿童的身高每年平均增长 4~5 厘米，体重每年平均增加 1.5 ~ 2.5 千克。儿童的身高和体重具有比较明显的性别差异、文化差异。通常，6—8 岁的男孩要比女孩高些、重些，北欧和中欧的儿童比亚洲和太平洋地区的儿童高些、重些。在美国，黑人儿童的发育速度要比白人快些。这主要与基因的差异有关。但是，到了 9—10 岁，男孩与女孩的这种身体发育趋势会出现反转，10 岁的女孩身高、体重会超过同龄的男孩。通常，女孩比男孩的发育要早两年左右。

同时，儿童的身高和体重与他们的生活条件和营养紧密相关。由于营养不良、疾病较多，贫困地区的儿童身高、体重通常比较低。反之，良好的生活条件则可以促进儿童身体的发育。随着生活条件的改善，我国儿童的身高和体重发生了积极而明显的变化。例如，调查数据表明，20 世纪 90 年代中期，农村 7 岁男孩的身高要比 80 年代中期的同龄的男孩平均高出 2.5 厘米，12 岁的男孩则高出 4.3 厘米。

这一时期，儿童的骨骼伸长、加宽，动作变得比较灵活，但韧带与骨骼结合还

所有这些，都构成了儿童心理发展的基本环境。首先，他们要形成相应的学习兴趣、学习动机和学习态度，通过语文、数学等科目的学习，形成系统的知识结构或认知结构。同时，通过集体生活和相应的教学，逐渐形成与宏观的文化背景一致的态度和价值观。其次，他们要逐渐理解和接受各种群体（学校、班集体等）规则，适应集体生活，让自己成为一个“合格”的集体成员或社会成员，完成这一时期的社会化任务，社会化就是让儿童成长为一个合格的社会成员的过程。另外，他们还会在师生交往、同学或同伴交往的过程中，学会建立新的人际关系，形成清晰的自我认识、自我评价，形成良好的自我体验（如自信）和自我调控能力，提高自己对他人的认知能力和社会技能。需要指出的是，这一时期，儿童的学习逐渐成为家长关注的问题，家庭生活和亲子交往的许多方面也是围绕学习问题展开的。

概括地说，低年级儿童主要对学习的过程本身感兴趣，学习本身的乐趣是激发他们学习动机的重要因素。这是一种直接兴趣，也就是由活动本身引起的兴趣。低年级小学生特别喜欢写字、画画，喜欢背着书包上学校。因为这些活动本身给他们带来了很多乐趣，至于学习的结果如何，他们并不太关心。随着年龄的增长，他们对学习的间接兴趣逐渐增强，间接兴趣是对活动结果的兴趣。他们开始关注学习的结果，希望取得好成绩，获得父母、老师的奖励、表扬，掌握某种知识，形成某种能力。这在高年级儿童中表现得比较明显。另一方面，他们的学习兴趣逐渐分化，一些儿童特别喜欢某些课程（如语文）和担任这些课程教学任务的教师，而不喜欢另一些课程（如数学）及其教师，这又可能引起课程学习成绩的分化。这种“偏科”现象在小学阶段是普遍存在的。但是，从总体上看，小学儿童学习兴趣的范围还是不断扩大的，他们开始阅读各种各样的故事和文艺作品，尝试回答或解决各种各样的问题，对周围的世界充满了强烈的好奇心和求知欲。当然，在这一时期，一些儿童也可能具有严重的学习障碍。

拓展阅读

儿童的学习障碍

学习障碍（learning disabilities）是小学儿童中普遍存在的学习能力方面的缺陷。美国调查发现，大约有1/10的小学儿童具有学习障碍。尽管至今还没有十分统一的定义，但是，具有学习障碍的儿童通常智力正常，但学业表现却与这种学习潜能或智力明显不匹配。他们具有以下特点：

1. 注意力难以集中，有多动症倾向，情绪不稳定，比较冲动、任性；

2. 具有明显的语言障碍，数学能力较差，听、说、读、写、推理具有明显的困难；

3. 发育迟缓，学习容易疲劳，记忆力下降，学习成绩差。

4. 自我评价较低，不受同伴欢迎，缺少社交能力，人际关系较差。

人们还不清楚学习障碍产生的具体原因，但是一些研究发现，它可能是由遗传、生理特点（某种脑功能的紊乱）引起的，也可能是由环境因素（如营养状况较差）引起的。

链接

下面两本书比较详细地说明了学习障碍的表现、成因和防治办法，可以作为参考读物：

M. V. Covington，K. M. Teel著．伍新春译．学习障碍的消除策略：促进学生成功、高效地学习．北京：中国轻工业出版社，2002

Daniel Fung，Li Zhong Ying著．王虹译．学习困难——儿童心理健康手册4．北京：水利水电出版社，2004

三、儿童的认知发展特点

进入童年中期后，儿童的感知、注意、记忆、思维等各种认知能力都有了明显的发展。这突出地表现在认知活动的目的性或有意性、思维活动的抽象性等方面。

1. 与幼儿相比，小学儿童的感知觉能力发生了哪些明显的变化？

这一时期，儿童的感知觉能力比幼儿有了明显提高。他们会根据教师提出的要求，有目的地采用一些方法或策略，对事物进行观察。而且，他们的观察更精确，更注意事物的细节。他们会有顺序地比较事物之间的异同。

2. 小学儿童的注意有哪些明显的变化？

这一时期儿童注意发展的突出特点是从无意注意为主，逐渐发展为有意注意为主，在观察、记忆等认知活动中，有意注意与无意注意同时发挥着重要作用。对低年级儿童来说，无意注意或无目的、没有意识控制的注意仍然产生着重要的影响；到了高年级以后，儿童注意的目的性显著增强，在学习过程中，他们的选择性注意即选择性地注意某些信息而忽略其他信息的能力明显增强，注意更加稳定、持久，而且，注意的分配、转移能力也明显增强。

3. 与幼儿相比，小学儿童的记忆能力有哪些明显的变化？

儿童的记忆能力进一步增强。与幼儿不同，儿童记忆的目的性明显增强，在学习过程中，有意记忆逐渐占据主要地位，有意识记的效果更为明显。对语词概念、逻辑关系

的辨别能力甚至逐渐接近成人水平。另外，在书写、绘画、手工制作等活动的影响下，他们的运动觉能力也明显增强，手的动作的精确性和灵活性逐渐增强。

儿童知觉的有意性或目的性也明显增强。在学习算术、语文等课程的过程中，他们能有选择地、持续地观察某些事物，知觉能力进一步提高了。他们已具有良好的空间知觉和时间知觉能力，中高年级儿童能较好地辨别字形，低年级儿童则经常认错字、写错字。方位知觉发展较慢，尤其是对左右方位的知觉，7 － 9 岁儿童能够初步掌握具体的左右方位的相对性，9 － 11 岁儿童发展已能在抽象水平上掌握左右方位的相对性。而且，儿童能够确定相距比较近的物体之间的距离，而对相距较远的物体之间的距离知觉能力较差。他们更容易正确地知觉那些生活中经常提到或用到的时间单位(如小时、天或星期)，而对较短或较长的时间单位（如秒、年）的知觉能力较差。

在观察过程中，儿童更容易感知那些比较熟悉的、特征鲜明的事物或形象，或者某种事物特征明显的部分，而不容易感知陌生的、特征不鲜明的事物或某种事物特征不明显的部分。通常，低年级儿童还不能全面地、细致地感知事物的细节，只能说出事物的个别部分或突出的特征（如颜色），在他们的眼里往往是一个一个的物体或对象，或者是单个物体的某一个侧面。他们经常忽略教师或研究者提出的观察要求，容易受无关刺激的干扰，而且，不会有顺序地观察，看到哪里就是哪里。中高年级儿童则不同，他们不仅能够按照要求，有目的、有顺序地观察，而且观察的精确性也较高，能够忽略那些不重要或无关的细节。随着年龄的增长，他们能够观察到对象之间的联系。例如，在观察图画时，高年级儿童通常能看到图画中各个事物之间的关系，把它们看做一个完整的故事，理解图画的主题，而不是把这些事物分开来看。从小学儿童的绘画中，也能看到这一点。

二、注意的发展特点和问题

从总体上看，儿童已能根据一定的要求，长时间、有目的地注意某些信息，而忽略与要求无关的信息。也就是说，他们注意的有意性提高了。在学习过程中，他们逐渐从以无意注意为主，转变为以有意注意为主。而且，他们还会采取一定的注意策略。但是，对于那些感兴趣的事物或新异的刺激，无意注意仍然发挥着重要作用。

1.儿童能选择性地注意教师要求注意的那些东西（如要学习的内容）吗？

儿童能更好地控制自己的注意，避免无关刺激的干扰，这是儿童注意发展的重要表现。随着年龄的增长，儿童的这种有意注意能力不断增强。在上课时，他们逐渐能按照老师的要求，坐在课桌旁边，注意听老师讲课，而不去注意教室之外的动静。幼儿常常做不到这一点，他们很容易分心。到了学龄初期，随着神经系统的髓鞘化和脑的抑制机能的增强，儿童能更好地维持注意。但是，对于低年级儿童或初入学儿童来说，他们控制自己注意的能力相对较低，在上课或完成老师交给的任务时很容易分心。这并不是说，低年级儿童还不能意识到应该注意哪些信息。有研究表明，7岁儿童就已经清楚地知道，应该注意那些与任务有关的信息，而忽略那些与任务无关的信息，只是他们还不善于运用这些策略。

2. 儿童能采取一定的方法去注意一个东西吗？例如，他们会运用一些方法找出两幅图形的区别吗？

儿童会采用一定的注意策略，注意的计划性提高了。幼儿还不会系统地、有计划地观察或注意，学龄儿童则能较好地做到这一点。在绘画时，他们能有计划地先画一些东西，再画另一些东西，他们还会有顺序、有计划地完成作业，先完成某些作业，再完成另一些作业。维普勒特和研究助手（Vurpillot，1968；Vurpillot & Ball，1979）曾经做过一项经典的研究。在这项研究中，研究者要求4—10岁的儿童观察图片，比较上面的两栋楼房是否相同。结果表明，四五岁的幼儿常常是没有计划地、随机地看一眼房子的几扇窗户就轻率地做出判断，他们的判断常常是错误的。相反，6岁半以上的儿童则能有计划地一一比较两栋房子的所有窗户，然后给出正确的答案。这项研究充分地说明，小学儿童已能运用一些有效的注意策略，控制自己的注意。

3. 在小学阶段，儿童最常见的注意障碍或问题是什么？

这一时期，一些儿童还可能在注意发展方面出现某些障碍，其中最典型的就是注意缺陷多动障碍（Attention-Deficit Hyperactivity Disorder，简称ADHD），俗称多动症。具有这种注意缺陷的儿童最突出的特点是不能集中和维持注意。他们在上课、学习、做作业和从事各种活动时很容易分心，坐不住，往往还没有听完别人的要求就开始行动，因而难以持续地完成某一项任务，甚至不能完整地看完一个电视节目；他们行为冲动，活动过度，自我控制能力很差，总是坐立不安，很难等待或安静地坐一会儿；经常违反学校纪律，会频繁地打断别人或说话过多，而且不能忍受挫折。这类儿童通常学习成绩较差，可以说，注意缺陷多动障碍是学习障碍的重要致因。而且，由于经常打扰别人，这类儿童在同伴中常常是不受欢迎的。有调查表明，大约3%~5%的小学儿童具有这种障碍。

4. 是什么导致了注意缺陷多动障碍？

人们迄今还不太清楚这种障碍产生的原因。但是，一些研究发现，这种障碍可能与遗传有关，这类儿童的家庭成员，如他们的父母，也可能曾有同样的障碍。环境因素也可能具有重要的影响，给儿童带来压力较大的家庭环境，如父母经常吵架、生活不幸福的家庭，可能更容易出现这种障碍。

注意缺陷多动障碍：俗称多动症，是儿童常见的一种以不能集中和维持注意等注意缺陷为主要特征的心理障碍。

拓展阅读

注意缺陷多动障碍（ADHD）的治疗

对于这类障碍的治疗方法，还存在很大的争议。但是，人们已经发现，药物治疗具有较好的效果，例如，利他林（Ritalin）或右旋苯丙胺（Dexedrine）等药物可以降低儿童的活动水平。但是，药物的副作用往往较大，而且不能收到长期效果。一些研究还发现，接受药物治疗的儿童几年后的学业成绩并不比那些没有服药的儿童好。通过强化和行为示范的方法进行干预，也可以收到较好的效果。对这类孩子应耐心，尤其应避免过多的惩罚。

链接

以下几本书总结了注意缺陷多动障碍的症状、诊断、发病原因以及防治办法，可以作为课外参考读物：

（法）勒桑德厄，（法）高诺法尔，（法）杜赞著．李利红译．多动症：你应该知道的 140 个问题．上海：上海社会科学院出版社，2009

新加坡 TBI 出版公司编．北京东方启达翻译中心译．儿童多动症——儿童心理健康手册．北京：中国水利水电出版社，2004

A. E. Jongsma 等著．田璐等译．儿童心理治疗指导计划（第三版）．北京：中国轻工业出版社，2005

W. L.Hewark 著．肖非等译．特殊需要儿童教育导论（第八版）．北京：中国轻工业出版社，2007

第三节　儿童记忆和信息加工能力的发展

进入学龄初期后，儿童记忆能力有了进一步的变化，这主要表现在记忆的有意性、记忆策略和自传体记忆等方面。

一、儿童记忆发展的一般特点

1.小学儿童的记忆力有哪些一般的特点呢？

从总体上，可以从儿童记忆的目的性、能够记忆的材料、记忆的方法或策略、对记忆活动的自我意识等方面，比较全面地描述小学儿童记忆的发展特点。

2.儿童能按照要求，有意识地记住课文、数学公式等材料吗？

从记忆的目的性来看，小学儿童的有意识记、保持和有意再现逐渐占据主要地位。他们逐渐能够根据教师的要求或其他的要求，有意识地去记住一些东西，并在一定的时间内把它们回忆出来。随着年龄的增长，儿童的这种有意记忆能力逐渐增强。例如，他们能够按照老师的要求，记住和背诵拼音字母表、乘法口诀表，还能背诵课文或诗歌。但是，无意记忆仍然起着重要作用，特别是对于自己感兴趣的材料，他们更可能在无意中记住它们。因此，小学教师在教学过程中经常以儿童感兴趣的方式呈现教学内容，以吸引他们的注意。

3.小学儿童更容易记住哪些材料？不容易记住哪些材料？

从记忆的内容或材料来看，小学儿童对语词、逻辑关系等材料的记忆效果逐渐提高，但是，在整个小学阶段，儿童对具体形象材料的记忆效果都要好于对抽象材料的记忆。有研究让小学儿童识记具体的形象（如事物的图画）、具体的语词（如事物的名字）、抽象的语词（如描绘性格的词）三类材料，然后要求他们回忆。结果表明，儿童往往对具体形象的记忆效果最好，其次是具体的语词材料，最后是抽象的语词。这一时期，儿童能够按照要求，记住数学公式，也能背诵课文和词表，但是，他们对这些材料的记忆常常是结合具体的事物或事物的形象进行的，或者是结合自己的生活经验进行的。对于没有具体事物或表象支持的材料，他们的记忆效果往往较差。

4.有人说，小学儿童主要是通过死记硬背获得各种知识，这种说法对吗？

从记忆的方法上看，小学儿童的意义记忆（理解记忆），即在理解基础上进行的记忆，逐渐占据十分重要的地位，甚至占据主导地位。研究发现，小学三四年级左右是意义记忆发展的关键年龄。婴幼儿由于缺乏相应的知识基础，他们常常需要以死记硬背的方式记住语音、词等材料，随着生活经验的增加和知识的积累，他们的意义记忆能力也逐渐发展起来。在小学阶段，儿童的机械记忆，即在不理解的情况下进行的记忆，仍然发挥着十分重要的作用，对于小学低年级儿童来说，尤其如此。他们进行的机械记忆较多，因为在学习过程中，他们往往缺少相应的知识基础，不容易理解学习材料。充分利用和发展儿童的机械记忆能力，可以增强他们的学习效果。

在整个小学阶段，机械记忆的效果与意义记忆的效果都会随着年龄的增长而增强。但是，也应促进儿童的意义记忆能力的发展，意义记忆的效果往往更好。在小学阶段的教材和儿童读物中，常常配有各种插图，以增强儿童的记忆效果。

5. 小学儿童能采用一定的策略记住一些东西吗？他们了解自己的记忆过程、记忆方法和效果吗？

许多研究表明，小学儿童，特别是中高年级儿童，已会采用一些基本的记忆策略，提高记忆效果。这些策略包括复述（不断地重复要识记的材料，直到记住）、组织（找出识记材料间的意义联系，把材料分类）、精细加工（通过联想，为那些在意义上没有联系的材料“造出”一些联系）等。此外，在小学阶段，在教学的影响下，儿童的元记忆能力，也就是对自己记忆的认知、体验和监控能力，也迅速发展起来。他们知道哪些记忆材料容易记住，掌握了一些改善记忆效果的策略，知道这些策略有哪些优点和不足，而且，他们还能及时调整自己的记忆过程。换句话说，儿童在记忆过程中的自我意识进一步增强了。

6. 儿童记忆的能力和效果与哪些因素有关？他们已有的知识会提高他们的记忆效果吗？

许多研究表明，儿童的记忆效果不仅与记忆策略有关，而且与儿童的知识基础有关。儿童已有的知识越丰富，他们的记忆效果越好。他们的知识越多，在记忆材料之间越容易建立意义上的联系。一般来说，某一领域的专家，在记忆这一领域的信息时，记忆效果通常明显地好于新手，小学儿童也是这样，良好的知识基础会提高他们的记忆效率。一个棋艺高超的儿童棋手，对棋盘布局的回忆能力甚至好于一个不熟练的成年人。

二、关于记忆活动的策略和知识的发展

在记忆过程中，小学儿童能选用适合自己的记忆策略吗？他们通常采用的记忆策略有哪些？小学儿童已能采用复述、组织、精细加工等策略，以提高自己的记忆效果，便于信息的提取。而且，他们还具备了对记忆活动的基本知识。

（一）记忆策略的发展

1. 儿童是怎样应用复述这种策略的？

研究表明，复述是儿童使用较早的一种记忆策略。所谓复述，就是在识记一种材料时，一遍一遍地重复，直到记住它为止。幼儿在记忆中还不善于使用复述的方法，但是，到了学龄初期，儿童开始越来越多地使用这种策略。在5—10岁，随着年龄

的增长，自发地使用复述法进行记忆的儿童越来越多，超过一半的 7 岁儿童、85% 的 10 岁儿童都会采用这种策略，而且采用这种策略进行记忆的效果也更好。我国的心理学家也得到了相似的研究结论，到了小学高年级（11 岁时），几乎所有的儿童都会使用这种策略。但是，相对而言，高年级儿童复述的效率要比低年级儿童高。例如，在背诵课文时，高年级儿童通常以一段为单位进行复述，而低年级儿童更可能以句子或字词为单位进行复述。换言之，高年级儿童已能相当熟练地运用这种记忆策略或方法，这与教学的影响是分不开的。

2. 儿童在记忆过程中是怎样运用组织这种策略的？从多大年龄才学会运用这种记忆策略？

简单地说，组织就是将明显有关的材料放在一起识记，即找出记忆材料在意义上的联系，然后将相关的材料归类。例如，让儿童识记下列材料：桌子、椅子、筷子、盘子、鲜花、青草、树木，如果运用组织法，就可以根据它们之间的意义联系，分成三类：家具、餐具、自然事物，在分类之后，记起来就容易多了。心理学家们发现，儿童较晚才会运用这种记忆策略，甚至到了小学三年级左右（9—10 岁），儿童还不能自发地运用这种策略。但是，随着年龄的增长，儿童也会越来越多地使用这种策略。通过教学和训练，可以让儿童学会更好地运用这种策略。

3. 儿童从多大年龄才会运用精细加工策略？他们是怎样运用这种记忆策略的？

精细加工是在识记那些在意义上没有联系的材料时采用的一种策略，在记忆过程中，儿童可以运用丰富的联想，为这些没有意义联系的材料“加上”一些联系，从而使它们成为有意义联系的材料。例如，运用谐音的方式记忆电话号码，就采用了这样一种策略，电话号码中的数字本身是没有意义联系的，但是，通过谐音的方式就人为地给它们加上了一层意义，这是一个精细加工的过程。再如，要求儿童识记下列材料：云彩、书、松树、红砖、草地，这些事物之间本没有明显的意义联系，但如果采用精细加工法，就可以把这些事物联系起来，把它们想象成一幅图画：天空中飘着云彩，天空下有一块草地，草地上长着一棵松树，旁边有一栋用红砖盖成的房子，一个人正在草地上读书。

意义记忆：又称为理解记忆，即在理解基础上进行的记忆。

机械记忆：对记忆材料未充分理解或在不能理解材料的情况下进行的记忆。

复述：一种记忆策略，就是在识记一种材料时多次重复，直到记住它为止。

组织：一种记忆策略，就是找出记忆材料在意义上的联系，然后将相关的材料归类识记。

精细加工：一种记忆策略，通过联想等方式为没有意义联系的材料人为地“加上”一些联系，从而使它们成为有意义联系的材料，以便于识记。

研究发现，儿童较晚（小学高年级）才会有意识地运用这种记忆策略，直到青少年期之前儿童也很少采用这种策略。这可能是因为，它需要儿童理解事物之间的更丰富的意义联系，而且需要投入更多的心理资源，因而难度更大一些。

（二）元记忆的发展

与幼儿相比，小学儿童的元记忆能力有了哪些明显的变化？他们能很好地选用适合自己的记忆方法吗？或者说，他们会调整自己的记忆活动吗？元记忆，又称为后设记忆（metamemory），是人们对自己的记忆活动的认识、体验和调控，简单地说，就是人们在记忆方面的自我意识。通常认为，元记忆包括关于自己记忆的知识（包括对自身的记忆特点的认识、自己记忆材料的知识、关于记忆策略的知识等）、关于自己记忆的体验、对自己记忆的调节和控制三个方面。研究表明，小学儿童的元记忆在教学的推动下得到了迅速发展，但是发展水平并不很高。

国外心理学家发现，三四岁的幼儿已经具有某些元记忆知识，例如，他们知道哪些材料更容易记。但是，他们通常高估自己的记忆能力。在童年中期，元记忆知识迅速增加。小学低年级儿童已能认识到再认（材料在面前时，认出识记过的材料）要比回忆（材料不在面前时，想起识记过的材料）容易，到 8 岁时，儿童已能认识到，从识记到再认或回忆的时间间隔越长，再认或回忆越困难。

但是，关于记忆策略的知识发展较慢。7 岁以下的儿童甚至还不知道复述、组织等策略对他们很有用，而且，他们不能说出为什么有关系的材料比没有关系的材料更好记。贾斯汀茨等人（Justice et al.，1997）发现，7—9 岁的儿童已经知道复述和组织是有用的记忆策略，但是，直到 11 岁，他们才知道组织经常比复述更有效。尽管如此，他们已经掌握了一些改善记忆的方法，如读笔记、向别人请教等。随着年龄的增长，他们关于记忆策略的知识越来越多。

而且，小学儿童对自己记忆活动的监控能力也逐渐发展，小学中高年级儿童已能有效地监督、调节、控制自己的记忆，例如，在记忆一篇课文时，他们会重点复述前几次没有记住的部分，而不再复述已经记住的部分。

三、自传体记忆的发展

1.儿童能很好地叙述在自己身上发生的事情（如入学第一天发生的事情）吗？

这涉及儿童的自传体记忆问题。自传体记忆是对自身生活经历的记忆。在周围的成人尤其是父母的影响下，小学儿童的自传体记忆进一步发展。他们已能很好地回忆“在哪里”“在什么时候”“哪些人”做了“什么事情”。

2.怎样促进儿童自传体记忆的发展呢？

国外的很多心理学家发现，父母在儿童自传体记忆的发展中发挥着重要的作用。如果父母经常与孩子讨论他们的日常生活经历，如跟儿童谈论“我们今天去哪里了”“什么时间去的”“我们做了哪些事情”这类问题，就可以促进儿童自传体记忆的发展，甚至可以提高他们数年后的自传体记忆的效果。通过这类谈论，儿童可以重新整理和加工自己的经历，重构事件发生的顺序。到学龄初期以后，儿童的言语理解能力和言语表达能力显著提高，父母往往会与他们详细地谈论过去发生的事情，在这种情况下，儿童的自传体记忆迅速发展起来。

3.儿童的自传体记忆在现实生活中可以发挥什么作用？

在美国，儿童对自身经历的回忆，或者说，儿童的自传体记忆，经常被作为法庭诉讼案件（如儿童虐待案）判案的重要依据。但是，儿童的记忆有可能是错误的，这已经引起执法人员和心理学家的广泛关注。许多研究显示，八九岁以下的儿童更容易出现记忆错误。这很可能是因为他们更容易受成人提问的暗示。因此，在搜集儿童证词时，执法人员应在访问儿童的过程中尽量减少对儿童的暗示，以避免出现错误的回忆。

第四节 儿童思维的发展

小学儿童已经能够进行加、减、乘、除等数学运算，而对幼儿来说，这几乎是不可能的，他们理解数字符号的意义还有一定的困难。但是，小学儿童不仅能理解数字符号的意义，还能概括出事物的相似性，看到事物的本质，而不受外部现象的干扰。他们开始形成各种概念，能够较好地进行判断和推理。而且，他们对别人和人际关系的认知也发生了明显的变化。

一、具体运算阶段的思维特点

小学儿童能很好地在头脑内部进行“运算”吗？按照皮亚杰的观点，这一时期的儿童主要处于具体运算阶段。所谓运算，是指对一个或一组客体（实际的物体、物体的表象或符号等）进行的操作。运算最初是儿童在头脑外部进行的实际操作，随着年龄的增长，逐渐向内转化为心理上的运算，也就是思维。到了具体运算阶段，儿童逐渐能在头脑内部对客体间的关系进行表征。“具体运

元记忆：又称为后设记忆，即人们对自己的记忆活动的认识、体验和调控，也就是人们在记忆方面的自我意识。

算”中的“具体”是指，这一时期，儿童还不会像青少年和成年人那样，脱离具体的事物或形象，对假设性的、抽象的问题进行运算。例如，问儿童“如果 A>B，B>C，那么，A 与 C 是什么关系？”许多儿童可能会有困难，因为这类问题脱离了具体事物或形象的支持，是对形式化符号的操作或运算。

按照皮亚杰的观点，与幼儿相比，小学儿童的思维有哪些突出的变化？与前运算阶段相比，具体运算阶段发生了一系列的变化。具体地说，小学儿童逐渐摆脱了幼儿时期的自我中心，能够不受表象的干扰，实现守恒，而且能察觉到别人具有与自己不同的看法；逐渐摆脱了幼儿的“泛灵论”思维，而将无生命的事物与生物区分开来；另外，他们还能找出事物之间的相似性，进行等级分类。从总体上看，与幼儿相比，这一时期儿童思维的逻辑性更强，更灵活，也更有组织性。

（一）守恒

小学儿童已能完成各种守恒任务，具备基本的守恒能力。儿童守恒能力的发展有一定的顺序，通常是大小守恒和数量守恒能力发展最早，随后是重量守恒能力，体积守恒能力发展最晚。在学龄初期，9 岁以下的孩子通常能实现数量守恒、长度守恒、液体守恒和质量守恒，8 – 10 岁的孩子能够实现面积守恒，9 岁以上的孩子才能实现重量守恒和容积守恒。

拓展阅读

守恒实验

运用守恒实验任务，可以检验儿童守恒能力的发展。守恒包括多个方面的守恒。下面是一些具体的守恒实验任务。

长度守恒实验任务：先将两根等长的直线两端对齐给儿童看，然后再把其中的一条变成不规则的曲线，让他们判断二者是一样长的，还是一个长一个短。一般到 6—8 岁，儿童才能正确判断。

数量守恒实验任务：首先将两排数量相同的硬币或纽扣等距排列，然后，改变其中一排的排列方式，让儿童判断两排的数量是否相同。一般到 6~8 岁，儿童才能正确判断。

液体守恒实验任务：首先用两个形状完全相同的杯子盛着同样多的水，水平面等高，然后当着儿童的面，将其中一个杯子里的水倒进另一个高而细的杯子，让儿童判断两个杯子里的水是不是一样多。一般到 6.5~8.5 岁，儿童才能正确判断。

质量守恒实验任务：首先给儿童看两块完全相同的黏土，然后，将其中的一块改变形状，让他们判断两块黏土是一样多，还是一个多一个少。一般到 7~9 岁，儿童才能正确判断。

面积守恒实验任务：在地面上占同样面积的物体，如果重新排列或改变它们的位置，面积会不会发生改变？例如，一块草地上盖着两间房子，如果房子的位置变了，周围的草地跟原来的一样多吗？一般到 8~10 岁，儿童才能正确判断。

重量守恒实验任务：先在天平上放两块形状完全相同的胶泥，天平是平衡的，然后改变其中一块胶泥的形状，让儿童判断天平是否还能保持平衡，或这两块胶泥是不是一样重的。一般到 9~10 岁，儿童才能正确判断。

容积守恒实验任务：先用两个完全相同的杯子（或其他容器）盛着同样多的水，将两个形状、体积完全相同的物体放进杯子，这时，两个杯子中的水的容积是相等的，然后，改变其中一个杯子中的物体的位置或形状，让儿童判断两个杯子里的水的容积是不是一样多。一般到 11~12 岁以后，儿童才能做出正确判断，知道容器中的水的体积受没入水中的物体的体积的影响，而不受它的形状、位置、重量的影响。

如果身边有小学儿童，可以参考上述做法做一些守恒实验，看他们是否具有守恒能力。

儿童能完成守恒任务，说明他们已经能够同时注意事物的多个侧面，而不是只关注某一个侧面，能够发现事物变化的本质，而不再受表面现象的干扰。例如，在长度守恒实验中，他们会发现直线的长度变化与弯曲程度的变化是同时发生的，一条直线看起来变短了，但是它同时也更弯曲了；在液体守恒实验中，他们也知道容器高度的变化与宽度的变化是同时发生的，水面变低了，同时也变宽了。一个维度的变化补偿了另一个维度的变化，因而本质上没有发生变化。他们知道，一个东西尽管外表发生了变化，但还是那个东西。在皮亚杰看来，这一时期，儿童的思维具有可逆性、互补性和同一性。

儿童思维的可逆性是指，他们知道，一个事物经过变化之后，还可以回到原来的状态。例如，在质量守恒实验中，一个儿童会说，那块胶泥还可以再变回原来的形状。思维的互补性是指，儿童知道一个维度的变化会被另一个维度的变化所补偿。例如，在质量守恒实验中，儿童会指着一块小而厚的胶泥和一块大而薄的胶泥说，这块胶泥虽然大了，但是变薄了，那一块虽然小了，但是变厚了。思维的同一性是指，儿童能够理解，一个事物的外表虽然发生了变化，但是，无论它怎么变，还是同一个东西。例如，在质量守恒实验中，儿童会说，这块胶泥无论怎么变，还是那一块。

可逆性：儿童在心理上执行一个相反的动作，以抵消前一个动作的能力，也就是儿童认识到一个事物在经过变化之后，还可以回到原来的状态的能力。

互补性：儿童认识到一个维度的变化会被另一个维度的变化所补偿的能力。

同一性：儿童认识到一个事物的外表虽然发生了变化，但还是同一个事物的能力。

但是，儿童并不能在所有的任务中都表现出这种守恒能力，他们对熟悉的物体能完成守恒任务，但是对陌生的物体就有困难。在液体守恒实验中，让一群女孩比较实验员的玻璃杯中的水多，还是她们自己的玻璃杯中的水多，她们能完成这种守恒任务，但是，如果用一个故事呈现这个实验任务，要求她们指出两个玩具娃娃应该如何分果汁，她们就有困难了。

儿童的守恒能力真的就只能在这个年龄发展起来吗？其实，后来的一些研究发现，儿童的守恒能力深受教学和训练的影响，或者说，是可以训练的。经过训练之后，幼儿甚至就能完成守恒任务。

（二）分类

如果给儿童一堆杂乱无章的东西（如邮票），他们能分类吗？事实证明，小学儿童已经能够按照不同的标准，对事物进行分类。儿童要进行分类，必须能够识别一类物体的相似性。小学儿童已经能够做到这一点。他们已经掌握了许多类别的事物。许多儿童喜欢集邮和收集各种植物标本，他们通常根据年代、内容等标准，把邮票或标本分成不同的类别。

儿童不仅能根据材料的一些共同的维度，把材料分组，而且能按照不同的层次进行分类，先把材料分成大的类别，然后，在每个类别下面再分成更小的类别或子类，表现出等级分类能力。他们已能完成类包含任务（见第四章内容）。例如，给儿童一套图片，每张图片上画着一只动物，其中一共有 3 只鸭子、6 只麻雀和 2 只知更鸟，问他们“在这些图片中，麻雀多还是鸟多？”许多八九岁的儿童都能正确地回答。他们知道了类和子类的区别，发现了类别之间的层次关系。

儿童还能对健康、疾病、家庭这些日常生活中的事物进行分类。例如，在纽曼等人（Newman，Roberts，& Syre，1993）所做的一项研究中，研究者告诉儿童人们之间的许多组合形式，如一个父亲和一个儿子等，然后问他们这些组合能不能构成一个家庭，例如，“麦得先生和他的儿子汤姆住在一起，只有他们两个人，他们能组成一个家庭吗？”幼儿通常回答“不能”，因为他们头脑中的家庭类型较少，还不能把单亲家庭当做家庭的一种类型，但大部分小学儿童回答“能”，他们掌握的家庭类型较多，知道组成家庭的关键标准是血缘关系和亲密的情感。儿童的这种分类能力表明，他们已经形成了各类概念，并根据概念之间的关系形成了概念体系。

（三）儿童思维发展的局限性

首先，儿童的思维仍然具有一定的具体形象性，也就是说，儿童善于解决那些与自己熟悉的事物或形象有关的问题，但是，让儿童思考假设性的、抽象的问题时，他们就感到困难了，因为他们缺乏具体的事物或表象的支持。数字、字母等是一些抽象的、形式化的符号，在儿童眼里，这些符号必须与一些具体的事物结合起来，或者说，它们必须代表一些具体的事物，才能对它们进行思维或运算。他们还不能把形式化的符号与内容区分开来。小学儿童，尤其是低年级儿童，特别喜欢掰手指计算算术题，这种现象就反映了儿童思维的具体形象性。

其次，儿童的思维发展具有不平衡性。皮亚杰发现，在同一发展阶段内，儿童在解决相似的问题时，也会表现出不同的水平，他把这种问题解决水平的差异称为水平滞差（horizontal decalage）。这种现象既说明了阶段内思维发展的不平衡性，又说明这一时期儿童的思维还缺乏抽象性。例如，同样在具体运算阶段，儿童完成各种守恒任务的年龄是不同的，或者说，在相同的年龄，儿童在不同的守恒任务上表现出来的水平是不同的。在某一个年龄，他们还不能概括出各种守恒任务的共同原则（如同一性原则），并把它应用到不同的任务中去。他们总是孤立地解决每个具体的问题。

儿童思维发展的不平衡性不仅表现在不同的思维对象上，而且表现在不同的课程或学科学习中。小学儿童经常出现“偏科”现象，有的特别擅长学习语文，而数学成绩很差，另一些学生则相反。在这种现象的背后当然有很多原因，包括学习兴趣或动机方面的原因。但是，它也反映了儿童思维发展的不平衡性。不同学科的问题需要的思维过程有所不同，例如，语文中的问题需要掌握字词概念，运用语言符号进行思考，数学中的问题则需要掌握数字概念，运用数学符号进行思考。不同学科的教学方式差异也加大了这种思维发展的不平衡性。

综上所述，在童年中期，儿童的思维正处于重要的过渡或转折时期，也就是从以具体形象思维为主，逐渐过渡到以抽象逻辑思维为主。许多研究表明，思维转折的关键年龄大约在小学四年级前后，更恰当地说是在小学三到五年级。到了小学高年级，思维的抽象逻辑性逐渐变得明显。但是，从总体上看，儿童这一时期的思维仍然具有明显的具体形象性。我国心理学家朱智贤、林崇德等人认为，从具体形象思维向抽象逻辑思维过渡，并不是说，在思维的抽象逻辑性发展的同时，具体形象思维消失了，而是说儿童的思维同时具有具体形象成分和抽象概括成分，随着年龄的增长，它们之间的对比关系也在不断变化，其中抽象概括性成分逐渐增多。在不同的智力活动中，或者在解决不同的问题时，所用到的两种思维成分也是不同的。在这种意义上，即使低年级儿童的思维，也不是没有任何抽象概括性的。

二、思维过程的发展

从思维过程上看，到学龄初期以后，儿童的抽象、概括、比较、分类等能力也达到了一个新的水平。但是，在不同的年级或年龄阶段，儿童的这些能力也有所不同，从总体上看，儿童的各种思维过程和能力都呈现出逐渐发展、提高的趋势。

1.在童年中期，儿童的分类能力是怎样发展的？它具有年龄差异吗？

前面提到，这一时期的儿童已经具备等级分类能力，能把物体分成类和子类，或者说，能按照层次进行分类。但是，与高年级儿童相比，低年级儿童在分类时，往往以事物的外部特征或可见的功能、作用为分类标准。例如，给他们看下列材料：鸡、桌子、板凳、麻雀、猪、兔子，让他们进行分类，他们可能将鸡和麻雀分为一类，将桌子、板凳分为一类，将猪和兔子分为一类，他们的分类标准是鸡和麻雀都是会飞的，猪和兔子都有四条腿（外部特征），而桌子和板凳都是能坐的（功用）。

随着年龄的增长，特别是到了高年级时，儿童逐渐能根据事物的本质特征（即某种事物所特有的而其他事物所没有的基本特征）进行分类。他们会把动物分为一类，把植物分为一类，他们已经发现，动物与植物各自具有某些基本的特征，这是其他类别的事物所没有的。而且，随着言语的发展，他们能够对字词概念进行分类，也就是说，如果给他们一些描述各类事物的字词，他们也能进行正确的分类。

分类与思维的比较、概括能力是联系在一起的。小学儿童已经具备分类能力，这本身就说明了儿童概括、比较能力的提高，因为分类往往是以比较和概括为基础的。儿童首先对要分类的材料进行比较，概括出它们的相同之处和不同之处，然后，才能恰当地分类。

2.儿童比较、概括能力的发展表现出怎样的趋势？

在童年中期，儿童概括能力的发展依次经过了直观形象水平（低年级）—形象抽象水平（中年级）—本质抽象水平（高年级）三个阶段。小学低年级儿童在概括一类事物的特点时，往往只看到事物的外部的具体特征或功能。例如，在他们的眼里，小鸟就是会飞的东西，动物就是会走的、会动的东西，餐具就是吃饭用的东西。显然，他们的概括很不严密，还不能把握事物的本质属性。但是，高年级儿童已能具体地解释一类事物是什么，甚至能概括出一类事物的本质属性。人们发现，儿童的这种概括、比较能力还是有限的，相对而言，他们更容易发现事物之间的不同点，尤其是那些十分鲜明的特点。如前所述，在守恒任务中，他们也难以概括出不同守恒任务的共同原则，因而出现认知发展的水平滞差现象。

在整个学龄初期，儿童的分析、综合以及抽象、概括、比较、分类等思维过程都在逐渐发展，他们最初只能在事物在面前时进行思维，随后，逐渐能在过去知识、经验和表象的基础上进行思维，最后，能以概念为基础进行比较全面、深入的思维。

三、概念、判断和推理的发展

1. 在童年中期，儿童的头脑中已经形成了哪些概念？

从思维形式上看，儿童已经能在上述能力发展的基础上形成各类概念。儿童要形成概念，必须把握一类事物的本质属性或特征。前面提到，儿童已经具备守恒能力，这本身就说明了儿童已经具备了运用概念进行思维的能力，说明他们已经形成了数量概念、长度概念、重量概念等。类似地，小学儿童的概念也经历了一个由不精确到精确的发展过程。低年级儿童往往还不能把握事物的本质属性，他们的概念更强调可以直接感知到的或直观的特征或具体形象特征，高年级儿童则能说出一类事物的本质特征，形成正确的概念。他们已经掌握各类概念，其中包括数字概念，如整数概念、分数概念、小数概念；空间方位概念，如上下、前后、左右；自然概念，如动物、植物、生物、家禽、鸟等；社会概念，如父母、亲戚、兄弟、国家等；时间概念，如昨天、今天、明天、小时、分钟等，此外，还有许多其他的概念。可以说，在教学的影响下，他们已经形成了比较系统的概念体系。而且，随着年龄的增长，他们的概念日益丰富。在此基础上，他们的判断能力也进一步提高。例如，他们对一星期之内的时间间隔的判断已经比较准确，而且，随着年龄的增长，判断的准确性不断提高。

2. 儿童能进行哪些推理？这些推理具有什么特点？

另一方面，儿童已经能够解决传递推理问题，递推或传递推理能力逐渐发展起来。传递推理是对客体排列的次序关系的推理。它是逻辑推理能力的一个方面。最基本的推理一般包括前提和结论两个部分，而传递推理的前提和结论都指向某种次序关系，例如，由“A>B，B>C”这一前提，可以推出“A>C”这一结论。皮亚杰曾经给儿童提出一个著名的传递推理任务，将颜色不同的小棍配对给儿童看，要求他们在心理上对 A 和 C 之间的关系进行推理。结果，直到 9~10 岁，儿童才能较好地完成这个任务，他们看到小棍 A 比 B 长，小棍 B 比 C 长，从而在心理上做出推论：小棍 A 比小棍 C 长。

传递推理：对客体排列的次序关系的推理，它是逻辑推理能力的一个方面。

思考

如果老师让儿童按照身高由低到高（或者由高到低）排队，他们能做到吗？为什么？

但是，一旦脱离具体形象的支持，儿童的这种递推能力就会比较差。在解决上述递推问题时，给他们一些实际的小棍，他们就能比较容易地得出结论，但是，如果只用语言描述，他们就会感到困难。他们还难以完成假设性的问题或任务，例如，有这样一个问题："苏珊比萨利高，萨利比玛丽高，那么谁最高？" 直到 11~12 岁，儿童才能比较容易地回答这类问题。这再次反映了儿童思维的局限性。

另外，儿童的空间推理能力也逐渐发展起来。他们能准确地理解空间问题，也能辨认方向。让儿童说出另一个人（朝向与自己不同）左边或右边的物体是什么，5—6 岁的儿童往往答不对，他们只会以自己为参照对象，说出左边或右边的东西是什么。但是，7—8 岁的儿童已能进行心理上的旋转，想象自己处于那个人的位置上时左边或右边将会是什么，因而，他们知道，对别人来说，哪是左边哪是右边。

*在上面提到的这些思维能力上，所有的儿童在相同的年龄都是一样的吗？*许多研究发现，儿童的思维能力，包括守恒能力、推理能力，深受儿童所处的文化、所接受的学校教育的影响。在一些落后的部落和农村，儿童极少接受系统的教育，他们通常很晚才能完成守恒任务，有的甚至到十一二岁还不能完成任务。

四、社会认知的发展

*儿童是怎样看待别人的？他们能认识到别人的看法吗？他们知道别人的意图吗？*这个问题涉及儿童的社会认知。社会认知主要是对人际关系和人的社会心理、行为的认知，它包括儿童对别人的认知、对友谊关系的认知、道德认知等。这里把社会认知的发展作为认知发展的一个方面，进行简要的分析，在下一章分析儿童个性和社会性的发展时，还要对有关的问题进行深入分析。

这一时期，儿童对别人的认知进一步深化。这突出地表现在以下两个方面：一是他们越来越多地从心理上去描述和评价别人，一是他们越来越能认识到别人的观点、意图，换句话说，他们的观点采择能力（perspective-taking ability）越来越强。

（一）对别人的描述和比较

与幼儿不同，到了童年中期，特别是在八九岁以后，儿童经常用描述心理特点的词描述他们的伙伴和熟人，他们会说，"明明很善良"。高年级儿童（十一二岁时）

甚至能从心理特点上对他们进行比较。例如，他们会说，“明明很害羞，华华不太害羞”。但是，低年级儿童（6~8 岁时）在描述别人时，经常从他们最突出的具体行为进行描述，对他们进行比较。他们会说，“明明画得很好”“李四唱歌很好听”。从总体上，低年级儿童侧重行为描述，主要是从行为上对别人进行比较，随着年龄的增长，儿童逐渐能进行心理描述，甚至能从心理上对别人进行比较。

在皮亚杰看来，当儿童进入具体运算阶段之后，他们思维的自我中心会逐渐减弱。因而，他们不再像幼儿那样，只关注某个事物的最突出的方面，而是具备了守恒能力，认识到一个事物的外表可以发生变化，但它的某些特征是不变的。正是因为儿童具有这种认知能力，所以，他们才会同时注意两个人（包括自己与别人）的行为，并能从心理特征上描述人们。儿童的这种变化反映了他们思维的抽象、概括成分越来越明显。

（二）观点采择能力的发展

观点采择能力，也叫角色采择能力，是指站在别人的角度思考问题，理解别人的观点、意图和感受的能力。儿童能站在别人的角度去思考问题吗？他们会设想自己是另外一个人，从而理解他们的看法和感受吗？20 世纪七八十年代，塞尔曼等人（Selman，1976，1980；Yeates & Selman，1989）采用访谈法，研究了儿童观点采择能力的发展。他们认为，儿童必须首先能够采择或了解别人的观点、感受、动机和意图，才能理解别人的行为，只有这样，才能更好地理解自己和他人，反之，如果儿童不具备这种观点采择技能，或者说，不能理解引起别人行为的心理因素，就只能从外部的特点描述和理解别人了。在研究中，塞尔曼等人首先给儿童讲述一个两难故事，然后要求儿童根据故事回答问题。下面是他们采用的一个著名的故事——“华莉的故事”：

“华莉今年 8 岁，她是个喜欢爬树的女孩，在邻里中她最会爬树。有一天，她爬上了一棵很高的树，从树上爬下来时，不小心掉了下来，不过，幸好没有受伤。她的父亲看到她从树上掉下来，感到很难过，要她以后不要再爬树，华莉也向父亲保证以后不再爬树了。

几天后，华莉遇到了她的朋友筱婉，筱婉的小猫爬到树枝上下不来了，如果不马上把它救下来，小猫就会掉下来的，当时，只有华莉能爬上树去，把小猫救下来。但是，她想起了她对父亲做过的保证。”

故事讲完后，研究者向儿童提出一系列问题，例如，“筱婉知道华莉为什么会感到为难吗？”“如果华莉爬树了，她父亲知道了会怎么想？”“如果华莉又爬树了，她应该受到惩罚吗？”通过分析儿童的回答，了解他们观点采择能力的发展水平。

塞尔曼发现，在观点采择能力的发展过程中，儿童最初具有明显的自我中心倾向，认识不到别人的观点，随后，他们开始认识到人们对同一问题可能具有不同的观点，能站在别人的立场上想象别人对自己的思想、感受的看法，最后，他们能从第三方的公正立场或社会价值观出发，认识自己和别人的观点。塞尔曼把儿童观点采择能力的发展划分为以下几个阶段（见表 5.1）：自我中心或未分化阶段（3—6 岁）、社会信息的观点采择（6—8 岁）、自我反省的观点采择（8—10 岁）、相互的观点采择（10—12 岁）、社会观点采择（约 12—15 岁以后）。

表5.1 儿童观点采择能力的发展阶段

观点采择能力的发展阶段	对“华莉”两难问题的典型回答或反应
1. 自我中心或未分化的观点（约3—6岁） 儿童虽然能认识到自己与别人具有不同的观点和感受，但他们经常将自己与别人的观点和感受相混淆，认为别人也会同意他们的观点。	儿童通常会认为，华莉会去救小猫。当被问到华莉的父亲对她不守规矩的行为会有什么反应时，这些儿童认为，华莉的父亲会“很高兴，因为他也喜欢小猫”。他们自己喜欢小猫，就认为华莉和她的父亲也喜欢小猫。
2.社会信息的观点采择（约6—8岁） 儿童认识到，对同一件事别人可能具有与自己不同的看法，这是因为人们获得的社会信息不同。	当被问到华莉的父亲是否会因为她爬树而生气时，儿童可能会说，“如果他不知道华莉为什么爬树，他就会生气；但是，如果他知道华莉为什么爬树，他就不会生气。”
3.自我反省的观点采择（约8—10岁） 儿童能站在别人的立场上观察他们自己的思想、感受和行为，认识到即使接受的信息相同，别人的观点也可能与自己不同。他们能考虑别人的观点，也知道别人会考虑他们的观点，因而能预测别人对他们的行为会有怎样的反应。但是，儿童还不能同时考虑自己与别人的观点。	当被问到华莉是否会爬树时，儿童可能会说，“是的，她知道父亲会理解她为什么要这么做。”但是，当被问到父亲是否希望华莉爬树时，儿童通常会说“不是”，这表明，儿童认识到华莉的父亲能站在她的立场上，理解她为什么要爬树，同时能考虑到华莉的父亲的观点和感受，认为他在担心华莉的安全。
4.相互的观点采择（约10—12岁） 儿童能同时考虑自己的观点与别人的观点，认识到别人也会像他那样去做。儿童还能站在与自己和别人无关的第三方的立场上，观察自己与别人（或当事人），预测每位当事人对其同伴的观点会有怎样的反应。	儿童可能会以不相干的第三方的观点看待这个问题，表明他们知道华莉和她的父亲都会考虑对方的观点。例如，儿童可能会说，“华莉喜欢小猫，所以她要把小猫抱下来，但是她知道她是不该爬树的，华莉的父亲知道他已经告诉过华莉不能爬树，但他不知道小猫的事。”
5.社会观点采择（约12—15岁以后） 青少年参照他们所处的社会的价值观，即社会对某个问题的通常的看法，了解别人的观点，换言之，青少年期望别人尊重大多数人对某事件的观点，他们自己通常也会采取这样的观点。	当被问到华莉是否应该因爬树而受到处罚时，这个阶段的儿童通常会说“不应该”，他们用人类对动物的价值观来说明华莉的行为是对的，大多数父亲都会赞同这种价值观。

资料来源：Selman, 1976

显然，童年中期儿童主要处于第 1—3 阶段，其中低年级儿童主要处于社会信息的观点采择阶段（6—8 岁），中年级儿童主要处于自我反省的观点采择阶段（8—10 岁），高年级儿童则主要处于相互的观点采择阶段（约 10—12 岁）。这与他们的思维能力的提高、社会经验的增多密切相关。

（三）对友谊和道德的认知

儿童对同伴关系或友谊的认知也发展到一个新的阶段，低年级儿童通常认为那些经常与自己在一起玩耍的同伴是自己的朋友，中年级儿童则认为相互信任、相互帮助的人才是好朋友，到了高年级，儿童倾向于认为，彼此亲密和忠诚的人才是好朋友。在道德认知方面，在判断一个人的行为是不是道德的时候，儿童最初看重权威人物制定的“绝对”标准，后来，逐渐认识到道德规则是可变的，能从一个人的行为动机判断他的行为是不是道德的，从而进入了自律道德阶段。但是，一般到中高年级才能做到这一点。

五、智力和创造力的发展

随着生理的日益成熟，在教育、教学的影响下，儿童的智力水平不断提高，同时，在智力发展的基础上，也表现出一定程度的创造力。

（一）智力和智力的测量

20 世纪初以来，关于智力的理论层出不穷，可以说，对于什么是智力，至今仍然众说纷纭。有的心理学家把智力分为不同的因素，有的从信息加工的角度理解智力，把智力看做一系列信息加工能力，还有的则把智力分为不同的层次。尽管如此，但在绝大多数心理学家的心目中，抽象思维或推理能力、问题解决能力、知识获取能力、记忆力、对环境的适应能力仍然是智力的主要内容。

观点采择能力：也叫角色采择能力，是指站在别人的角度思考问题，理解别人的观点、意图和感受的能力。

智力：以抽象思维或推理能力、问题解决能力、知识获取能力、记忆力、对环境的适应能力为主要内容的一般能力。

链接

下列材料概括了智力研究的进展和智力理论，可以作为参考读物：

林崇德，白学军，李庆安．关于智力研究的新进展．北京师范大学学报(社会科学版)，2004，1：25-32

林崇德．智力研究新进展与我的智力观。宁波大学学报（教育科学版），2007，29（6）：1－5

D. R. Shaffer 著．邹泓等译．发展心理学——儿童与青少年．北京中国轻工业出版社，2005

H. Gardner 著．沈致隆译．多元智能．北京：新华出版社，1999，59－66

Sternberg，R. J.，Beyond IQ. New York：Cambridge University Press，1986

Carroll，J. B.，Human cognitive abilities：A survey of factor-analytic studies. New York：Cambridge University Press，1993

Lin Chongde & Li Qing'an. Multiple intelligence and the structure of thinking，Theory And Psychology，2003，13，6

心理学家们从不同的理论出发，编制了各种智力测验，以测量人们的智力水平，其中常见的智力测验有斯坦福—比奈智力测验、韦克斯勒量表（WISC）。其中，斯坦福—比奈智力测验从比奈—西蒙智力测验（1904 年由法国的比奈和西蒙编制而成）修订而来，1916 年，美国斯坦福大学的推孟（L. Terman）对比奈—西蒙智力量表进行了修订，形成了斯坦福—比奈智力量表，适用于 2—18 岁儿童。1982 年，经我国心理学家吴天敏修订，形成了《中国比奈测验》。这是国内使用较多的智力测验。韦克斯勒智力量表分为言语分量表和操作分量表两个部分，可以得到言语智商和操作智商两个分数，在此基础上又可得到总的智商分数。韦克斯勒智力量表包括儿童版和成人版，其中韦克斯勒儿童智力量表适用于 6—16 岁儿童和青少年，韦克斯勒儿童智力量表（WISC-R，1974）适用于 4—6.5 岁的儿童。我国已有这个智力量表的最新修订版（由张厚粲主持修订）。

（二）智力的发展

一般认为，智力发展的趋势是随着年龄的增长而迅速上升，而到一定年龄后发展的速度减慢。贝利（Bayley，1968）用三种量表对同一组被试进行了 36 年的长期追踪研究，结果发现，13 岁以前测验分数呈直线上升，以后上升速度逐渐减慢，到 25 岁时达到高峰，26 至 36 岁处于维持水平的高原期，往后会有所下降。贝利的研究结果可以描绘成下面的智力发展曲线（见图 5.1）。智力测验的成绩在婴幼儿时期变化较大，但是，随着儿童年龄的增长，智力成绩通常在很大程度上保持稳定。进入童年期以后，智商已经变得相对稳定。但是，智力的发展也具有明显的个别差异。

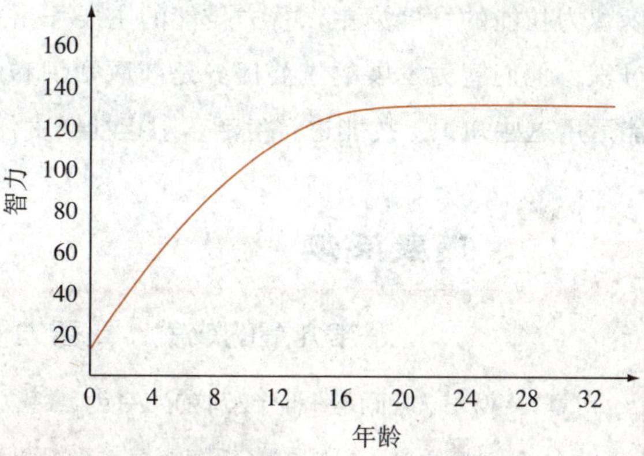

图5.1 智力的发展曲线

卡特尔（Cattell，1965）和霍恩（Horn，1976）区分了智力的两种存在形态：流体智力(fluid intelligence)和晶体智力(crystallized intelligence)。流体智力以神经生理为基础，随神经系统的成熟而提高，如知觉反应速度、机械记忆、图形知觉能力；晶体智力则是以社会文化经验和记忆储存为基础的智力，如词汇量、言语理解、常识。两种智力发展的趋势是不同的。研究表明，这两种智力在青少年期之前，都随年龄增长而不断提高，但是在青少年期之后，却呈现不同的发展轨迹，流体智力缓慢下降，晶体智力保持相对稳定，这在成年后尤为明显。图 5.2 描绘了一般智力、流体智力和晶体智力的变化趋势。

提示

这里讨论的智力发展主要是就一般智力而言的，从智力的形态、智力过程、智力活动的性质来看，智力又呈现出不同的发展趋势。

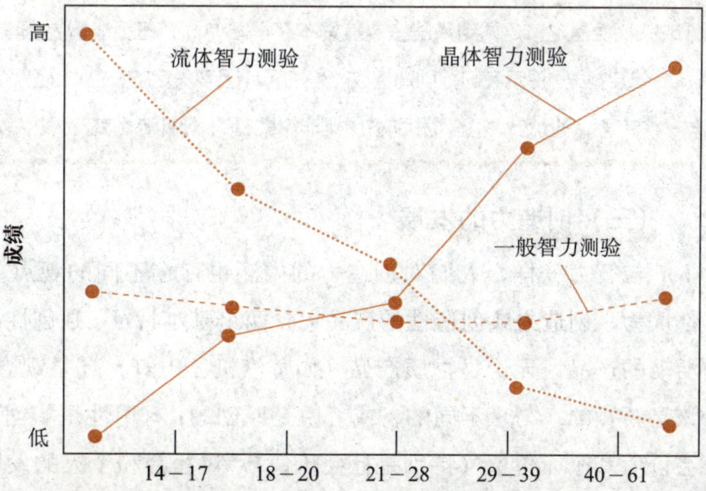

图5.2 一般智力、流体智力和晶体智力的测量结果

巴尔特斯和沙依(Baltes，1985；Schaie，1977，1978）进一步指出，儿童和青少年时期以智力技能的发展为主，智力技能的主要作用是负责组织信息加工活动和问题解决过程。他们智力发展的主要任务是获取知识和解决问题的技能。成年以后，他们才能运用这些知识、技能进行生活，承担社会责任。

拓展阅读

超常儿童的成就：高智力预示着高成就吗？

智力与创造力之间是一种什么样的关系呢？高智力预示着高成就吗？长期以来，这一直是人们十分感兴趣的问题，同时也具有多种观点。研究表明，高智力只是高创造力的必要非充分条件。也就是说，高智力未必有高创造力，未必能取得重大的创造性成就，而要表现出很高的创造力，取得创造性的成就，必须具备高于一般水平的智力。它们的这种关系也反映在下面这个案例中。

从20世纪20年代初开始，推孟在美国对超常儿童启动了一项规模较大、时间最长的（至今仍在继续）追踪研究。1921—1922年，他运用智力测验等方法，从学前儿童和中小学儿童中鉴别出1528名天才儿童，他们的平均智商为151，其中智商在170以上的有80名。他们的平均年龄为11岁。30年之后（这时研究对象的平均年龄为40岁），推孟发现，智力与成就并不是完全相关的。一方面，这些人在总体上取得了较多的成就，他们出版了67种著作，发表了1400多篇科学技术和专业论文，发表了200多篇短篇故事、中篇小说和剧本，还有236篇其他的文章，共获得专利150多种。另一方面，一些人智商高，有的智商甚至在180以上，却没有取得什么成就。

同样是高智商，为什么一些人能够取得较大的成就，另一些人却一无所成呢？推孟从中挑选出成就最大者与成就最小者各150人，对他们进行了比较。结果表明，成就较大者在自信、谨慎、进取心、坚持性等方面显著优于成就较小者，正是这些非智力因素让他们取得了更大的成就。换言之，这两组人的主要差异不在于智力，而在于非智力因素。

这个案例提示我们，创造性成就是由多种因素决定的，就个人因素而言，智力条件只是其中的一个方面，积极的人格品质和动机也是非常重要的。那种高智商必然会有高成就的看法是没有根据的。

（三）创造力的发展

与智力一样，人们对创造力的内涵也存在不同的观点。但是，大多数心理学家都认为，创造力或创造性的产品包含两个基本特征：独创性与有用性。独创性是创造活动的产品，无论是物质产品（如蒸汽机、电灯）还是观念产品（如相对论），都应该是新颖的、与众不同的，或者说是原创的；有用性是指创造活动的产品应当具有社会价值和个人价值（特别是社会价值），对社会和个人的发展是有用的，可以在一定程度上推动人类文明的进步。

国内以林崇德的观点比较有代表性。他认为，从认知层面来看，创造力是根据一定的目的，运用一切已知信息，以独特的、新颖的、有价值的方式解决问题时表现出来的智力品质，是智力的高级表现。它是新颖、独特而有意义的思维活动，是思维与想象、分析思维与直觉或灵感、发散思维与辐合思维的统一。他还将创造力与创造性人才区分开来，认为创造性人才是创造性思维与创造性人格的统一，它更主要地表现在非智力因素方面，而不完全体现在智力上。这种观点强调了创造力的系统性特点。

创造力：根据一定的目的，运用一切已知信息，以独特的、新颖的、有价值的方式解决问题时表现出来的智力品质，是智力的高级表现。

创造性人才：创造性认知、创造性人格或非智力因素的统一。

拓展阅读

创造的系统性：创造力的系统构成观与创造力的系统运行观

所谓系统，是指由不同的要素相互作用、相互联系所构成的一个整体，例如，人体可以看做一个由各类组织或结构相互联系构成的系统，人类社会也可以看做一个由人类的各级组织或机构构成的系统。系统是动态的、多层次的，各部分之间是不可分割的。

目前不少学者认为，创造活动或创造力都可以看做是一个系统。这种观点包括创造力的系统构成观和创造力的系统运行观。

创造力的系统观认为，创造力是多种因素力的“合力”，而创造性的人格和认知是其中的核心成分。这种观点认为，创造力具有多个层次，其中认知方面的创造力包括发散思维能力、独立的认知风格等，创造性的人格特征则包括独立、坚韧、较强的好奇心和创造动机、高度的挑战性和冒险性等。因此，创造力不等于创造性的认知能力，即使一个人的认知能力或智力可能很高，没有创造性的人格特征和创造的动机，也不可能做出创造性的成就。在这种意义上，创造力似乎更应该称为“创造性”而不是“创造力”。

创造力的系统运行观也就是关于创造活动的系统观。它认为，创造活动也可以看做一个系统，它受创造者的知识、认知能力、人格与环境因素的共同影响。这种观点认为，在一种具体的创造活动中，如在发明创造过程中，往往是环境提供了相应的支持性氛围，一个人在这种环境中产生创造的动机，在这种动机的推动下，运用已有的知识、技能，进行创造性的思维，最终产生创造性的产品。

综合这两种观点，不难得出，创造力是一种综合性的品质，创造则是一种综合性的活动，不能从某一个方面简单地理解它们。

链接

下列材料较好地总结了有关创造力和创造活动的观点，可以作为参考读物：

Mayer R E. Fifty years of creativity research. In R J Sternberg（Ed.），Handbook of Creativity. New York：Cambridge University Press，1999. 449-461

谷传华．创造系统观及其对创造教育的启示．教育研究与实验，2005，3

1.创造力的发展规律

创造力也有一个发展的过程。加德纳（Gardner，1983，1993）对爱因斯坦、毕加索等7位高创造性人物的研究发现，从初学者成长为一名取得伟大成就的精通者至少需要十年左右的时间，这就是所谓的“十年规则”。这段时期实际上是个体认知能力和专业知识的积累期。在知识积累的关键期内，创造性人物常常能够找到与自己取得完美匹配的专业。

加德纳（Gardner，1999）认为，智能和创造力有一个发展的过程。5岁之前的幼儿对领域或行业一无所知，因而没有专业性的创造力。10岁以后，儿童开始了解和掌握特定领域的规则，进入“学徒期”，形成了最初的创造倾向，具有创造性（或不具有创造性）的生命逐渐形成，那些处于自身文化边缘、雄心勃勃并执著追求、拒绝批评并坚持走自己的路的人，极有可能在“冒险中”开始富有创造性的生活。青春期是人生的十字路口，15岁到25岁是最为重视专业知识的阶段，是创造力开始“成形”的阶段。能否顺利地投入专业学习，坚持专业活动，并保持怀疑和冒险精神，将决定他们在今后能否表现出高度的创造性。在30岁到35岁时，个体领域化的过程真正完成了，这一时期，高创造性的人开始在自己的专业领域表现出成熟的创造性，在某些领域甚至可能取得持续的突破。

提示

创造力发展的“十年规则”可能是杰出的创造力发展的基本规律之一，它是指一个人从初学者成长为一名取得伟大成就的精通者，至少需要十年左右的准备和积累。这个规则有待于进一步证实。

2.创造力的发展趋势

从总体上看，随着认知、社会性等方面的持续发展，儿童的创造力也表现出不断增强的趋势，但是，这种趋势并不是直线式的上升，而是曲折上升的。

婴幼儿期是创造力的萌芽期。在这一时期，儿童的创造力主要通过游戏和日常的活动表现出来。他们在言语、表演、绘画、游戏等方面，都可能有创造性的表现。但是，由于知识经验的限制，他们的创造力发展水平还很低。

到了学龄初期，儿童的各种思维品质显著增强了。林崇德从20世纪80年代开始，系统研究了小学儿童在数学运算中的思维品质，发现小学儿童思维的敏捷性、灵活性、深刻性、独创性等品质总体上是随年龄增长而逐渐增强的。其中，在小学儿童思维的灵活性方面，"一题多解"的解题数量不断增加，灵活解题的精细性不断增加，组合分析水平不断提高。随着年级的升高，他们不仅能用多种解法解决数学运算问题，而且能综合运用加、减、乘、除和四则混合运算的规则进行发散性思维，进行灵活的运算。小学儿童思维的独创性主要表现在独立性、发散性和新颖性上。在自编应用题这种任务中，随着年级的升高，根据实物编题、根据形象编题、根据数字材料编题的数量都是逐渐增加的。他们一般是先模仿，经过半独立性的过渡，最后发展到独创编拟应用题。在语文和其他学科中也有类似的特点。此外，小学儿童的创造性还表现在他们的课外活动中，不少小学生都曾经在各种小发明、小制作以及绘画、音乐、舞蹈等艺术活动中获奖。这说明，小学时期是创造力的初步发展期。但是，从总体上看，小学儿童思维的独创性发展较晚。

早在20世纪初期，研究者就探讨了小学儿童创造力的发展问题，其中，以美国心理学家托兰斯（E. P. Torrance）等人在20世纪五六十年代开展的系列研究最有代表性。他们运用明尼苏达创造性思维测验（MTCT），考察了从小学一年级直到成年期各个时期的创造力发展特点。这个测验包括言语、图画和声音符号三套分测验。研究结果表明，从小学儿童到成年人创造性思维能力不是直线式上升的，而是呈犬齿状曲线上升的，但总体上是呈上升态势的。托兰斯描绘了儿童创造力发展的过程：小学一至三年级呈直线上升趋势，四年级下降，五年级又恢复上升趋势，小学六年级至初中一年级出现第二次下降，随后直到成年期基本保持上升趋势。在此过程中，创造力的发展共有四次突降或"低潮"：5岁、9岁、13岁和17岁，其中四年级（约9岁）突降现象最为引人注目。此后在不同文化背景下开展的创造力发展研究都发现了这一现象。这说明，这种"突降"具有某种跨文化的普遍性或一致性。对此，研究者给出了多种解释。托兰斯认为是由儿童要与同伴保持一致的压力导致的，到了四年级，儿童在言行、观点上认同同伴的倾向增强，这抑制了他们创造性思维的发展。还有的研究者认为是由教学导致的，这一时期学校的教学内容、教学方法、教师以及整体教学环境都会发生一些突出的变化，如教学内容会从以具体形象内容为主转为以语言逻辑为主，儿童一时难以适应，因而出现这种下降。

但是，由于遗传素质、环境因素的不同，儿童创造力的发展并不是整齐划一的，而是具有明显的个体差异。在生活中，有一些超常儿童在智力、创造力方面都发展较快，超过同年龄群体的一般水平，甚至在语言、艺术、自然科学和数学、社交等方面显示了特殊才能。另一方面，创造力的发展还表现出明显的领域差异。有许多证据表明，不同领域中的创造力既有跨领域的一面，也有领域特殊性的一面。

其实，小学儿童在学科学习中，就已经表现出优势领域的分化，他们对于不同的学科，常常表现出不同的能力水平和学习兴趣，在课外活动中也是如此。在儿童期所表现的特殊的语言才能、艺术才能、发明创造才能等，就是创造力发展的领域分化的典型表现。在现实生活中，一些儿童擅长学习数学，另一些孩子则擅长学习语文；一些孩子擅长解决各种学科问题，另一些孩子则擅长社交、运动或艺术。可以说，他们展示了不同形式的创造潜能。

拓展阅读

多元智力与多元创造力（创造性）

加德纳（Gardner，1983，1999）提出的多元智力理论将人的智力分为语言智力、数学逻辑智力、空间智力、音乐智力、身体运动智力、人际关系智力、自我认识智力、自然智力和存在智力，认为儿童可能拥有一种优越的智力，也可能同时拥有两种或多种优越的智力。

其中，语言智力是顺畅而有效地运用语言进行描述、表达和与人交流的能力，这类智力优越的人有记者、编辑、作家、演讲家、政治领袖等。数学逻辑智力是运用数理运算和逻辑推理进行思维的能力，优越者有侦探、律师、工程师、科学家和数学家等。空间智力是感知、记忆和改变物体空间关系，借此表达思想和情感的能力，优越者有画家、雕刻家、建筑师、航海家、博物学家、军事战略家等。音乐智力是感受、辨别、记忆、改变和表达音乐的能力，优越者有作曲家、歌唱家、演奏家、乐师等。身体运动智力是运用四肢和躯体做出恰当的反应、表达自我的能力，优越者有运动员、舞蹈家、外科医生、赛车手、发明家等。人际关系智力是与人相处和交往的能力，是觉察、体验他人情绪、情感和意图并据此做出适当反应的能力，优越者有教师、律师、公关人员、管理者、政治家等。自我认识智力是认识、洞察自身和自我反省的能力，优越者有哲学家、小说家等。自然智力是认识自然、适应环境的能力，优越者有旅游家、航海家等。存在智力是陈述、思考人类生存方式和终极世界的能力，又称为神灵智力，优越者有宗教领袖、哲学家、神学家等。

国内外研究表明，创造力也具有明显的领域特殊性，除了科学研究中表现的科学创造力、艺术创作中表现的艺术创造力之外，在社会生活和社会活动领域则存在社会创造力（创造性），社会创造力具有自身的发展规律。在其他的领域，也可能存在其他形式的创造力，甚至可以说，在日常生活的各个方面，都可能存在着特定形式的创造力。换句话说，在现实生活中，可能存在着多元创造力（创造性）。不同方面或领域的创造力在表现过程、发展趋势、影响因素等方面，可能具有不同的特点，就如同多元智力一样。也可以说，多元创造力是多元智力的突出表现形式。

具体地说，科学创造力包括自然科学领域的创造力与社会科学领域的创造力，艺术创造力包括音乐、绘画、雕刻、表演、手工制作等领域的创造力，社会创造力包括政治、军事、社会活动、公共关系、商业以及日常的社会事务等领域的创造力。同类创造力中的不同形式的创造力也可能有所不同。一个人可能在某个方面表现出杰出的创造力，也可能同时在几个方面表现出杰出的创造力。另一方面，可以把每种创造力看做一个连续体，每个人的创造力都处于这个连续体的某个位置，毫无创造力的人与创造力极高的人分别处于这个连续体的两端。每个人都有创造的潜能或潜在的创造力。

链接

下列材料系统地总结和评价了创造力发展方面的研究，可以作为参考读物：

Feldman D H. The development of creativity. In R. J. Sternberg（Ed.），Handbook of Creativity. New York ：Cambridge University Press，1999. 169-186

董奇．儿童创造力发展心理．杭州：浙江教育出版社，1993，261-287

申继亮等．创造力的跨文化研究及其对我国教育改革的启示。见中国心理学会编．心理学学科发展报告．北京：中国科学技术出版社 ，2007，79-86

谷传华，陈会昌．社会创造心理学．北京：中国社会科学出版社，2009

陈龙安．创造性思维与教学．北京：中国轻工业出版社，1999，294-334

俞国良．创造力心理学．杭州：浙江教育出版社，1999

下列文献讨论了创造力是否具有领域的特殊性这个问题：

Sternberg R J. Creativity or creativities? International Journal of Human-Computer Studies，2005，63，370–382

Baer J. The case for domain specificity in creativity. Creativity Research Journal，1998，11，173—177

第五节 儿童言语的发展

到童年中期之后，儿童的言语继续发展，他们的词汇量、对句子的理解和运用能力、言语表达能力都有了明显的提高。其中，书面言语的发展是这一时期言语发展的重要方面。

一、词汇和句子的发展

这一时期，儿童掌握的母语的词汇量迅速增加。美国的一项研究发现（Feldman，2006），6 岁儿童大概掌握 8000~14000 个单词，9—11 岁儿童的词汇量又可以增加 5000 个左右。另一项研究则发现，6 岁儿童已经掌握近 10000 个单词，他们每天大约要增加 20 个单词左右，到 10 岁时甚至能达到 40000 个单词（Anglin，1993）。儿童词汇量的扩大在很大程度上得益于书面语言的学习，通过课堂教学和阅读，他们不断获得新的词汇。另一方面，这也得益于儿童思维的发展，这一时期，儿童掌握越来越多的字词概念，掌握的积极词汇越来越多，也就是说，他们不仅能正确地理解词汇的意义，而且能较好地运用它们。

在这方面最明显的表现是，儿童逐渐能揭示字词概念的本质特征，能用一段话恰当地解释词语的意义。在这个过程中，低年级儿童通常指出字词概念的直观特征，也就是这个概念所指的事物的可以直接感知到的特征，或者指出事物的具体形象特征，高年级儿童则能揭示概念的本质特征。例如，对于“灯”这个词，低年级儿童可能认为它是“一种明亮的东西”，“明亮”是灯的一种直观特征，是可见的、具体的特征，高年级儿童则知道它是“一种照明的工具”，这是灯与其他事物的根本区别，是它的本质特征。因此，儿童词汇的发展也反映了儿童概念思维的发展。

在句子的发展方面，儿童不仅能正确地理解句子的意义，而且，能用越来越复杂的语句进行表达。在阅读、写作过程中，儿童掌握了越来越多的语法规则，对这些语法规则的运用也越来越熟练。他们能够纠正一些句法错误，说出越来越复杂的句子，尤其是对被动句和复合句的理解和运用能力越来越高。可以说，这一时期是儿童熟练掌握语法规则的时期。儿童逐渐能够围绕某一个主题，写出语法比较严谨的作文。这是儿童语言发展的典型表现。

儿童还能理解别人的“反话”,听懂别人的言外之意。这说明,儿童已经结合语境，正确地理解说话人的意思，而不是只从字面去理解语句的意义。这种能力在整个童年中期随年龄的增长而逐步提高。

儿童言语发展的另一个突出表现是他们的元语言意识显著提高了。元语言意识是人们对他们自己的言语活动的认识、评价和调控。幼儿已经对语音、语法有了一定的认识，到五六岁的时候，儿童已能理解语言是受一套规则支配的，在童年中期，儿童对语言规则的理解日益加深。元语言意识的发展有助于提高儿童的阅读能力，而且，还能帮助他们理解那些信息模糊或不完整的语句，在他们感到别人没有说清楚或说得不完整的时候，就会去问那些不清楚的地方。也就是说，他们对句法的意识增强了。

二、阅读能力和言语表达能力的发展

阅读能力和言语表达能力是儿童在童年中期持续发展的两种能力。在教学的影响下，儿童的语言运用能力不断提高，逐渐掌握了基本的阅读能力和书面表达能力，他们的言语交际能力也相应地提高了。

（一）阅读能力的发展

阅读是感知和理解书面语言的过程。阅读的过程中，儿童必须识字，理解字词的意义，而且，必须理解语句、段落的表面意义和深层意义。因此，阅读需要以一定的认知能力特别是思维能力为基础。另一方面，儿童的阅读也是他们学习其他课程、获得多方面知识的基础。大部分儿童在一、二年级以后已经能较好地进行阅读，喜欢进行课外阅读的孩子通常能获得更多的信息，拓展他们的知识面。

美国心理学家彻尔（Chall，1979，1992）把儿童阅读能力的发展分为 5 个阶段。

阶段 1（从出生到一年级）：在这个阶段，儿童掌握阅读必需的一些基本能力，如识别字母、认出非常熟悉的词；

阶段 2（一年级和二年级）：儿童开始进行真正的阅读。他们能进行语音拼读。

阶段 3（二年级和三年级）：儿童学会流畅地朗读，但不太理解句子的意思。他们还不能很好地把词的意义联系在一起。

阶段 4（四年级到八年级 *）：儿童已把阅读作为一种学习方法，通过阅读理解世界和各种事物。但是，他们往往只能理解反映某一种观点的材料。

阶段 5（八年级以后）：他们能够阅读和理解反映了多种观点的材料。这种能力一般在进入高中以后才能发展起来。

显然，在童年中期，儿童最初只是为阅读做准备，随后，开始真正意义上的阅读，但主要停留在语句感知和初步理解的水平上，对语句的理解能力还较低，最后，儿童能进行熟练的阅读，将语句的感知和理解统一起来。

*注：这里的八年级相当于初中二年级。

链接

罗伯特·费尔德曼著．苏彦捷等译．发展心理学——人的毕生发展（第4版）．北京：世界图书出版公司，2007，358—359

（二）言语表达和交际能力的发展

随着语言理解能力的发展，儿童运用语言表达自己、与别人进行交流的能力也逐渐发展起来。他们掌握了基本的人际沟通技能，而且，随着年龄的增长，他们还逐渐能够根据交际对象的特点，调整自己的言语行为和交谈的内容。

在一项有趣的研究中（Krauss & Glucksberg，1977），研究者要求4—10岁的儿童隔着一块不透明的隔板，向隔板另一边的同伴描述画有不熟悉图案的积木，以便让同伴能辨认出这些积木来。结果，幼儿通常不能恰当地描述这些图案，他们的同伴也无法根据他们提供的信息找出那些积木，但是，8—10岁的儿童则能较好地描述图案，向同伴传达较多的、能够将不同的积木区分开来的信息，同伴也能找出他们提到的那些积木。

儿童能较好地与别人沟通或交谈吗？研究证明，儿童已经具备了这一能力。6~10岁儿童通常能根据他们的交谈对象的特点调整自己的言语，如果知道一个人对某个东西不太熟悉，他们就会在交谈中提供更多的信息。但是，只有到了9~10岁，儿童才能根据交谈对象明确提出的要求，调整自己的交谈内容。

拓展阅读

儿童的交流障碍

这一时期，一部分儿童可能存在交流障碍。有研究表明，大约3%~5%的儿童具有交流障碍。这类儿童通常智力正常，但是，他们难以学会生词，掌握的语法十分简单，能够说出的句子类型很少，句子的结构变化不大，言语表达有困难（如说话时经常遗漏必要的信息、口吃），而且，在理解语言方面也有困难，如难以理解某些词或语法。他们经常遭到同伴的嘲弄或攻击，比较自卑，在社交活动中表现消极、退缩。研究表明，这种障碍通常与儿童在学校的表现（如学习成绩）有关。

观察

观察身边的小学生，看他们通常是怎样与人交谈的？他们通常能说出哪些类型的句子？跟不同的人交谈时，他们的谈话行为和谈话内容有什么不同？同时，注意观察那些具有交流障碍的儿童。可以从图书馆或互联网查阅有关的资料，与别人讨论一下如何帮助这些孩子克服交流障碍，让他们顺畅地与人沟通。

拓展阅读

儿童的认知能力是如何发展起来的：儿童心理发展的本质

在本质上，儿童的认知可以分为两个方面：一是向外的认知，一是向内的认知。向外的认知是指对外部世界的认知，包括前面讲到的对事物的感知、注意、记忆、想象、思维等；向内的认知是指对自身身心活动尤其是心理活动和行为经验的认知，最好称之为反省认知，这可能是人类超越于其他物种的最突出的优势和特点。动物也有向外的认知，高级的灵长类动物，特别是类人猿，甚至已经表现出类似于人类的思维能力。但是，很难说它们会反省自己的心理和行为。

向外的认知能力发展的本质是，随着感官触及范围的扩大，儿童对事物的特性及其关系的理解的拓展和深化，或者说儿童的理解在深度和广度上的变化。最初，儿童认知的主要对象是感官可以直接触及的事物，随着年龄的增长，认知对象的范围进一步扩大，包括了头脑中的各种形象、符号或者说心理表征。在此意义上，向外的认知能力的发展，实际上是儿童对所感知的事物或在心理上被表征的事物的特性及其关系的理解能力的发展。

向内的认知能力发展的本质是儿童对自身行为和心理活动的反省能力的拓展和深化，或者说是这种反省能力在深度和广度上的变化。它与儿童自我意识的发展紧密相连，也可以说，它本身就是儿童自我意识发展的一部分。随着年龄的增长，儿童的“主我”（作为认知主体的我）与“客我”（作为认知对象的我）逐渐分化，“主我”对“客我”的认识、评价、体验和调节、控制逐渐拓展和深化。相应地，儿童的这种反省认知能力也逐渐发展起来。综观认知发展的过程，可以看出，儿童认知活动的目的性、有意性是不断增强的，儿童逐渐学会“看到”自己的认知过程，并进行自觉的调节。这种反省能力在很大程度上决定着儿童认知活动的结果。

案例点评

通过上面的学习，你能回答本章开头的那个案例中提出的问题吗？

小结

在幼儿身心发展的基础上，小学儿童的身体进一步成长，感知、注意、记忆、思维和创造力等进一步发展。同时，他们建立各种社会关系的能力和道德也逐渐发展起来。从总体上看，小学儿童生理发展的突出特点是缓慢而稳定。

学习成为童年中期儿童的主导活动，对儿童的心理发展具有至关重要的影响。进入童年中期后，儿童的感知、注意、记忆、思维等各种认知能力都有了明显的发展，这突出地表现在认知活动的目的性或有意性、思维活动的抽象性等方面。童年中期儿童个性、社会性发展的主要任务是形成勤奋感，避免自卑感。儿童在个性、社会性方面有了进一步的发展，这突出地表现在自我的发展、社会交往的发展、品德的发展等方面。

儿童感知觉的感受性、有意性明显增强，逐渐从以无意注意为主，转变为以有意注意为主。而且，他们还会采取一定的注意策略，但无意注意仍然发挥着重要的作用。注意缺陷多动障碍是一种比较常见的注意障碍。

儿童记忆能力的变化突出地表现在记忆的有意性、记忆策略和自传体记忆等方面。小学儿童的有意识记、保持和有意再现逐渐占据主要地位；对语词、逻辑关系等材料的记忆效果逐渐提高，但是，在整个小学阶段，儿童对具体形象材料的记忆效果都要好于对抽象材料的记忆；意义记忆逐渐占据十分重要的地位，甚至占据主导地位，但机械记忆仍然发挥着十分重要的作用。另外，小学儿童，特别是中高年级儿童，已会采用复述、组织、精细加工等基本的记忆策略，提高记忆效果，儿童的元记忆能力和自传体记忆能力迅速发展起来。

小学儿童的思维已经进入具体运算阶段，从以具体形象思维为主，逐渐过渡到以抽象逻辑思维为主。他们逐渐摆脱了幼儿期的自我中心，能够实现守恒，进行等级分类，思维的逻辑性更强、更灵活，也更有组织性。但是，这一时期，儿童的思维仍然具有较强的具体形象性，表现出发展的不平衡性。从思维过程上看，儿童的抽象、概括、比较、分类等能力也达到了一个新的水平。

这一时期，儿童的社会认知进一步深化，这突出地表现在他们观点采择能力的发展方面。塞尔曼把儿童观点采择能力的发展划分为自我中心或未分化阶段、社会信息的观点采择、自我反省的观点采择、相互的观点采择、社会观点采择五个阶段。儿童对同伴关系或友谊的认知也发展到一个新的阶段。在道德认知方面，逐渐进入了自律道德阶段。

儿童智力发展的基本趋势是随着年龄的增长而迅速上升，而到一定年龄后发展的速度减慢。儿童智力的发展也具有明显的个体差异。从总体上看，儿童的创造力表现出随年龄不断增强的趋势，但是，这种趋势并不是直线式的上升，而是曲折上升的。

到童年中期之后，儿童的言语继续发展，他们的词汇量、对句子的理解和运用能力、言语表达能力都有了明显的提高。其中，书面言语的发展是这一时期言语发展的重要方面。阅读能力和言语表达能力是童年中期持续发展的两种能力。

第六章

儿童个性和社会性的发展

学习目标与探索性问题

- 你知道小学儿童个性、社会性发展的主要任务是什么吗？在这一时期，儿童已经具备了哪些个人条件和环境条件？
- 与幼儿相比，儿童的情绪发生了哪些突出的变化？他们能控制自己、坚持克服困难吗？
- 儿童的自我意识发生了哪些变化？他们对自己性别的认识与幼儿有什么不同？
- 儿童与同伴、父母、教师的关系发生了哪些变化？
- 与幼儿相比，他们的道德或品德发生了哪些突出的变化？他们是依据什么标准，判断人们的行为是不是道德的？他们能做到言行一致吗？
- 在计划生育政策的影响下，独生子女成为一种备受关注的社会现象，他们在个性、社会性方面有哪些特点？

第一节　儿童个性、社会性发展的基本条件和任务

进入童年中期以后，儿童个性、社会性的发展已经具备了哪些条件？他们需要形成哪些能力或品质？与别人建立什么样的关系？概括地说，这一时期儿童个性、社会性的发展已经具备了良好的个人条件和环境条件，也就是说，儿童身体的成长，已有的认知能力、社会能力，为他们个性、社会性的发展奠定了基础，而社会生活环境的变化，则成为他们个性、社会性发展的动力。

一、个性、社会性发展的条件

儿童身体的成长和动作技能的发展，已有的认知能力的发展，构成了儿童个性、社会性发展的个体条件；学习及其引起的社会关系（同伴关系、亲子关系、师生关系等）的变化，则构成了儿童个性、社会性发展的环境条件，儿童自身就是这种环境的组成部分。这些方面影响着儿童个性、社会性的发展，而个性、社会性的发展又反作用于这些方面。

（一）身体和动作技能的发展

*儿童身体的成长和动作技能的发展，对于他们个性、社会性的发展具有怎样的影响？*从儿童自身已经具备的条件来看，他们的身体进一步发育，神经系统进一步成熟，身体比例已经接近成年人，而且，各种大肌肉的动作技能和精细动作技能有了比较充分的发展。他们能比较灵活地跑、跳、投、写、画等，这有利于拓展他们的社会活动范围，促进他们的社会交往。在身体和动作技能发展的基础上，他们开始参加各种集体活动，在许多学校中，每年都会组织运动会或体育比赛，小学儿童踊跃参加这类活动，不仅促进身体的健康成长，而且，可以逐渐理解集体规则，学会遵守规则。

而且，儿童身体的成长还引起了他们与同伴的交往形式的变化。他们开始与同伴进行越来越多的团体游戏，经常一群人在一起踢球、跳绳、踢毽子等。这有利于他们形成良好的同伴关系，与同龄儿童成为好朋友或建立友谊，在此过程中，他们解决各类社交问题的能力或社会交往能力不断提高。

另一方面，动作技能的发展，特别是手的精细动作技能的发展，有利于儿童独立生活能力和学习能力的发展。在成人的教育和要求下，儿童不再像婴幼儿那样依赖别人，他们必须学会独立地吃饭、穿衣，学会独立地写字、绘画，进行各种手工制作。这有利于独立性的发展，在完成这些日常事务的过程中，他们不断地获得成功感，自我效能感提高了。自我效能感是儿童对自己能力的认识和体验，也就是他们完成某种任务时成功的把握有多大。自我效能感较高的儿童通常比较自信，能勇敢地迎接挑战、克服困难，反之，那些自我效能感较低的儿童则比较自卑、退缩。

（二）学习

*学习为儿童个性、社会性的发展提供了哪些有利条件？*进入童年中期以后，学习成为儿童的主导活动。学习与游戏不同，它要求儿童遵守集体规则，系统地、有目的地获得教育教学计划规定的知识、技能，形成相应的态度。

首先，态度的学习构成儿童学习的重要内容之一。态度包括一个人对某个事物或事件的认识、体验和相应的行为倾向。按照教学要求，儿童入学后，要形成对社会、对国家、对集体、对他人的积极态度。每个国家都会对儿童提出这类要求，并为他们提供相应的教育教学条件。在小学时期，一般会开设某些专门的课程，如思想品德修养、公民与社会、历史等，让儿童形成特定的价值观和品德。而且，态度学习还渗透于其他各个学科的学习过程中，例如，在语文学习中渗透着某种文化、价值观，让学生形成对文化传统的积极态度；在数学和物理、化学等课程学习中，让学生形成积极的世界观和对科学的积极态度，在学习知识、技能的同时，潜移默化地进行态度学习。

其次，学校教学需要儿童理解和遵守特定的集体规则，这有利于促进他们社会认知的发展。通常，在学校里，教师会通过班级授课的方式进行教学，而且，他们通常会要求儿童履行一系列社会义务，如值日。儿童必须适应这种集体生活，逐渐成长为一个合格的集体成员或社会成员。经过一段时间的集体生活，大部分儿童都能遵守班级和课堂行为规则，完成学习任务。

另外，学习需要付出意志努力，这有利于增强儿童的自我意识特别是自我控制能力，促进注意和意志的发展。儿童入学后，从游戏活动的参与者逐渐转变为知识、技能和态度的学习者，他们需要控制自己的冲动，让自己在一定时间内集中注意于学习任务；需要按时上、下课，完成作业，与同伴合作，一起游戏或完成任务。所有这些，都对他们个性、社会性的发展提出了新的要求。

（三）社会关系的变化

这一时期，儿童的各种关系（包括亲子关系、同伴关系和师生关系）对他们个性、社会性的发展具有怎样的影响？进入童年中期后，儿童的社会关系变得更为复杂，原有的社会关系发生了一系列明显的变化。在家庭中，学习成为影响他们与父母或其他抚养者交往的重要因素，学习问题成为亲子共同关注的问题，他们的交谈经常是围绕这个问题展开的，另一方面，亲子交往的时间减少。在学校中，围绕知识、技能和态度的学习，他们与教师形成了一种新的关系。而且，他们开始与同龄的伙伴一起，形成同伴团体，一起游戏、学习或开展各种课外活动。可见，在总体上，这一时期，教师、同伴对儿童的影响明显增强，而家庭的影响相对减弱。

在师生交往中，教师对儿童产生了深刻的影响。教师的期望会转化为儿童对自己的期望，教师会成为学生模仿的榜样，他们的行为、态度或价值观潜移默化地影响着儿童。因此，教师的影响不仅表现在知识、技能方面，而且表现在个性、社会性的发展方面。这一时期，教师是儿童心目中的权威人物，他们制定的规则常常是儿童评价自己和别人的标准。

同样，同伴交往对儿童也有着深刻而广泛的影响。儿童与同伴之间的比较（社会比较）会影响他们的自我意识，让他们形成特定的自我评价、自我体验，提高或降低他们的自尊（让他们感到自信或自卑）；在同伴交往中，儿童通过相互模仿或观察学习，可以学习各种社会技能，学会怎样与人交往，提高与人合作和解决各种社交问题的能力；通过交往，儿童还会在同龄人之间建立亲密的社会关系，与同伴形成友谊或结成好朋友，交流经验，互诉烦恼；在学习和其他活动中，同伴之间还相互帮助，或者相互竞争，从而促进儿童各方面能力的发展。另外，儿童在同伴团体中还能获得一种安全感。可以说，儿童这一时期的同伴交往满足了他们安全的需要、归属的需要、交友的需要、自尊的需要。研究一致表明，良好的同伴关系可以有力地促进儿童的心理健康，促进社交能力、合作、责任感等社会性品质的发展。

（四）认知能力的发展

儿童已有的认知能力对他们个性、社会性的发展具有哪些有利的影响？如前所述，进入童年中期后，儿童的感知、注意、记忆、思维等各种认知能力都有了明显的发展，思维能力明显增强。认知与个性、社会性之间是相互影响、相互促进的，因而认知的发展也成为儿童个性、社会性发展的重要条件。

一方面，儿童的有意注意和有意记忆能力进一步发展，并逐渐占据主导地位，这有利于增强他们的自我控制能力，提高观察学习或模仿的效果。另一方面，儿童思维的抽象逻辑性逐渐增强，对自己认知活动的认知和调节、控制能力也进一步提高，这直接影响着他们对他人、对人际关系和社交问题的认知，也影响着他们的社交能力和解决人际关系问题的能力。这一时期，儿童的自我中心逐渐减弱，能够从别人的立场思考问题，相应地，他们能较好地理解别人的观点、感受和意图，观点采择能力进一步提高了。

在儿童个性、社会性的发展过程中，上述各个方面是相互联系的，它们共同影响着儿童的性格、能力和其他社会性品质的发展。这多个方面的变化及其相互影响，共同促成了这一时期个性、社会性的变化。

二、个性发展的基本任务

这一时期，儿童个性发展的基本任务是什么？换句话说，一个儿童在个性发展方面需要达到哪些基本的要求？进入童年中期之后，周围的社会环境对儿童提出了新的要求。在学校里，教师要求儿童掌握系统的知识和技能，形成对别人、对集体、对国家和社会的积极态度。在同伴交往和集体生活中，则要求儿童与同龄儿童建立积极的社会关系，成为为集体所接纳的成员。因此，在学习中，儿童需要有足够的自信或自我效能感，形成勤奋感和较高的成就动机，这是他们勤奋学习的基本条件。通过学习，他们需要掌握各种基本的认知技能、生活技能和社会交往技能，在社会生活中，他们需要建立亲密的友谊或社会关系。所有这些，都是这一时期个性、社会性发展的基本任务。其中，形成良好的勤奋感和自我效能感，是儿童个性发展的最主要任务。

埃里克森认为，童年中期儿童个性发展的基本危机或冲突是勤奋感对自卑感，形成勤奋感，避免自卑感，是这一时期个性发展的基本任务。如果儿童能成功地解决这个危机或冲突，就可以形成勤奋感，反之，则容易形成自卑感，对后来的发展带来消极影响。

所谓勤奋感，就是儿童学习新的技能和踏实地工作的愿望。随着年龄的增长，儿童不断地发现自己是能够做一些事情的，每当成功地完成任务或做好一些事情（包括完成作业、学会数学运算、帮父母做家务等），他们的自信或自我效能感都会有所增强，他们的成就动机也会不断增强。在这种成就动机的推动下，一些孩子总想在学习或各种比赛中“做得最好”，在日常生活中，具有勤奋感的儿童总是努力地、勤奋地学习新的技能，获得新的能力，希望为周围的人、为社会多做点事情。在这个过程中，儿童会形成“能力”这种品质。他们会感到自己是有能力的，是能够为别人、为社会、为家庭“做贡献”的，认为自己能掌握知识和技能，成功地完成任务。在一些文化中，人们通常认为，童年中期儿童已经有能力为家里做工了，因而要求儿童帮助成年人做事，在这个过程中，儿童的自我效能感大大提高了。

但是，另一方面，如果儿童感到很难学会各种知识和技能，或者发现自己比周围的同伴做得差，他们就会感到自卑，或者产生一种无能感。与那些形成勤奋感的孩子相反，这类孩子经常退缩，比较消极、被动，甚至退回家庭或父母身边寻求保护，在同伴关系中，这类孩子也更可能遭到同伴的拒绝，形成较强的孤独感。显然，这一时期，儿童与同伴在学习成绩、日常行为等方面进行的社会比较，影响着他们的自我评价和自我效能感。

在适应集体生活的过程中，学会与同伴交往，增强社交能力，是这一时期的基本任务之一。与婴幼儿不同，学龄儿童的学习、游戏通常都具有集体性或群体性，在学校里，他们在班级集体中学习，在一起游戏，甚至还一起参与某些社会活动（如义务劳动、义务宣传）。在这个过程中，他们要了解同伴的心理和行为，解决与同伴的冲突，学会与同伴竞争和分工合作，同时，形成集体归属感和集体荣誉感，学会为集体而努力。不同班级之间、不同小组之间经常举行各种比赛，为自己所属的集体争取较好的成绩，经常成为儿童分工合作的目标。在这种集体生活中，儿童逐渐学会了理解别人的心理，发展起观点采择能力、问题解决能力、协作能力、自我调节和控制能力，同时也逐渐形成较强的集体责任感。

可以说，儿童个性发展的基本任务是由这一时期生活环境的变化促成的，另一方面，也是以儿童认知的发展为基础的。在勤奋感、自我效能感和社交能力发展的基础上，他们的各种个性品质逐渐发展起来，他们的社会关系也日益广泛而复杂，对不断变化的社会环境的适应是他们个性发展的基本动力。

拓展阅读

问题解决能力：儿童必备的一种能力

问题解决能力，也就是解决问题的能力，是人们以适当而有效的方式，在解决各种认知问题和社会性问题的过程中所表现出来的综合能力。这里的问题大致可以分为两类：认知问题（非社会性问题）与社会性问题。认知问题包括在学科学习中遇到的各类问题（如语文、数学等课程中需要解决的各类问题）、在各个研究领域中（如自然科学研究、社会科学研究）遇到的各类学术问题等；社会性问题包括人们自身的问题（如如何更好地安排时间或时间管理的问题、个人情绪调节问题、个人生涯规划或职业选择问题）、人际关系问题（如人际冲突问题、建立友谊或友好关系问题）和其他的群体和社会问题（如环境保护问题、社会安全问题）。相应地，问题解决能力也包括解决认知问题（非社会性问题）的能力与解决社会性问题的能力。对小学儿童来说，这两种问题解决能力的发展都很重要，而解决社会性问题的能力显得尤为重要。

儿童入学后，在语文、数学等课程的学习中，需要解决各类认知问题。儿童应当在教师的指导和帮助下，学会解决不同学科中的认知问题，形成相应的认知能力或解决认知问题的能力。同时，在社会生活中，包括在家庭、学校和同伴交往中，儿童也会不可避免地遇到各类社会性问题，特别是人际关系问题，包括亲子关系问题、师生关系问题和同伴关系问题。同样，儿童要学会解决这些社会性问题，在此过程中，逐渐培养和发展起社会性问题的解决能力。从儿童的整个心理发展过程乃至毕生发展来看，这一时期都可以看做重要的奠基期，这一时期发展起来的问题解决能力是随后各个时期发展的基础。换句话说，在青少年时期和成年期，人们解决各类认知问题和社会性问题的能力，都是在这一时期问题解决能力的基础上发展起来的。可以说，学会解决问题，是儿童最基本的生存能力，是儿童必须完成的基本任务，也是他们未来学习、研究和生活的基本条件。

大量研究证明，那些能够采取适当、有效的方式，解决生活中的各类问题的儿童、青少年和成年人，往往拥有健康的人格和情绪，拥有良好的人际关系，能够积极地应对生活中的各种压力，适应能力较强。相反，那些问题解决能力较差的人心理障碍或疾病的发病率往往较高，人际关系较差，在家庭、工作和日常的社会生活中矛盾重重，难以适应。

促进儿童问题解决能力的发展，不仅需要培养问题解决的技能，而且要形成积极地解决问题的人格倾向，这也是成功地解决问题的基本条件之一。形成问题解决的人格倾向，养成良好的问题解决习惯，应该成为问题解决教育的重要内容。

链接

下面的文献系统地总结了多年来社会性问题解决方面的理论和实证研究，对于了解问题解决能力的影响和意义，很有帮助：

Chang E C，D'Zurilla T J，Sanna L J. Social problem solving：Theory，research，and training. Washington：American Psychological Association，2004

第二节 儿童情绪和意志的发展

老师每次公布考试成绩之后，小学生们都叽叽喳喳地讨论谁的成绩最好，或者看别人的成绩是不是比自己好。如果获得了好成绩，他们就会感到很自豪。一些成绩较差的学生则有点沮丧，因为他们害怕爸爸、妈妈不高兴。但是，许多学生总是觉得自己在一些课程上学得好，很自信，而在另一些课程中感到不如别人。那些在运动会上经常夺冠的孩子，也经常"洋洋自得"，特别喜欢"炫耀"自己"身体棒"。另一方面，经过一、二年级的适应，许多孩子已经很容易地按照老师的要求，规规矩矩地坐在课桌旁边听老师讲课，在四十多分钟的时间内，他们竟然很少分心。这些现象反映了小学儿童的哪些心理特点？

情绪、情感和意志的发展是儿童个性发展的重要方面。与幼儿相比，学龄儿童的情绪、情感有了哪些明显的变化？他们能自觉地控制自己，克服困难，达到自己的目标或完成任务吗？可以说，这一时期，儿童的情绪体验更为深刻，他们的各种意志品质，包括自觉性、独立性、果断性、自我控制等，也有了十分明显的提高。

一、情绪的发展

儿童情绪体验的发展表现在多个方面，其中包括自我情绪体验的发展、情绪理解能力的发展以及情绪的调节和控制能力的发展。

（一）自我情绪体验的发展

自我情绪体验是在自我评价的基础上产生的。一个儿童如果能积极地认识和评价自己，如认为自己很棒，就会产生自豪、自信等积极情绪，反之，如果儿童对自己的能力或表现具有消极的评价，或者与同伴进行社会比较时，认为自己做得很差，就会感到自卑。这一时期，儿童的自我体验更为深刻，自尊进一步发展。

自尊是一个人在总体上或在某个方面评价自己时所产生的情绪体验。一般情况下，如果一个儿童对自己评价较高，就会有较高的自尊，相反，如果自我评价较低，就会有较低的自尊。进入童年中期以后，自尊出现了明显的分化，在某些方面，他们的自尊较高，而在另一些方面，他们的自尊则可能较低。一些儿童学习成绩较好，在学业方面自尊较高，而在身体外貌方面自我评价较低，自尊也较低，经常感到自卑；另一些儿童有很多好朋友，认为自己在同伴中的地位较高，很受欢迎，因而他们在社交方面的自尊也较高，表现得非常自信，但是，他们的学习成绩并不是最好的，因而在与同伴进行比较时，他们的学业自尊比较低。同样在学业方面，他们的自尊也可能是不同的。例如，一些孩子特别擅长学习语文和历史等人文学科，而在学习数学等科目时则感到比较困难，相应地，他们在人文学科的学习中往往自尊较高，在数学等科目的学习中自尊则较低。儿童自尊的分化与他们能力的分化紧密相连，在具有能力优势的领域，他们的自尊通常较高，而在能力处于相对劣势的领域，他们的自尊通常较低。从自尊的发展来看，学龄儿童总体上的自尊有所提高，但在进入青春期时，这种总体的自尊会有所下降。

儿童自尊的变化通常是由他们的社会比较引起的。1954 年，美国心理学家费斯廷格（Leon Festinger）首先提出了“社会比较”（social comparison）这一概念。它是指一个人在评价自己的行为、能力、专长和看法时与别人进行的比较。人们在评价自己的时候，常常不能进行客观的测量，因而他们需要以社会现实或别人为参照，看别人是怎么做的，将自己与别人进行比较，在此基础上对自己做出判断。

自尊：一个人在总体上或在某个方面评价自己时所产生的情绪体验。

思考与讨论

儿童自尊的这种变化趋势可能是由哪些因素引起的？可以就这一问题与同学讨论，也可以结合自己小学时期的经历，给出可能的解释。

许多研究发现，童年中期的儿童在评价自己时，经常参照那些与自己相似的人。在自尊受到威胁时，他们也会与那些不如自己的人进行比较（向下的社会比较），以保护自己的自尊，他们可能会说，“看，他还不如我呢。”而在与那些好于自己的人进行比较时（向上的社会比较），他们的自尊往往会降低。许多研究发现，低自尊与不良的学习成绩之间往往形成恶性循环，也就是说，儿童较低的自尊往往会导致学习成绩较差，而这又进一步降低了他们的自尊。有的心理学家指出，强调说理的权威型教养方式有利于孩子客观地评价自己，有利于打破这种恶性循环。

（二）情绪理解和情绪调节能力的发展

儿童知道在什么场合表现什么样的情绪吗？他们能根据不同的场合调节自己的情绪吗？这个问题涉及儿童对情绪的理解和调节能力。研究证明，儿童已经清楚地意识到，人们表达的情绪应当适合具体的情境，而且，他们已经能根据情境的不同，主动地调节和控制自己的情绪。例如，有的儿童在学校里挨了老师的批评，在同学和老师面前表现得比较平静，在一个人的时候却伤心地哭泣。

在本章第一节中提到，进入学龄期以后，儿童已理解，由于人们获得的社会信息不同，他们对同一件事的看法和感受也可能不同。例如，在被问到华莉的父亲会不会因为她爬树而生气时，儿童会说，“如果他不知道华莉为什么爬树，他就会生气；但是，如果他知道华莉为什么爬树，他就不会生气。”到了 8 ～ 10 岁左右，他们知道，如果华莉爬树，她的父亲就会担心她的安全。这说明，学龄儿童不仅能够理解在不同的情况下人们对同一事件的感受可能是不同的，如在知道爬树的原因与不知道爬树的原因这两种情况下，父亲的感受不同，而且，能够站在别人的立场上，理解不同身份或角色的人对某些事情的一般感受，如父亲会因为女儿爬树而感到担心。这说明，儿童逐渐克服了自我中心，观点采择能力或移情能力提高了。

在情绪的调节和自我控制方面，他们还会采取一定的策略，调节自己的情绪，尤其是控制自己的愤怒、恐惧、沮丧等消极情绪。在考试成绩不理想的时候，一些儿童会把自己与那些成绩不如自己的同伴相比较，通过这种向下的社会比较，保护和维持自尊，抚慰自己。这种情绪调节策略的发展有利于儿童的心理健康，也有利于维持他们的成就动机。

此外，与幼儿相比，儿童的情绪也更为丰富。在受到表扬时，他们会感到自豪；在遭到批评时，他们则会感到羞愧、不安。自豪、羞愧都是与自尊有关的情绪体验。在集体生活中，他们逐渐形成了对集体的多种情感，包括对集体的责任感、自豪感。在班级之间的比赛中，他们经常为自己班级赢得好名次而感到自豪，他们还经常为自己是哪个学校的学生感到自豪。同时，他们还会按照教师的要求，按时值日，履行各种社会义务（如维护班级纪律），把这些事情看做自己的责任。随着认知能力的提高，他们还表现出很强的理智感或求知欲，经常为了弄明白某件事情，主动地查询各种书籍或课外资料，询问老师和家长。而且，他们的道德感也进一步增强。道德感是人们在评价一种行为是否符合道德规范时所产生的情感体验。儿童经常会指出同伴身上的那些“不道德”的行为，甚至会向老师“打小报告”。这可以说是一种道德感的表现。当然，这些情感的发展与态度方面的教育密切相关。

观察

观察小学儿童的情绪，看他们通常具有哪些情绪？这些情绪通常在什么场合或情境中表现出来？

二、意志的发展

进入学龄期，儿童的意志得到了进一步的发展，这最突出地表现在心理和行为的有意性或目的性、自觉性和自我控制能力的发展等方面。

首先，儿童的各种认知活动的有意性进一步增强。前面提到，这一时期，儿童的注意从以无意注意为主逐渐转变为以有意注意为主。这在学习过程中表现得十分明显。他们可以在较长时间内控制自己，集中注意教学内容，而避免分心。在做作业、完成各种任务时，也表现出同样的行为特点。类似地，有意记忆也逐渐占据主导地位，抽象的字词、课文、公式等材料未必能引起儿童的兴趣，但是，他们仍然能控制自己，努力记住它们。他们能够按照教师的要求，进行思考和讨论。幼儿常常无法做到这一点，他们经常忘记教师的要求，为各种无关刺激所干扰，很容易分心。随着神经系统的成熟、言语和智力的发展，儿童的自我调节和控制能力大大增强了。

从行为的目的性来看，儿童的行为逐渐服务于长远的目的。低年级儿童往往更关注比较直接的目的，为了得到好分数和奖励，或者为了得到家长和老师的表扬，而克服困难，努力学习。随着年龄的增长，到高年级以后，儿童逐渐关注更长远的目的，为了将来能上一所好学校，或者为了成为一名像某些榜样人物（如某个著名的科学家）那样的人而努力学习。这种长远的目的对儿童的行为具有长期的调节作用。

社会比较：一个人在评价自己的行为、能力、专长和看法时与别人进行的比较。它反映了个体以别人为参照进行自我评价的能力。

与幼儿相比，儿童的独立性也显著增

强了。不难发现，在日常生活中，学龄儿童已经不需要成人“包办代替”。他们能独立地吃饭、穿衣、整理书包、上学、放学回家，独立地绘画、做作业，独立地选择游戏伙伴，一起做游戏，甚至能独立地制定游戏的规则。可以说，儿童已经能够按照自己的意图和兴趣进行各种活动。

自觉性是一种重要的意志品质，自觉性较高的儿童能够发自内心地、自愿地行动，而不需要外部规则的约束。从行为的自觉性来看，儿童在这一时期逐渐能够自觉地遵守纪律，这些纪律包括班级学习纪律，如在课堂上应遵守的纪律、课外活动中应遵守的纪律，也包括学校制定的各种纪律或规则要求。林崇德（2002）指出，儿童自觉纪律的形成实际上是由外部的纪律要求向内心的需要的转化过程，一般要经过三个阶段：在第一阶段，依靠教师制定的具体行为规则和教师及时的检查，儿童还不能很好地遵守纪律；第二阶段是一个过渡阶段，儿童能够理解纪律的要求，一般能够遵守纪律，但还没有形成自觉纪律；在第三阶段，儿童能够将遵守纪律规则转化为自觉的行动。显然，儿童自觉性的发展实际上是外部的纪律要求逐渐内化的过程，是由外部制约转化为自我制约的过程。这也是道德发展的重要方面。

与幼儿相比，学龄儿童意志的控制性品质明显增强了，自我控制能力进一步提高了。延迟满足实验的结果充分说明了这一点。在延迟满足实验任务中，研究者通常会在儿童面前放一些他们可以随时得到的不太好的“诱因”或诱惑物（如一块不太好吃的糖），同时告诉他们，如果能控制自己一段时间，就可以得到更好的“诱因”（如一块非常好吃的糖），但是，如果控制不住自己，可以随时得到这种不太好的“诱因”，但却得不到更好的东西了。20 世纪七八十年代，国外心理学家米切尔等人（Mischel & Mischel，1983，1986）对儿童进行了一系列研究，发现幼儿一般很难控制自己，或者控制自己的时间很短，他们更希望得到即时的满足。童年中期的儿童通常能长时间地控制自己，以得到更好的东西，也就是说，儿童的延迟满足能力增强了。对 10 岁以后的儿童来说，这种能力已经比较充分地发展起来了。在延迟满足的过程中，他们甚至会采用一些策略，如转移注意、用布把“诱因”盖起来、蒙住眼睛，以更好地控制自己。许多研究表明，儿童的自我控制能力对于他们将来的发展具有十分重要的影响，可以预测他们青少年时期的学业能力、社交技能以及应对压力的能力。

拓展阅读

忍耐的回报：延迟满足的孩子发展得更好吗？

心理学家发现，那些能抗拒一时的诱惑，忍耐力较强的孩子通常“更有出息”。米切尔等人在 20 世纪 70 年代初开展的一项延迟满足实验研究中，让实验员告诉儿童，如果他们可以等 15 分钟，就可获得一份非常诱人的点心；但是，如果不能等那么久，他们就可以随时按铃通知实验员，这时，他们就只能获得一份不太好的点心。在这段时间内，这两份点心儿童都可以看得见。幼儿一般只能等待一两分钟，就禁不住去按铃了，而也有少数幼儿能够用遮住眼睛、唱歌、做游戏等方法，等足 15 分钟，而得到了那份更好的点心。进入童年中期以后，许多儿童都能做到这一点。

心理学家随后进行的一系列追踪研究发现，这种早期的自我控制能力可以预测他们以后的学习和生活状况。进入青少年时期以后，那些在早期耐性较差（不能延迟满足）的孩子通常没有耐心，很容易冲动，而那些在早期能够延迟满足的孩子，在学业能力、社交技能、压力应对能力、独立性、自信等方面，都要好于那些耐性差的孩子。一些研究甚至发现，那些在幼儿期自我控制能力最强的孩子，在学业能力测验中的成绩也是最好的，而且，这种早期的忍耐甚至可以预测人们成年后在事业上的成就。心理学家认为，这很可能是因为，自我控制能力是一种相对稳定的人格特征。

案例点评

通过上面的学习，你能分析本节开头的那个案例中提出的各种现象吗？

第三节　儿童个性和社会性的发展

进入小学以后，人们经常可以看到儿童经常成群结队地在一起，一块上学、放学和做游戏，男孩经常在一起打打闹闹，进行各种比赛，女孩则经常是少数几个人在一起，显得十分亲密。他们知道自己的性格，经常与那些与自己性格相似的同伴成为好朋友。而且，小学生不再像幼儿园的孩子那样总是说“我很棒”，而是经常感到自己在语文或数学等科目上学得不太好，甚至有点自卑。他们很容易听老师的话，一些小学生甚至经常向老师打“小报告”，说某个同学不听话。一些学生还会有言行不一的现象，当着老师的面表现很好，一旦到了家里或外面，就变成了另外一个人。从小学生的这些行为，你看到了他们的哪些心理特点？

与幼儿相比，儿童在个性和社会性方面发生了一系列明显的变化。这些变化表现在自我意识、性别意识和行为方面，也表现在他们的社会关系和道德方面。对于独生子女来说，他们在这些方面的发展又具有某些特殊之处。

一、自我意识的发展

儿童入学后，自我意识发生了哪些突出的变化？在童年中期，儿童的自我意识的突出特点可以用“分化”、“心理化”、“全面化”几个词加以概括。

（一）自我意识的分化

童年中期以后，儿童的自我概念（包括自我认识和评价）开始发生明显的分化，或者说，分为不同方面的自我概念。如果问儿童，“你是一个什么样的人？”或者，要求儿童描述自己，他可能会从自己的身体或外貌特征、学业、同伴关系等方面进行描述。

随着年龄的增长，儿童的自我概念越来越分化。概括地说，儿童的自我概念通常可以分为身体自我概念、情绪自我概念、社会自我概念、学业自我概念等方面，其中，身体自我概念包括身体能力、外表方面的自我概念，一个儿童可能会说，我跑得很快，但我长得不好看，这就是儿童从体能和外表方面进行的自我描述和评价，是儿童的一种身体自我概念。情绪自我概念是指儿童对自己情绪、情感特点的认识和评价，儿童可能会说，“爸爸、妈妈经常让我干这干那，我感到很烦。”这就是儿童的一种情绪自我概念。社会自我概念是儿童对自己的同伴关系、对生活中重要的人的认识和评价，一个儿童可能这样描述自己，“我的伙伴们都很喜欢我”，“我的爸爸、妈妈很爱我，我也很爱他们，大家在一起时都很高兴。”学业自我概念是儿童对自己学习不同课程的能力的认识和评价，儿童可能会这样描述和评价自己，“我语文学得很好，每次考试分数都很高，但是，我数学学得不太好，感到有点难。”这些方面的自我概念又可以分为两大方面：学业自我概念与非学业自我概念（包括情绪自我概念、社会自我概念和身体自我概念）。

在20世纪80年代初，另一位心理学家哈特编制了一个自我概念量表，从认知能力、社交能力、运动能力和普遍的自我价值四个维度，评价儿童的自我概念。其中，认知能力包括儿童的学习成绩、聪明程度、理解力、是否遵守纪律等方面，社交能力包括是否有许多朋友、是否善于交往、是否受人欢迎、在同伴中的地位如何等方面；运动能力包括体育活动成绩、是否经常被选拔参加比赛、对同伴游戏的参与情况等方面；普遍的自我价值包括是否认为自己是个好人、是否感到愉快、是否希望保持现状等方面。在随后的研究中，哈特又把小学儿童自我评价的内容分为五个方面：外貌、行为品质、学业能力、运动能力、亲和能力（社交能力）。哈特发现，小学儿童已经能较好地评价自己各个方面的特点。与此相应，儿童的自尊也逐渐分化为上述不同的方面。

儿童自我概念和自尊的分化，既与他们的认知能力的发展有关，也与这一时期生活环境的分化、他人评价的变化有关。一方面，思维能力的发展使儿童有可能将自己的各个方面作为认识和评价的对象，关注别人对自己的看法。另一方面，在学校生活中，教师从学业、体能、同伴关系等方面对儿童进行的评价，儿童从多个方面与同伴进行的社会比较，都可能让他们在各个方面产生相应的自我认识、自我评价、自我价值感或自尊。

（二）自我意识的“心理化”（心理自我的发展）

所谓“心理化”，是指儿童的自我描述逐渐能概括自己的心理特点，或者说，从心理上描述和评价自己，逐渐产生了心理自我，也就是从心理上界定的自我。

年龄较小的儿童在描述自己时，倾向于描述具体的外部特征，如自己的姓名、年龄、长相、穿着、家庭等，但是，随着年龄的增长，特别是到小学高年级时，儿童逐渐能从心理上描述自己，一个 9 岁的孩子可能会说，“我是班上最聪明的男孩，我喜欢上学。”一个 11 岁的孩子可能会说，“我不是很漂亮，我的成绩一般，但是，我喜欢帮助人，我很善良，也很大方。”这里的“聪明”“喜欢帮助人”“善良”“大方”指的是一个人的能力或性格特点。儿童能从心理上描述自己，表明他们已经从心理上将自己与别人区分开来，心理自我逐渐发展起来了。这与儿童抽象概括能力的发展密切相关，因为心理特征不同于具体的行为，它具有抽象性、概括性。

（三）自我意识的全面化

所谓全面化，是指儿童这一时期的自我意识更为全面，他们对自己的认识、评价与别人（包括教师和同伴）对他们的认识、评价比较一致，或者说，他们的自我意识变得比较“客观”了。

> **自我概念**：对自身生理、心理和社会性特点的认识和评价，包括身体、情绪、社会关系、学业等方面的自我概念。

一个 8 岁的儿童这样描述自己：“在学

校里，我的语文学得很棒。在最后一学期，我得了满分，我感到很自豪。但是，我在数学课上却很笨，别的同学都学得很好。但是，我很喜欢我自己。我有很多好朋友，我很受欢迎。”显然，到中年级以后，儿童已能从多个方面认识和评价自己，不仅认识到自己有哪些优点，而且能认识到自己有哪些缺点，自我评价变得更“客观”了。上一章提到，幼儿通常会高估自己，对自己的缺点或劣势认识不足。因此，自我评价的全面化或“客观化”是这一时期自我意识的一大变化。

从总体上看，儿童的自我评价的独立性逐渐增强，随着年龄的增长，他们不再简单地按照家长或教师的观点评价自己，能独立地认识和评价自己。许多高年级儿童不再认为爸爸、妈妈说的话都是对的，也不认为老师对自己的看法都是正确的，他们对班级、对别人逐渐形成了自己的看法。另一方面，随着年龄的增长，儿童的自我评价也越来越稳定。

必须看到，这一时期，儿童的自我意识仍然有很多局限性。尽管他们已经能从心理上描述和评价自己，但是，他们经常认为这些心理特点是绝对的、不可变的，而且这种评价经常与具体的行为相联系。一个儿童之所以认为自己是一个友好的人，是因为他上课时把文具借给了身边的同学，他还没有认识到，在别的场合他可能不再友好。对低年级的儿童来说，自我评价的这种具体性和绝对性表现得比较明显。这与儿童思维的具体性和片面性有关。

观察和思考

观察身边的小学生，听听他们是怎么描述和评价自己的？可以向他们提出下列问题：“你是一个什么样的人？”“介绍一下你自己，好吗？”“你对自己感到满意吗？为什么？”分析他们的回答，看他们的自我意识是否具有上述特点。

也可以回顾一下你自己在小学时期的经历，分析一下你当时的自我意识，包括自我评价或自尊水平高还是低，是否感到自信（或自卑）等。

二、性别角色的发展

进入童年中期后，儿童能接受一个男孩玩女孩通常玩的游戏，或者看到一个女孩玩男孩通常玩的游戏吗？男孩与女孩经常一起玩耍、“两小无猜”吗？他们对异性的态度、行为发生了哪些变化？这涉及性别角色的发展问题。前面提到，性别角色是一套与性别有关的态度、价值观和相应的行为方式，是社会对男性和女性的心理、行为特点的不同期望。与幼儿相比，儿童的性别认同和性别化的行为都有了进一步的发展。

（一）性别角色观念的发展

从总体上看，儿童关于性别角色的观念不断增强。其中比较典型的是，他们对男孩与女孩形成了较多的性别成见或性别刻板印象，即对两性的刻板的或固定的看法。

儿童的性别角色观念早在婴幼儿时期就已经有所发展，两三岁的儿童就已经知道自己是男孩还是女孩，到幼儿期末，特别是在入学时，儿童已经知道一个人的性别是不可改变的。与此同时，婴幼儿也形成了一些性别刻板印象。例如，两三岁的孩子经常认为，女孩爱讲话，喜欢玩布娃娃，男孩喜欢玩汽车和盖房子游戏，喜欢打架。

进入童年中期以后，儿童的这种性别刻板印象有所加强。他们认为，男孩与女孩分别会参加不同的活动，在不同的领域或方面表现优秀。他们通常认为，女孩应参加踢毽子、跳绳一类的活动，她们擅长阅读，而男孩应参加跑、跳和球类比赛等活动，他们擅长数学。而且，他们逐渐从心理上将男性与女性区分开来，认为男性与女性分别具有不同的心理或性格特点。儿童经常认为，男人有事业心，爱攻击，爱支配别人，比较冷漠，而女人比较软弱、情绪化、感情丰富，有同情心。他们的性别刻板印象几乎与成人相同。与婴幼儿不同的是，他们不再认为一个孩子不能表现出异性的行为，或者不能做异性通常做的事情。他们的性别观念变得更灵活，更有弹性。例如，儿童认为，一个男孩玩洋娃娃是可以的，不应该受到惩罚。但是，到青春期以后，他们的性别观念会再次变得比较刻板。

（二）性别化行为的发展

与这些性别角色观念的变化相应，儿童的性别化行为也表现得越来越明显。最典型的是，这一时期，儿童开始出现“性别隔离”行为，也就是说，儿童开始回避异性，大部分男孩经常与男孩在一起，女孩则经常与女孩在一起。此外，他们在平时的言语、社会活动等方面也表现出各自的特点。

前面提到，早在婴幼儿时期，儿童已经出现性别化的行为，如男孩与女孩分别喜欢玩不同的玩具。实际上，婴幼儿在选择玩伴时也是有区别的，两三岁的孩子更喜欢与同性别的孩子在一起玩，四五岁的孩子甚至会主动地拒绝与异性伙伴在一起玩。到了小学入学后，儿童主要是与同性的伙伴在一起。特别是到 10 岁以后，儿童之间的“性别界限”变得更为鲜明。那些“性别界限”十分清晰、不与异性同伴来往的孩子经常受到同性伙伴的欢迎，那些经常与异性伙伴在一起的孩子则经常遭到同性伙伴的拒绝。人们发现，几乎在所有的文化背景下，都有这种性别隔离行为。即使在学校里，男孩与女孩参与的活动大部分是相同的，也会有这种性别分化的行为。但是，到青少年期以后，他们的性别隔离行为会逐渐减弱，而逐渐认同异性之间的交往。

与性别角色观念相应，男孩与女孩参与的社会活动具有明显的区别，男孩更喜欢参加显示自己体能的活动，如打球、跑、跳、摔跤，他们经常在一起打打闹闹，争夺玩具。女孩则喜欢参加“比较温和”的活动，如跳绳、踢毽子、阅读、手工制作。但是，一些心理学家发现，男孩与女孩对异性同伴的活动的兴趣有所不同，通常，女孩更喜欢玩男孩经常参加的游戏、活动，她们甚至希望自己成为男孩。男孩对女孩活动的兴趣通常较低。

男孩与女孩的交友行为也有所不同。男孩的交往范围或社交圈子往往较大，经常是很多人在一起玩耍，而且，他们在群体中的地位也有区别，往往有一个公认的“领导者”。男孩们很关心自己在同伴中的地位，在自己的地位受到挑战时甚至会打架。女孩则不同。她们更喜欢与少数几个女孩在一起，经常是与一两个女孩结成关系亲密的好朋友，她们在地位上是平等的，在朋友之间发生冲突时，也往往通过相互妥协或让步加以解决。她们之间的对抗性行为较少。可以说，女孩更希望从范围较小的同伴交往中获得亲密感，而男孩更关注自己在同伴中的地位。在儿童的性别角色观念和行为的背后，可能有多种因素起作用。

拓展阅读

性别角色理论：男女分化是由什么决定的？

儿童的性别角色是怎样形成的？有哪些因素在起作用？对此，学者们提出了不同的观点，其中，生物社会理论、精神分析理论、社会学习理论、认知发展理论比较有代表性。

生物社会理论以马尼、哈珀等人（Money & Ehrhardt，1972；Halpern，1997）为代表。这种理论强调生物因素与社会因素的双重作用，认为二者相互作用，一起促成了人们的性别角色。其中，生物学因素或基因决定了一个孩子是一个男孩还是一个女孩，决定了性器官的发育和性激素的分泌，而且，还会导致脑和神经系统的性别差异，引起一系列不同的生理反应（如第二性征的发育、遗精或月经），让男孩和女孩对自己的身体形成不同的意象或看法。在儿童出生后，社会因素，包括社会对男性和女性的不同期望、成人对儿童性别的反应、儿童对自己身体的反应，会发挥主要的作用。对男孩和女孩，成人往往抱有不同的期望，要求他们形成不同的行为方式，如要求男孩独立、在事业上有成就，而要求女孩文静、做家务。当然，在不同的文化背景下，人们对男孩与女孩的期望和要求往往是不同的。

精神分析理论以弗洛伊德为代表。弗洛伊德认为，儿童的性本能是天生的，但他们的心理和行为是否与他们的生理特征相应，则取决于后天的教养。男孩会产生恋母情结，女孩则会产生恋父情结，由于不可能与强大的、与自己同性别的父母竞争，他们倾向于认同同性别的父母，男孩会学习自己的父亲，希望像父亲那样，从而逐渐形成男性的特征和行为方式，女孩则学习母亲，逐渐形成了女性的特征和行为方式。同时，在女孩成长的过程中，父亲也可能会鼓励女孩的女性化行为。

社会学习理论以班杜拉和米切尔（Bandura，1989；Mischel，1970）为代表。这种观点认为，儿童主要通过两种方式，形成自己的性别角色：一是成人直接的教导或对儿童性别化行为的强化，一是儿童的观察学习，即儿童模仿与自己同性别的榜样人物的态度和行为。一方面，从儿童年幼时，父母就会塑造儿童的性别化行为，强化男孩的男性化行为与女孩的女性化行为。另一方面，男孩和女孩都会向那些与自己同性别的父母、同伴、教师、哥哥、姐姐学习，模仿他们的行为。在此过程中，电视等媒体也发挥着重要的影响。

认知发展理论以科尔伯格、马文等人（Kohlberg，1966；Martin & Halverson，1981，1987）为代表。这种观点强调认知发展对儿童性别角色的决定性作用。科尔伯格认为，儿童必须对性别有了一定的了解之后，才会受到社会经验的影响，而且，儿童也不是被动地接受社会因素的影响，而是主动地学习社会所接受的男性化和女性化行为。在此过程中，儿童首先必须知道，自己的性别是不变的，然后才会主动地寻找与自己同性别的榜样人物，学习怎样做一个男人或女人。

马文等人则从信息加工理论出发，提出了性别图式理论，认为儿童性别角色的发展决定于他们头脑中形成的性别图式。儿童在两三岁时，就知道了自己是一个男孩还是一个女孩，随后，他们就会学习与性别有关的知识，逐渐形成自己的性别图式，也就是一套与性别有关的看法和期望。例如，他们会把自己见到的物体、行为、角色，按照性别分类，将它们分成“男孩的”和“女孩的”（如货车是男孩玩的，洋娃娃是女孩玩的；男孩不能哭，女孩才能哭）。性别图式一旦形成，儿童就会形成相应的行为。这种观点不同于科尔伯格的认知发展论，它认为，儿童不是在知道自己的性别不变之后，才会学习性别化的行为，而是在知道自己是男孩或女孩之后，就去主动地学习了。

另外，还有一些心理学家试图整合上述各种理论，认为这些理论分别适用于不同年龄阶段的行为。例如，生物社会理论适用于胎儿期，社会学习理论适用于婴儿期（0—3岁），性别图式理论适用于幼儿期（3—6岁），认知发展理论适用于7岁至青春期这段时间，青春期以后，生物社会理论、社会学习理论、性别图式理论、认知发展理论等都是适用的。

在上述观点中，你最赞同哪一种（或哪几种）观点？为什么？可以结合自己在这方面的成长经历，与别人进行讨论，发表自己的看法。

链接

Shaffer，DR. Developmental Psychology：Childhood and Adolescence（sixth edition）. Thomson Learning and China Light Industry Press，2004（影印版，中国轻工业出版社，2004）

三、社会关系的发展

这一时期，儿童主要的社会关系包括亲子关系、师生关系和同伴关系。随着认知的发展和社会活动范围的扩大，他们在这些方面表现出明显不同于幼儿的特点。

（一）同伴关系的发展

进入童年中期以后，儿童是怎样与别人交朋友的？他们更看重朋友的哪些方面？

在同伴关系方面，这一时期儿童最明显的变化是，开始与同伴建立亲密的友谊关系，而且，逐渐形成了各种同伴群体，在同伴中的地位发生明显的分化。

系统的学校教育和教学大大提高了儿童同伴交往的频率，认知尤其是社会认知能力的发展，身体技能的增强，言语等交流手段的增多，进一步为他们的同伴交往创造了有利条件。因此，同伴之间的交往变得更加频繁和密切。在此过程中，他们开始与一些同龄的伙伴结成非常要好的朋友，形成友谊关系。

1. 友谊的发展

概括有关的研究，可以看出，儿童友谊发展的基本趋势是，交朋友从看重同伴外部的行为，逐渐发展为看重同伴的个人品质或人格特点（如忠诚、信任），从自利逐渐发展为互利，从短暂的、表面性的伙伴关系逐渐发展为稳定的、深刻的友谊关系。美国心理学家塞尔曼将这一时期友谊的发展划分为以下五个阶段。

（1）短暂游戏伙伴（3—7岁）。这一阶段的儿童还没有形成友谊的概念。他们还是自我中心的，还不能考虑别人的观点，在他们看来，好朋友就是经常与自己一起玩耍、给自己带来快乐的伙伴。如果让儿童说出自己的好朋友，他们就会列举出很多游戏伙伴，如果让他们描述一个好朋友，他们更看重这些伙伴的具体的活动或与自己的邻近性，例如，他们会说，“他和我一起玩”，“他和我住在一条街上”。

（2）单向帮助阶段（4—9岁）。儿童认为，好朋友就是顺从自己、听自己话的伙伴，他们会做自己想让他们做的一切事情。儿童可能说，“她是我的好朋友，因为她愿意把橡皮借给我用”，“她不是我的好朋友，因为我想让她跟我一起玩，她不愿意”。

这一阶段的朋友具有“单向性”。

(3) 双向帮助阶段 (6—12 岁)。儿童意识到好朋友应该互相帮助，但是，他们仍然具有明显的功利性，更看重对方是否能给自己带来好处，而不是朋友双方的利益。他们可能会说，“我们是好朋友，我们能相互帮助”，“朋友就是在没有人跟你一起玩的时候，能与你一起玩的人”。

(4) 亲密共享阶段 (9—15 岁)。在这一阶段，儿童认为，好朋友可以互相分享，同甘共苦，相互信任，忠诚于对方；共同的兴趣是友谊的基础；友谊的形成需要时间，而且，好朋友是排他性的。儿童可能会说，“交一个亲密的朋友要很长时间，如果你发现你的好朋友与别人成了好朋友，你就会感到很烦”。

(5) 稳定的友谊关系阶段或自主独立阶段 (12 岁以后)：儿童对朋友的选择更加严格，一旦建立友谊关系，就能持续较长的时间；能相互尊重朋友的需要，相互尊重对方的独立性和自主性。儿童可能会说，“真正的好朋友需要真诚的奉献，必须相互支持和信任，并要让他有自己的自由”。

前面提到，这一时期，儿童的角色采择能力逐渐提高，因而，他们能逐渐摆脱自我中心，理解同伴的需要、愿望、观点和感受，这大大促进了友谊的发展。从塞尔曼划分的友谊发展阶段可以看到，儿童达到相邻两个阶段的年龄往往有一定的重叠，这说明，不同的阶段之间不是截然分开的，而是有着某种连续性，而且同一年龄的儿童之间也存在个别差异，有的孩子发展得早一些、快一些，有的孩子则发展得晚一些、慢一些。

20 世纪七八十年代，达蒙等人（Damon，1977；Damon & Hart，1988）系统研究了儿童对友谊的看法，提出了以下三个比较明确的阶段：

(1) 以别人的行为为基础的友谊 (4—7 岁)：儿童主要根据别人的行为，判断他们是不是自己的朋友。他们认为，那些与自己相似的人、与自己一起玩玩具和做游戏的人，都是自己的朋友。与他们在一起玩得最多的同伴，最容易被他们当做朋友。他们还不会从个人的品质考虑对方。

(2) 以信任为基础的友谊 (8—10 岁)：儿童认为，好朋友应当相互信任，相互帮助，在需要时能帮忙的人才是好朋友。他们能考虑别人的品质、特点。好朋友一旦辜负了对方的信任，就不能容忍，做错的一方需要给出正式的解释和道歉，才能赢得朋友的谅解。

(3) 以心理上的亲密感为基础的友谊 (11—15 岁)：亲密和相互忠诚成为儿童判断两个人是不是好朋友的主要标准。儿童更看重好朋友能带来的亲密感，认为好朋友之间可以相互倾诉，袒露各自的想法和感受。一直到青春期，儿童都保持着这种观点。但是，这时的友谊有些排外。

显然，塞尔曼与达蒙等人的阶段划分本质上是一致的。从总体上看，童年中期的友谊关系正从单向自利或看重外部行为的阶段，向互惠、信任或看重个人品质的阶段发展。但是，儿童友谊的发展也可能存在文化间的差异。20 世纪 90 年代，方富熹等人（1994，1996；Keller，et al.，1998）运用与塞尔曼相似的方法，对中国儿童开展了一系列研究，他们发现，虽然中国儿童在深层的认知结构上与国外的同龄人是相似的，但是，他们也表现出明显的文化特点，在较低阶段，儿童对朋友的看法并不完全是自私自利的，或者说只是把朋友看做满足自己需要的人，而是一开始就表现出某种“双向性”，对别人表现出同情和关心。这可能与中国主导的文化价值观有关。

链接

下面的研究考察了儿童友谊发展的特点，可以作为参考读物：

李淑湘，陈会昌 .6—15 岁儿童对友谊特性的认知及其发展. 心理学报，1997，1

Cairns，RB，Leung，MC，Buchanan，L，& Cairns，BD. Friendships and social networks in childhood and adolescence：fluidity，reliability，and interrelations. Child Development，1995，66，1330-1345

2. 同伴团体和儿童的社交地位

随着同伴交往时间的增多、社交技能的提高，儿童逐渐形成各种同伴团体，一些心理学家甚至把这一时期称为“团伙时期”（gang period）。另一方面，儿童在同伴关系中的社交地位也进一步分化了。

(1) 儿童的同伴团体。同伴团体通常具有下列特点：具有明确的或暗含的团体规范，这实际上是一套约束儿童行为的标准，团体内的每个成员都必须遵守规范，否则会受到排斥或攻击；具有共同的目标，所有成员都有义务分工、合作，为达到共同目标而努力；每个成员都具有某种归属感，在团体获得成功的时候，会产生团体荣誉感。

这一时期，班级成为最有组织的儿童团体。初入学的儿童还没有形成集体意识，对他们来说，班集体只是一个松散的、相互联系不密切的群体。从一年级的下半年开始，儿童逐渐能意识到自己是班集体的一名成员，同时，与座位相近、一起上学的同学建立一定的联系。二年级以后，儿童逐渐能按照集体的要求完成任务，同时在学习成绩、身体强弱和社交能力等方面开始发生分化，一些孩子成为班上的领导者，另一些孩子则成为被领导者。

此外，儿童还会自发形成各种团体。儿童自发形成的团体包括围绕相同的学习和运动兴趣建立的小组、进行社会公益服务的小组等亲社会团体，也包括各种娱乐活动或游戏团体。如果引导不力，一些儿童甚至还可能形成盗窃团体、流氓团体等反社会团体。

在同伴团体（如班集体）中，儿童学会了围绕团体的目标相互依赖，进行分工和合作。在团体活动中，特别是在团体之间的竞争性活动（如班集体之间的体育比赛）中，他们甚至会放弃个人的想法或目标，而服从于团体的需要和目标，而对于其他的团体，则抱有一种竞争的甚至"敌对"的态度。在团体活动中，儿童不仅可以满足社交的需要、归属的需要，获得安全感和归属感，还可以从其他成员那里获得帮助和支持，获得某种安全感。而且，通过观察学习、相互反馈和强化等方式，他们还可以提高自己的各种社会能力，学会遵守社会规则，解决人际冲突。

(2) 儿童社交地位的分化。在同伴交往中，儿童的社交地位逐渐分化。在有关的研究中，国内外心理学家通常要求儿童提出自己最喜欢的同学和最不喜欢的同学，根据提名的结果，可以把儿童分为四类：受欢迎儿童，较多的同伴喜欢他们，较少的同伴不喜欢他们；被拒绝儿童，很少同伴喜欢他们，多数同伴不喜欢他们；被忽视儿童，他们既不被人喜欢，也不让人讨厌或不喜欢，经常被同伴忽略，不为人所重视；有争议的儿童，很多同伴喜欢他们，也有很多同伴不喜欢他们。

社交地位不同的儿童通常具有不同的行为和人格倾向。受欢迎儿童通常具有良好的社交技能和观点采择能力，对人比较友好，善于合作。被拒绝儿童可以分为三类：攻击型儿童，他们经常攻击别人，观点采择能力较差，不能很好地理解别人，对人有敌意；退缩型儿童，他们通常身体弱小、行为退缩、自我评价较低；攻击—退缩型儿童，这类儿童既喜欢攻击别人，又比较退缩，他们最容易遭到同伴的拒绝。但是，也有少数经常攻击别人的儿童却得到其他儿童的羡慕，在小学儿童中，攻击性不仅能导致同伴的拒绝，也可能获得同伴较高的评价。有争议的儿童通常既有一些明显的优点（如踊跃参加各种活动、乐于助人），又有一些明显的缺点（如经常打扰别人）。被忽视的儿童通常没有突出的特点，他们很少与人交往。社交地位不同的儿童交往对象有所不同，较高的儿童通常社交活动较多，朋友也较多，他们能与各种儿童交往，社交地位较低的儿童则通常与年幼儿童或不受欢迎的儿童在一起玩耍。

具有哪些行为和人格特征的儿童更受欢迎？具有哪些行为和人格特征的儿童不受欢迎？研究表明，最受同伴欢迎的行为和人格特征有：乐于助人，善于合作，对人友好；有幽默感，比较有趣；经常赞美和欣赏别人，很容易理解别人，避免不愉快；善于邀请别人参加游戏或其他群体性的活动，能为别人提供指导，对人忠诚；能较好地控制和表现自己。最不受同伴欢迎的行为和人格特征有：喜欢攻击别人，经常嘲笑别人，经常对人表现出愤怒，经常批评、干扰别人，忽视别人；不诚实，对人专横，不讲理，贪婪，经常违反群体的规范。但是，也有一些孩子，他们经常攻击别人和违反纪律，制造各种麻烦，表现得很顽强，也可能受到同伴的欢迎。不少儿童认为他们敢于做大家不敢做的事情，因而比较羡慕他们。这种异常现象说明，儿童对社会行为、社会关系的理解还存在明显的局限性。

可以说，儿童的社交地位主要反映了儿童的社会能力和认知能力，特别是观点采择能力和解决社会问题的能力。有关的研究一致表明，那些受欢迎的儿童不仅能正确地解释别人的行为，而且解决问题的策略或点子也较多，不受欢迎的儿童则正好相反。

链接

下面这篇研究报告详细介绍了如何测量儿童在同伴中的社会地位：

Coie，JD，Dodge，KA，& Coppotelli，H. Dimensions and types of social status：A cross-age perspective. Developmental Psychology，1982，18，557—570

下列研究报告和书籍系统地考察和总结了儿童社交地位和社会技能的发展问题，可以作为拓展性的读物：

Dodge，KA，Crick，NR. Social information-processing bases of aggressive behavior in children. Personality and Social Psychology Bulletin，1990，16，8—22

罗伯特·费尔德曼著．苏彦捷等译．发展心理学——人的毕生发展（第4版）．北京：世界图书出版公司，2007，394—399

周宗奎．儿童的社会技能．武汉：华中师范大学出版社，2002

王美芳．儿童社会技能的发展与培养．北京：华文出版社，2003

邹泓．儿童的孤独感与同伴关系．心理发展与教育，1993，9（2），16—18

陈会昌，谷传华．小学儿童的交友状况及其与孤独感的关系．中国心理卫生杂志，2004，3

姚树桥，谢家树．学龄期儿童适应技能评定量表的信度和效度研究．中国临床心理学杂志，2006，11（1）：28—30

郑淑杰，陈会昌，陈欣银．儿童社会退缩行为影响因素的追踪研究．心理科学，2005，28（4）：833—836

王美芳，陈会昌．小学高年级儿童的学业成绩、亲社会行为与同伴接纳、拒斥的关系．心理发展与教育，2000，3，7—11

（二）亲子关系和师生关系的发展

进入童年中期以后，儿童还像原来那样听父母的话、依赖父母吗？老师在他们的心目中占有怎样的位置？这一时期，随着生活环境和活动形式的变化，儿童的亲子关系发生了明显的变化。在学校里，儿童与教师之间的关系变得日益重要。可以说，对童年中期的儿童来说，成人的影响至关重要。

1.亲子关系的变化

这一时期，亲子关系最突出的变化是，随着儿童独立性的增强和生活能力的提高，他们对父母的依赖明显降低，从原来主要依靠父母生活和学习，逐渐转变为在父母的协助下自主地学习和生活。换句话说，儿童逐渐能自主地判断、决策和做事，而不再单向地服从父母的权威。在幼儿期，父母通常是儿童心目中的“绝对”权威，他们的话常常会成为儿童评价自己和别人的标准，在日常生活中，他们主要依赖于父母。进入童年中期后，儿童的身体能力、认知能力显著增强，父母通常会允许和鼓励儿童自己做决定，独立地学习和交往，在此过程中，儿童逐渐学会自主地思考和解决问题。但是，由于生活经验缺乏，各种能力相对较低，父母还需要进行密切地监督、指导，帮助儿童学习各种知识和阅读、运算、社交等方面的技能，帮助他们协调与同伴、老师的关系，学会进行各种社会交往。

相应地，这一时期，亲子交往的内容也发生了明显的变化。与幼儿不同，父母不仅关注儿童身体的成长和健康问题，而且十分关注儿童的学习成绩，关注儿童对知识、技能的掌握情况和态度的形成情况。父母与儿童在一起的时候，他们谈论的内容经常是围绕儿童的学习问题展开的。换言之，学习成为这一时期的关注焦点，成为亲子交往的重要内容。

儿童入学后，与父母共处的时间显著减少，但是，父母仍然发挥着十分重要的影响。父母不仅为他们提供最基本的生活保障和基本的安全感，而且，父母的教养方式也直接或间接地影响着他们心理的发展。大量研究表明，那些关心、支持、尊重孩子，注重说理的父母，他们的孩子通常具有良好的认知能力和社交能力，学习成绩较好，成就动机较高，比较自信，而且具有较高的社会责任感和良好的道德品质。相反，那些独断专行的父母、溺爱孩子的父母或放纵孩子的父母，他们的孩子通常认知能力和社交能力都较差，学习成绩较差，缺乏自制力和责任感。父母对儿童的看法和期望，他们为孩子提供的机会和条件，直接影响着儿童的学习和社会生活。

2.师生关系的变化

儿童入学后，教师在他们心目中占有十分重要的地位。这可能是因为，教师成为评价儿童各方面表现的主要人物，而且，在学校里，儿童在家庭中对父母的情感可能转移到教师身上，从而对教师形成了类似于父母的情感。教师的评价、期望和态度对儿童的心理和行为发挥着深远的影响。但是，在不同的年龄，他们的师生关系也有所不同。

从总体上看，儿童对教师的态度从最初单向的服从逐渐变得分化。对低年级儿童来说，教师就是他们心目中的权威。绝大多数儿童认为，应该听老师的话，甚至无条件地服从老师的要求。但是，随着认知能力和独立性的增强，到中年级以后，儿童的这种服从心理逐渐改变，他们逐渐能对教师进行评价，对教师的态度也逐渐发生分化。那些言语表达能力强、讲课风趣、知识丰富、关心学生、耐心、公正的教师往往更受学生的欢迎，相应地，儿童通常很喜欢他们担任的课程。对另一些教师，儿童可能并不那么喜欢。儿童的这种态度影响着他们在不同学科的学习成绩，对于他们喜欢的教师所担任的课程，他们往往付出较多的努力，平时学习比较积极，学习成绩也较好。但是，对于他们不喜欢的课程，学习成绩则较差。

教师对儿童的期望、观念和态度，会直接或间接地影响儿童各方面的表现。大量研究证明了这一点。20 世纪 60 年代，美国心理学家罗森塔尔等人（Rosenthal，1966；Rosenthal & Jacobson，1968）曾经做过一项比较著名的实验。在实验中，实验者首先对小学生进行智力测验，随机选取其中 1/5 的学生，然后，告诉老师，这些学生是很有发展潜力的，他们进步会非常快，教师并不知道这些学生是研究者随机挑选的。8 个月后，再次进行智力测验，结果表明，那些被随机指定的、所谓“有发展潜力”的学生智力测验成绩提高了很多，他们的进步显著高于班里其他的儿童，这在小学一、二年级表现得尤为明显。这项研究表明，教师对儿童的期望会传达给儿童，转化为儿童的自我期望，从而使教师的期望成为现实，让儿童表现出与教师的期望一致的行为。这种现象被称为“罗森塔尔效应”（又称为“皮格马利翁效应”），也就是“教师期望效应”。

罗森塔尔认为，教师对儿童的能力形成某种期望之后，会通过很多言语和非言语的形式（包括身体表情、面部表情、具体的行为），将这种期望传达给儿童，让儿童知道哪些行为是好的或合适的，从而表现出这些行为。通常，教师对于他们期望较高的学生更耐心、更和蔼，对他们的微笑、注意、点头等积极反应较多，而且，为他们提供较多的资料（如参考书、作业、文章和挑战性的学习任务），经常提问他们，与他们的接触和谈话较多；另外，教师给这些学生的反馈也较多，经常表扬他们，也更容易接受他们的观点。

概括地说，教师对儿童寄予的积极期望，能够让儿童形成积极的自我概念，提高他们的自信和学习动机，进而提高他们的智力水平和学习成绩。儿童良好的表现又可能进一步促成教师的高期望，从而形成一种师生关系的良性循环。反之，如果教师对儿童的期望较低，他们就可能表现出一些消极的态度和行为，让儿童形成消极的自我概念和自我期望，进而导致不良的结果。类似地，儿童不良的表现又可能进一步引起教师对他们的低期望，从而形成一种恶性循环。

尽管对罗森塔尔等人的研究存在着多种批评，但是，很多研究都证实了教师期望对儿童的深刻影响。而且，类似的期望效应并不仅仅局限在教室和学校中，也存在于亲子之间和学生之间，也就是说，父母或同伴对儿童的积极期望也可能转化为儿童的自我期望，让他们表现出与这种期望一致的行为。

应该注意，在亲子关系和师生关系中，儿童与他们的父母、老师是相互影响的，换言之，这些关系本质上是双向的。在父母影响儿童的同时，儿童也在影响着父母、教师的态度、期望、观念和行为。许多研究甚至发现，儿童对教师的期望也能通过许多言语和非言语的形式传达给教师，让教师知道，儿童是怎么看待他们的，对他们有着怎样的期望，这些期望会转化为教师的自我期望，让他们表现出与这些期望一致的行为。

思考

回顾一下自己小学时期的经历，想一想，当时你是怎样与父母相处的？在你的心目中，父母是一种什么样的人？教师又是一种什么样的人？他们对你的学习和人际交往产生了哪些影响？

在各种社会交往中，儿童的社交能力逐渐发展起来，一些儿童甚至能创造性地解决他们所遇到的人际冲突，包括亲子冲突、同伴冲突和师生冲突，表现出初步的社会创造性。所谓社会创造性，就是在日常的社会交往和社会活动中表现出来的创造性，是人们以新颖、独特、适当而有效的方式提出和解决社会问题的一种品质。新颖是指提出和解决问题的方式是前所未有的，独特是指提出和解决问题的方式是与众不同的，适当是指提出和解决问题的方式是为社会所接受的，或者说是不违背社会规范的，有效是指人们行动的结果是有效的，也就是最终能够成功地

教师期望效应：又称为皮格马利翁效应或罗森塔尔效应，指教师对儿童的期望会传达给儿童，转化为儿童的自我期望，从而使儿童表现出与教师的期望一致的行为，使教师的期望成为现实。

提出和解决问题。社会创造性是在基本的社会适应技能的基础上形成的综合性品质，它包括了比较高级的认知能力、行动能力以及相应的人格特征，具体来说，社会创造性包括：社会交往和解决社会性问题的过程中所表现的变通性（灵活性，从多个角度想问题）、独特性（以与众不同的方式想问题）、流畅性（想出足够多的问题解决办法）、适当性（想出为社会接受的办法）、有效性（想出能成功解决问题的办法）等思维能力；好奇性（喜欢探索新问题）、挑战性（勇于探索新问题）、冒险性（解决问题时不害怕会有不利于自己的后果）、主动性（能主动地面对和解决问题）等人格倾向；对社会生活的适应能力和善于处理人际关系、觉察别人的心理变化的能力等。小学儿童的社会生活范围迅速扩大，他们需要面对和解决的社会问题也越来越多，因而社会创造性的发展显得尤其重要。那些具有明显的社会创造性倾向的儿童，通常能更好地解决各种社交问题，适应能力较强，心理也更健康。但是，儿童的这种社会创造性水平并不高，还处于发展过程中，主要表现为一种倾向，很难说是一种稳定的特质。

链接

下列研究报告系统地考察和总结了儿童社会创造性的发展问题，可以作为拓展性读物：

Mouchiroud，C，Lubart，T. Social creativity：a cross-secitonal study of 6-to 11-year-old children. International Journal of Behavioral Development，2002，26（1）：60—69

谷传华，周宗奎，王菲．小学儿童的社会创造性倾向与人格倾向的关系．中国特殊教育，2008，3：91—96

谷传华，黄春艳，周宗奎．小学儿童社会创造性与社会技能的关系及其教育启示．教育研究与实验，2008，3：56—59

谷传华，李阳，周宗奎．小学儿童孤独感与社会创造性倾向的关系．中国健康心理学，2007，16（4）：480—483

谷传华，周宗奎，胡婧宜．小学生社会创造性倾向问卷的编制和测量学分析．中国临床心理学杂志，2008，16（4）：340—343

四、道德的发展

进入童年中期以后，儿童能像成年人那样遵守社会的道德规范吗？在他们的心目中，什么样的行为才算是有道德的行为？儿童进入童年中期以后，已经能够理解社会的道德规范或规则，并根据这些道德规范去行动，用这些规范约束和指导自己的行为。

道德本质上是一种利他性的品质。所谓利他（altuistism），是指关心别人的利益，并表现出相应的情感体验和行为。分享、助人、同情和安慰别人等，都是利他的表现。儿童要形成一定的道德品质，就要学会理解自己的行为对别人的影响，要学会理解和关注别人的认知、感受和幸福，关心人与人之间的关系和调节这种关系的规则，学会自我调节和约束以及如何与人协调。这里涉及一系列复杂的社会认知能力，其中，对社会规范的认知能力显得特别重要。大量研究表明，随着年龄的增长，儿童的道德认知能力是逐渐增强的。

（一）道德认知的发展

1.皮亚杰的道德发展理论

皮亚杰认为，儿童道德的发展水平依赖于他们认知能力的发展水平。从总体上看，儿童的道德发展主要表现为公正或公平感的发展，换句话说，儿童的道德发展突出地反映在他们对公平或公正的理解上。儿童的道德发展可以分为前道德阶段、他律道德阶段和自律道德阶段。

在5岁之前（特别是2—5岁），儿童是自我中心的，他们还不能理解别人的观点、感受，儿童不认为规则（如游戏的规则、人们平时相处的行为规则）是应该遵守的，因而规则对儿童没有约束力，他们还不能与别人（包括成人和儿童）合作，因而他们主要处于前道德阶段。

在5—10岁（特别是6—8岁），儿童主要处于他律道德阶段，所谓他律，也就是说，儿童在判断一种行为或观念是不是道德的时候，主要依据是外部的价值标准。他们把家长、教师等成年人看做绝对的权威，认为规则或规范是这些权威人物制定的，是不可改变的，必须严格遵守它们，否则就是不道德的。在这一阶段，儿童在进行道德判断时，更看重人们行为的后果而不是动机。在8—10岁时，儿童的思维已经具有可逆性，能完成守恒任务，因而他们逐渐能在一定程度上自我约束。但是，到10

社会创造性：人们在日常的社会交往和社会活动中表现出来的创造性，是人们以新颖、独特、适当而有效的方式提出和解决社会问题的一种品质。

利他：所谓利他，是指关心别人的利益，并表现出相应的情感体验和行为。

岁以后，儿童才真正达到自律道德阶段，所谓自律，就是自我约束，能根据自身的价值标准判断一种观念或行为是不是道德的。儿童这时不再认为规则是不可改变的，而是认为规则是一种共同约定的东西，只要大家同意，规则也是可以改变的。而且，儿童倾向于主持公道、平等，在他们看来，公正或公平就是人们之间应当平等、互惠，一种规则应当对大家都有好处。儿童不再把成人看做绝对的权威，而是更重视人们之间的平等。

一些心理学家指出，皮亚杰低估了儿童的道德认知能力，处于他律阶段的儿童已能理解人们行为背后的动机。他重点探讨的公正观也主要反映了西方文化的价值标准，不一定具有跨文化的普遍性。

2. 科尔伯格的道德发展阶段论

在皮亚杰研究的基础上，美国心理学家科尔伯格运用访谈法，更深入地分析了儿童的道德发展过程。在研究中，他首先向儿童讲述道德两难故事，然后，问他们一些与故事有关的问题。下面就是一个著名的两难故事：

在意大利的某个城市，有个名叫海因茨的人，他的妻子得了癌症，危在旦夕。有个药剂师研制了一种可以治疗这种癌症的特效药，但要价很高。海因茨很穷，他变卖了家产，四处借贷也没有凑够钱。他请求药剂师降价卖给他这种药，或者分期付款，但是，药剂师一概不答应，认为“我发明这种药，就是要用它挣钱的”。海因茨万分焦急，他迫不得已，在晚上破门偷药，结果被警察抓住了。

故事讲完后，研究者问儿童一系列问题，如“海因茨该不该偷药？为什么？”“海因茨犯了法，从道义上讲，这种行为好不好？为什么？”通过分析儿童的回答，特别是他们给出的理由，科尔伯格将儿童道德认知（道德推理）的发展过程分成三个水平：前习俗水平、习俗水平和后习俗水平，其中每个水平又分为两个阶段，共六个阶段（见表 6.1）。在上述故事情境中，处于每个阶段的儿童既可能赞成偷药，也可能反对偷药。

概括地说，在前习俗水平（约 0—9 岁），儿童以奖励或惩罚的后果判断一种行为的好坏，他们认为，为了免受惩罚或获得奖励，一个人应当顺从权威人物规定的准则。处于这一水平的儿童是自利的。在习俗水平（约 9—15 岁），儿童倾向于把自己看成一名好公民，希望取悦别人，按照别人的期望和权威或社会规则的要求去行动。在后习俗水平（约 15 岁以后），他们已经超越了具体的社会规则，开始思考普遍的道德原则和人道主义，他们更看重个人的义务感和责任感。

3. 亲社会道德推理能力的发展

20 世纪 80 年代，美国心理学家艾森博格及其同事（Eisenberg, Lennon, &

表6.1 科尔伯格的道德认知发展阶段

水平	阶段	赞成偷药	反对偷药
水平1：前习俗道德 处于这个水平的人会从奖励和惩罚的角度考虑具体的利益。	**阶段1：服从和惩罚取向** 处于这个阶段的人认为，人们遵守规则是为了避免惩罚，为了服从而服从。	“如果海因茨的妻子死了，他就会有很多麻烦。他就会因为没有花钱救她受人责备。他和药剂师都会被调查。”	“海因茨不应该偷药。如果偷药，他就会被抓住，关进监狱。即使幸运地逃脱了，他也会总是担心被抓住。”
	阶段2：奖赏取向 处于这个阶段的人只遵守对自己有利的规则，服从是为了获得奖赏。	“如果海因茨碰巧被抓住了，他可以把药还回去，不会判很重的刑。即使遭到小小的刑罚，如果他妻子还能活着的话，也不会有很多麻烦的。”	“如果偷了药，海因茨可能不会在监狱里待很长时间。但是，在他出狱之前，妻子可能已经死了，因此，这样做没有什么好处。即使他的妻子死了，他也不应该责怪自己，这不是他的错。毕竟她患了癌症。”
水平2：习俗道德 处于这个水平的人在处理道德问题的时候，把自己当做社会的一员，他们希望成为社会的好公民，以取悦别人。	**阶段3：“好孩子”道德** 处于这个阶段的人通常会做别人期望自己做的事情，以获得别人的尊敬。	“海因茨偷了药也没有人会说他很坏，但是，如果不偷药，他的家人就会说他没有人性。如果他的妻子死了，他就再也没脸见人了。”	“（偷药）不只是药剂师会说你是罪犯，谁都会这样想。如果他偷了药，他就会让自己和家里人蒙羞，就再也不能见人了。”
	阶段4：权威和社会秩序维持的道德 处于这个阶段的人会服从社会规则，认为遵守社会秩序的行为才是正确的。	“他不应该仅仅因为害怕而不去偷药，让妻子死去。如果他没有尽责，他就会感到内疚，觉得是他自己导致了妻子的死。”	“他很绝望，在偷药时，他可能并不知道自己做错了。但是，在被关进监狱时，他就会知道自己错了。他会因为自己不诚实和违法而感到内疚。”
水平3：后习俗道德 处于这个水平的人采用的道德原则超越了任何一个特定的社会之上。	**阶段5：遵守契约和社会法律的道德** 处于这个阶段的人认为有义务遵守社会公认的法律，认为法律作为一种社会契约，是可以修改的。	“如果他不偷药，他将失去而不是得到别人的尊重。如果他让妻子去死，那是因为害怕而不是理性。因此，他就会看不起自己，别人也很可能不再尊重他。”	“（如果偷药）他将丧失在社会中的地位，别人也不再尊敬他，他违反了法律。如果他一时冲动偷了药，他就会看不起自己，也会忘记自己长期坚持的信念。”
	阶段6：个人原则和良心的道德 在这个阶段，一个人遵守法律，是因为他从普遍的伦理原则考虑问题，不会服从违背普遍原则的法律。	“如果他不偷药，如果他让妻子去死，他以后就会因此而经常受到良心的谴责。他虽然遵守法律，但是却违背了自己的良心。”	“如果偷了药，他不会受到别人的责备，但是会自责，因为他违背了自己的良心和诚实的准则。”

注：见科尔伯格（Kohlberg, 1969）道德推理发展顺序表。

Roth，1983）采用两难故事法，研究了儿童对亲社会行为（prosocial behavior）或利他行为的推理能力的发展。下面是艾森博格在研究中采用的一个两难故事：

有一天，一个名叫玛俐的女孩要去参加朋友的生日舞会，在途中，她看到一个女孩不小心跌倒了，把腿跌断了。这位女孩请求玛俐到她家去通知她的爸爸、妈妈，让他们带她去医院。但是，如果玛俐真的这样做了，她就来不及参加生日舞会了，也会错过吃冰淇淋、蛋糕和玩游戏的时间了。玛俐该怎么办呢？

艾森博格发现，随着年龄的增长，儿童逐渐从利己的想法过渡为利他的想法。幼儿通常是自利的，他们更多地考虑帮助别人会给自己带来什么不好的后果，并尽量避免这种不利于自己的后果。例如，他们会说，玛俐应该去参加舞会，不然她就吃不到好吃的东西了，不能玩游戏了。随着年龄的增长，到了小学时期，儿童逐渐能考虑别人的需要和愿望，甚至把别人的迫切需要看得高于自己的兴趣和需要。例如，儿童可能说，小女孩把腿都跌断了，如果玛俐不管她，去参加舞会，她会看不起自己的。艾森博格根据儿童的回答，将这种亲社会道德推理能力区分出五个不同的发展水平（见表 6.2）。

皮亚杰、科尔伯格和艾森博格的理论焦点是道德认知（道德判断和推理）能力的发展。但是，道德认知能力等同于道德行为吗？道德认知能力较高的儿童一定会有相应的道德行为吗？如果一个孩子在心理上认为“应该帮助那位跌断腿的小女孩”，他在现实中就真的会这样做吗？事实表明，儿童的“知”与“行”常常是不一致的。

表6.2 亲社会道德推理能力的发展顺序

水平	年龄	典型的反应
享乐主义	幼儿、小学低年级儿童	因为自己的需要才去关心别人，对自己有益才去帮助别人。例如，“我不能帮忙，不然，我就不能参加舞会了。”
需要取向	小学儿童和部分幼儿	能够从别人的需要出发考虑问题，但是，在不能帮忙时很少表现出同情或愧疚。例如，“我会帮忙的，因为她需要帮忙。”
刻板、赞许取向	小学儿童和一些中学生	很在乎别人的赞同，思考问题时受好人与坏人刻板印象的影响。例如，“我的妈妈很乐意我帮助别人。”
共情（同理心）取向	中学生和年龄较大的小学儿童	能够同情别人的感受，有时也会考虑到责任和价值观。例如，“帮助了她，我感到很开心，因为她很烦恼。”
内化的价值观取向	少数中学生	从内在的价值观、责任感出发，说明帮助别人或不帮助别人的理由，违反这些原则，就会伤害自尊。例如，“我会帮助她的，因为人们相互帮助，才能过上好的生活。”

注：见艾森博格等人（Eisenberg, Lennon, & Roth, 1983）的亲社会道德推理发展表。

在此意义上，上述道德认知理论显然高估了道德认知能力的作用，而忽视了道德发展的其他方面，其中包括道德情绪的作用。道德情绪是人们在道德认知和行动中产生的一种情绪感受，如因为自己做了错事而感到内疚，因为自己做了好事而感到满足，同情别人。它可以激发人们的道德行为。一些心理学家还指出，皮亚杰重视的公正价值观、科尔伯格采用的道德两难故事分别反映了西方文化和城镇人际关系的特点，不具有跨文化的普遍性；而且，科尔伯格的研究对象最初主要是男孩，他提出的理论难以解释女孩的道德发展。

（二）道德情绪或情感的发展

这一时期，儿童的道德情绪或情感也获得了进一步的发展，其中共情（又称为同理心）能力和对别人的关怀是比较典型的两种道德情绪。

共情或同理心是一种站在别人的立场上去理解和体会别人的情绪感受的能力。前面提到，婴幼儿已有明显的共情反应，如在别的孩子哭的时候表现出不愉快的表情。到了童年中期，随着认知能力的提高和社会经验的增多，儿童的这种共情能力进一步提高。一些心理学家发现，对于幼儿和小学低年级儿童来说，他们的共情能力与他们的利他行为之间只有中等程度的相关，而对于小学高年级儿童来说，二者之间的相关更高，联系更密切。随着年龄的增长，儿童越来越能设身处地地想象别人的处境，体会别人的感受。

关怀指一个人对别人的关心和同情。美国心理学家吉利根（Gilligan，1982，1987）认为，科尔伯格的道德发展阶段论反映了男孩而非女孩的道德发展趋势，男性与女性的道德发展是截然不同的，男孩的道德是“公正取向”的，他们主要从公平或正义等原则出发考虑道德问题，女孩则是“关怀取向”的，她们主要根据个人的责任和自我牺牲的意愿考虑道德问题，对别人的同情对女性的道德行为具有十分突出的影响。换言之，男孩在评价一种行为时，主要考虑这种行为是不是公正的，而女孩在评价一种行为时，主要考虑一个人是不是做出了自我牺牲，是不是显示了对别人的关怀和善良。

她将女性“关怀”道德的发展划分为三个阶段：

第一阶段是“个体生存的取向”，也就是关注自身生存的阶段。她们首先考虑的是什么是对自己最有利的、实用的，然后，逐渐由自私过渡到责任心，开始考虑什么对别人是最好的。例如，一个小学一年级的女孩在与小伙伴一起玩耍时，可能坚持玩她喜欢的游戏。

第二阶段是“自我牺牲的善良”阶段。在这一阶段，她们最初认为，女性必须牺牲自己的利益，来满足别人的需要；随后，她们逐渐从“善良”过渡到“真实”，即同时考虑和照顾自己的需要与别人的需要。例如，年龄稍大后，女孩在与朋友一起玩耍时，认为必须玩朋友喜欢玩的游戏，即使她不喜欢玩这种游戏，也应该这样做。

第三阶段是“非暴力道德”阶段。这时，女性开始认识到，给任何人(包括她们自己)带来伤害都是不道德的，自己与别人在道德上都是平等的。例如，女孩认识到，朋友必须找到双方都喜欢的一些活动，在一起高兴地玩耍。

显然，吉利根的观点更重视道德情感的发展，认为这是女性道德不同于男性道德的基本特点。从总体上看，无论是道德认知的发展还是道德情感的发展，儿童都是先自利后互利的，也就是说，在社会交往中，他们最初都是首先考虑自己的利益和需要，而忽略别人的利益和需要，然后，才能逐渐考虑别人的利益和需要，并学会协调自己与别人的利益，满足自己和别人的需要，甚至做出自我牺牲。这是儿童道德发展的基本趋向。

观察和访谈

细心地观察一下小学的男孩与女孩在日常交往中的言行，分析一下他们是否在道德上表现出了这些差异。也可以采用上面的故事，对小学生做个访谈，看他们是怎么回答的，他们是怎样思考问题的。

（三）道德行为的发展

从总体上看，这一时期，儿童已能根据自己对道德规则或规范的理解，表现出符合规范的道德行为。儿童的利他行为或亲社会行为逐渐增多，攻击行为逐渐减少。但是，随着年龄的增长，特别到小学高年级以后，儿童可能会出现言行不一致的现象。

1.利他行为

研究表明，婴幼儿已经表现出某些形式的利他行为（或亲社会行为）。两三岁的孩子已能把玩具给同伴玩（分享行为）；能帮父母做一些打扫房间、摆碗筷之类的简单家务（助人行为）。而且，他们还表现出对同伴的同情，通过送给同伴玩具等方式，安抚正在哭泣的同伴。但是，幼儿的利他行为还是十分有限的，在整个婴幼儿时期，真正的自我牺牲行为是很少见的，他们很少把自己非常喜欢的玩具给别人玩，而是经常为此发生争执。但是，到了童年中期以后，或者说从小学低年级开始，儿童的分享行为、助人行为以及其他的利他行为变得越来越普遍，无论男孩还是女孩，利他行为都明显地增多。

2.攻击行为

攻击是一种有意地从身体上或心理上伤害别人的行为。从性质上，可以把攻击行为分为工具性攻击行为和敌意性攻击行为，工具性攻击是把攻击别人作为一种手段或工具，目的是得到某种东西，如为了夺得自己喜欢的玩具而打人，敌意性攻击的目的则是给别人造成心理上的伤害。从形式上,则可以把攻击分为身体攻击（如打、推、踢别人）、言语攻击（如辱骂、嘲讽）和关系攻击（如散布谣言、挑拨离间）等。研究发现，婴儿已经表现出某些攻击行为，幼儿的身体攻击和工具性攻击行为较多，他们多是为了争夺玩具之类的东西而攻击别人。但是，随着年龄的增长，特别是到童年中期以后，儿童的身体攻击逐渐减少。另一方面，为了伤害别人而进行的敌意性攻击行为的比例有所增加。

另一方面,攻击行为具有明显的性别差异,这突出地表现在攻击性行为的形式上。大量研究一致表明，男孩外显的攻击性行为，包括身体攻击和言语攻击，明显多于女孩。但是，散布别人的谣言、排挤别人等关系攻击或间接攻击行为在女孩中较多。这与她们更看重人际关系的亲密感相联系。正是在这种意义上，许多心理学家认为，男孩与女孩都可能有较多的攻击性行为，只不过攻击的形式不同而已。

欺负是一种典型的攻击，它是指在体力上或人际关系中力量相对较强的一方对于力量相对较弱的一方重复实施的攻击，简单地说，是（在身体上、人际关系上）强者对弱者的重复性的攻击。20 世纪 70 年代以来，许多国家（包括北欧、西欧、北美、东亚等地区的国家）的心理学家进行了广泛的调查，国内外调查研究显示，在中小学生中，欺负行为十分普遍，有调查表明，1/10 左右的儿童受到过别人的欺负或欺负过别人。有的国家甚至发现这个比例更高。在总体上，身体欺负、言语欺负等随着年龄的增长也是逐渐减少的。另一方面，与总体的攻击行为相似，男孩中外显的身体欺负和言语欺负较多，而女孩间接的欺负（如排挤别人、散布谣言，破坏别人的友谊）较多。在学校、家庭和社会的有效干预下，儿童的欺负行为会大大减少。

从总体上看，儿童符合道德规范、为社会所赞许的利他行为或亲社会行为越来越多，而不符合道德规范、为社会所贬抑的攻击行为或“不道德行为”越来越少，这其实是同一个问题的两个方面，由此不难看出，儿童社会化的程度日益加深了。

3.道德知行关系的变化

从道德知行关系上看，小学低年级儿童通常很“听话”，能够言行一致地按照教师的要求去做，表现出相应的行为。但是，随着独立性的增强和社会认知能力的提高，

> **欺负**：一种典型的攻击，指在体力上或人际关系中力量相对较强的一方对于力量相对较弱的一方重复实施的攻击，简单地说，是（在身体上、人际关系上）强者对弱者的重复性的攻击。

链接

下列研究报告描述、总结了小学儿童中的利他行为和攻击性行为（特别是欺负行为）的特点，可以作为拓展性读物：

张文新等．中小学生的欺负问题与干预．济南：山东人民出版社，2006

谷传华，张文新．小学儿童欺负与人格倾向的关系．心理学报，2003，1

谷传华，张文新等．儿童欺负问题研究的现状和前瞻．心理发展与教育，2003，1

张文新，谷传华等．儿童欺负问题与人格关系的研究述评．心理学动态，2001，4

王海梅，陈会昌，谷传华．关于儿童分享的研究述评．心理科学进展，2004，12（1）：52—58

Hudley，C. You did that on purpose：understanding and changing children's aggression. New Haven：Yale University Press，2008

小学高年级儿童逐渐学会掩饰自己的动机，在学校里、在老师面前表现较好，而在校外或家庭中，则表现较差。一方面，这种现象与一些家长本身的言行不一致有关，可能是儿童模仿家长行为的结果；另一方面，也可能与儿童的意志品质较差、难以坚持道德规则有关。从总体上看，儿童的这种言行不一的现象还是少数，大多数儿童还是言行一致的。

思考

观察小学儿童的自由活动（如放学或下课以后的自由活动），看他们有哪些利他行为和攻击性行为，可以比较一下各个年级的儿童有什么不同。

五、独生子女个性和社会性的发展

在个性、社会性方面，独生子女与非独生子女具有哪些差异？许多人认为，独生子女平时“娇生惯养”，肯定有个性“缺陷”，真的是这样吗？

独生子女的心理发展问题是人们十分关注的话题。20 世纪 70 年代初，我国开始实施“计划生育”政策，独生子女日益增多。相应地，独生子女的心理发展也成为一个重要的研究课题。20 世纪八九十年代以来，国内对独生子女的研究迅速增多。

长期以来，一直存在这样一种观点：独生子女具有某些“先天不足”，只有一个孩子的家庭环境不可避免地会造成各种个性缺陷。这种观点甚至在一些学者中也很流行。例如，较早研究独生子女问题的美国心理学家霍尔（S. Hall）等人就认为，独生子女是“问题儿童”，独生子女现象本身就是一种病态。另一个较早研究独生子女问题的学者布恩农（Bohnnon）也指出，独生子女通常健康状况差，缺乏活力，学业成绩较差，早熟、自私、感情用事，不适应集体生活。日本的一些学者得到了类似的发现，认为独生子女通常比较自我中心，社交能力较差。

独生子女真的一无是处吗？他们真的被父母宠坏了吗？事实上并非如此。尽管有关的研究结论并不一致，但是，综观国内外的大量研究，可以发现，独生子女与非独生子女在总体上并不存在十分明显的差异，不过，在认知能力、个性和社会性的某些方面，他们可能有所不同。

西方学者法尔伯（T. Falbo）总结了1925—1984年的115项研究，发现独生子女与非独生子女在智力、学业和社会适应方面都没有明显的差异，但是，独生子女通常具有更受欢迎的个性特征，拥有更亲密的亲子关系。另一些学者则总结指出，独生子女一般自尊和成就动机比较高，智力水平通常稍高于非独生子女，而且他们比较友好、有礼貌，也更容易与同伴建立良好的关系。

国内的一些研究也表明，与非独生子女相比，独生子女通常在智力发展方面占有相对的优势，这种优势在幼儿阶段就表现出来了。我国心理学家荆其诚主持开展的系列研究发现，在小学低年级（一二年级），独生子女在言语理解与记忆能力、一般常识、词汇、空间关系、词汇和数学等方面都要优于非独生子女。但是，到了小学高年级，他们的这种认知发展优势逐渐减弱，与非独生子女的差别缩小。

与国外研究相似，对我国独生子女的研究结论并不一致。有的发现，独生子女的独立性比非独生子女差，比较自我中心、任性，缺乏同情心，但是，他们的学习动力较强；有的发现，独生子女的人际关系比非独生子女差；还有的发现，独生子女的人际关系较好，他们对人际关系的自我评价也较高。但是，大规模的研究并没有发现独生子女与非独生子女在个性方面的差异，却发现独生子女通常在学业成绩和身体状况上相对较好。国内学者对独生子女研究进行的元分析也表明，独生子女在社交倾向上并不存在显著的差异。

综上所述，不难看出，独生子女与非独生子女在总体上可能并不存在实质性的差异。即使在某些方面有所不同，也不是稳定不变或长期存在的，随着年龄的增长和生活环境的变化，这种差异会发生相应的变化，甚至会逐渐消失，换句话说，独生子女与非独生子女的差异本身就是动态的、不断变化的。

从本质上看，独生子女与非独生子女的差异主要不是儿童自身的差异导致的，

链接

下列论文或研究报告描述了独生子女特别是中国独生子女的心理发展特点，可以作为参考读物：

Falbo，T，Polit，D. A quantitative review of the only-child literature：Research evidence and theory development. Psychological Bulletin，1986，100，176—189

Falbo，T，Poston，DL，Jr. The academic，personality，and physical outcomes of only children in China. Child Development，1993，64，18—35

荆其诚，万传文，林国彬等．二十年来中国独生子女的心理学研究．华人心理学报，2002，2

焦书兰，纪桂萍，荆其诚．独生子女与非独生子女认知发展的比较研究（广州市）．心理学报，1992，1：12—19

范存仁，万传文，林国彬等．西安市小学生中独生与非独生子女个性品质的比较研究．1994，17（2）：70—75

陈学诗，郑毅，崔永华．早期干预对独生子女气质培养作用的初步评估．中国心理卫生杂志，2006，20（10）：695，703

而更可能是由家庭环境、父母教养方式的差异引起的。在独生子女家庭中，父母往往在孩子身上投入更多的精力，对子女的期望较高，这些孩子通常拥有较丰富的生活资源、教育资源，因而，他们通常营养丰富，身体发育和学习成绩都较好。但是，在只有一个孩子的情况下，特别是在我国“计划生育”政策的制约下，父母很容易溺爱孩子，甚至出现几代人“围着一个孩子转”的情况，让一些孩子过着衣来伸手、饭来张口的生活，这在客观上剥夺了他们独立生活的机会，导致了一些独立性较差、自我中心的现象。而且，在缺乏同龄伙伴或兄弟姐妹的环境中，虽然儿童可以“独享”家庭提供的各种资源，但是他们却无法像非独生子女那样，进行相应的“社会参照”或同伴间的社会比较，缺乏兄弟姐妹间的相互学习和竞争，也缺少非独生子女所具有的与兄弟姐妹交往的机会，因而缺少了非独生子女的某些“益处”。在这种情况下，独生子女很容易形成任性、缺少同情心等特点。大量研究证明，在适当的家庭教养环境和教育过程中，独生子女完全可以避免这种相对特殊的家庭环境可能带来的消极影响，与非独生子女一样健康地发展，甚至在某些方面表现出发展的优势，超过非独生子女。

观察和分析

观察小学儿童中的独生子女与非独生子女，看他们在学习中、在同伴交往或师生交往中通常有哪些典型的个性表现，分析一下这两类孩子有哪些相似之处和不同之处，并想一想为什么会有这些相似或不同。

拓展阅读

儿童的个性、社会性是如何发展起来的：儿童心理发展的本质

个性、社会性的发展是由儿童自身的社会生活所促成的，它本质上是随着社会生活环境的扩大或社会交往对象的增多，儿童从自我服务逐渐学会进行社会服务、从自利到利他的过程。正是在这个过程中，儿童逐渐形成了相对稳定的价值观和行为方式，形成了所谓的个性。

最初，儿童的主要生活环境是家庭，主要交往对象是家庭成员，具体地说，在胎儿期主要是母亲（能听到母亲的声音），在出生后，母亲、父亲和其他的抚养者成为儿童最主要的交往对象，随着年龄的增长，儿童的交往范围逐渐扩大，交往对象延伸到同伴、教师和周围更多的社会成员。在出生后，儿童首要的任务是维持自身的生存，因此，他们必须学会向母亲和周围的人“表达”自身基本的需要，以求得到满足。但是，人不同于物理世界的物体或自然界的事物，他们会根据自身对儿童和情境的理解，对儿童做出自身特殊的反应。因此，儿童必须学会理解周围的人的特点，并调节自己的行为，以恰当的方式（如面部表情、身体姿势、哭和各种发音）向母亲或周围的人传达需求信号。在此过程中，他们对具有不同个性的人形成了相对稳定的认知和行为方式。在早期的同伴交往中，情况与此类似，他们总是尽可能地为自己获得生存的资源。换句话说，在早期，生存需要在很大程度上促成了儿童自利的动机，促成了他们从自身需要理解别人、考虑人际关系和社会交往的行为倾向，而很少考虑别人的需要和感受。他们的行为是“自我服务”的。

随着年龄的增长，儿童自我服务的动机、行为与别人（特别是同伴）自我服务的动机、行为不断地发生冲突，在自我服务的目的一再遭受挫折之后，他们逐渐认识到自我服务的动机和目的并不总能“得逞”，别人可能具有与自己不同的想法、动机和目的，认识到要达到自己的目的就必须照顾到别人的需要和目的，在此过程中，他们对他人的认知（尤其是观点采择能力）逐渐发展起来，并逐渐学会调节自己的行为，在避免自己与别人冲突的前提下满足自己的需要。在此基础上，儿童逐渐形成了依恋、友谊等亲密的人际关系。

在群体生活中，包括在最初的家庭生活中以及后来的同伴群体生活和学校生活中，儿童逐

渐理解了群体成员相对稳定的行为方式（如母亲总是洗衣、做饭，父亲总是外出工作，教师总是讲课），发现了这些行为方式与群体生活环境（如家庭、学校或班级教学环境）之间的联系，由此逐渐理解了群体成员所遵守的、通过他们的行为体现出来的相对稳定的群体规则。他们逐渐认识到，如果不遵守群体规则，就会遭到群体的排斥或拒绝，就无法满足自身的需要。在此过程中，他们的社会认知能力和遵守社会规范的能力逐渐发展起来，价值观也逐渐形成了。

研究一再表明，道德的发展表现出从自利到利他的趋势，儿童最初几乎是没有道德行为可言的，他们的行为通常是出于自利的考虑。随着年龄的增长，儿童在与身边的人交往时逐渐学会“利他”（单个的人），随后逐渐学会“利群体”（家庭、同伴团体、班级等），最后发展到“利社会”“利人类”，能够从普遍的道德原则和普遍的人性考虑问题。这种“道德关注”范围的不断扩展是以日益深刻而稳固的价值观为基础的，与坚定的信仰或信念也是密切相关的。从与认知发展的关系来看，个性、社会性的发展显然是以儿童对自身社会心理和行为的反省认知为基础的。换句话说，儿童正是在不断反省自身的认知、行为及其后果的基础上，学会了调节自己的观念和行为，与周围的人、群体和社会融为一体的。

案例回顾

通过上面的学习，你能分析本节开头的那个案例中提出的各种现象吗？

小结

儿童身体的成长和动作技能的发展，已有的认知能力的发展，构成了儿童个性、社会性发展的个体条件；学习及其引起的社会关系（同伴关系、亲子关系、师生关系等）的变化，则构成了儿童个性、社会性发展的环境条件，儿童自身就是这种环境的组成部分。这些方面影响着儿童个性、社会性的发展，而个性、社会性的发展又反作用于这些方面。

儿童的情绪体验更为深刻，他们的各种意志品质，包括自觉性、独立性、果断性、自我控制等，也有了十分明显的提高。儿童情绪体验的发展表现在自我情绪体验的发展、情绪理解能力的发展以及情绪的调节和控制能力的发展等多个方面。儿童意志的发展突出地表现在心理和行为的有意性或目的性、自觉性和自我控制能力的发展等方面，儿童认知活动和行为的有意性、独立性、自觉性进一步增强。

儿童个性和社会性的变化突出地表现在自我意识、性别意识和行为方面，也表现在他们的社会关系和道德方面。对于独生子女来说，他们在这些方面的发展又具有某些特殊之处。儿童的自我意识日益分化、“心理化”、全面化。儿童关于性别角色的观念不断增强，他们对男孩与女孩形成了较多的性别成见或性别刻板印象，即对两性的刻板的或固定的看法，他们的性别化行为也表现得越来越明显。这一时期，儿童主要的社会关系包括亲子关系、师生关系和同伴关系。儿童开始与同伴建立亲密的友谊关系，而且，逐渐形成了各种同伴群体，在同伴中的地位发生明显的分化。随着生活环境和活动形式的变化，儿童对父母的依赖明显降低，儿童逐渐能自主地判断、决策和做事；在学校里，师生关系变得日益重要，教师的期望、观念和态度会直接或间接地影响儿童各方面的表现。从总体上看，儿童对教师的态度从最初单向的服从逐渐变得分化。

儿童已经能够理解社会的道德规范或规则，并根据这些道德规范去行动，用这些规范约束和指导自己的行为。皮亚杰和科尔伯格根据儿童道德认知的发展水平，将儿童的道德划分为不同的发展阶段。随着年龄的增长，儿童的亲社会道德推理能力也逐渐发展起来，逐渐从利己的想法过渡为利他的想法。这一时期，儿童的道德情绪或情感也获得了进一步的发展，其中共情（又称为同理心）能力和对别人的关怀是比较典型的两种道德情绪。从总体上看，儿童已能根据自己对道德规则或规范的理解，表现出符合规范的道德行为。儿童的利他行为或亲社会行为逐渐增多，攻击行为逐渐减少。但是，随着年龄的增长，特别到小学高年级以后，儿童可能会出现言行不一致的现象。

国内外关于独生子女心理的研究结论并不一致，从总体上看，独生子女与非独生子女可能并不存在实质性的差异。但是，在认知能力、个性和社会性的某些方面，他们可能有所不同。独生子女与非独生子女的差异更可能是由家庭环境、父母教养方式的差异引起的。

第七章

儿童心理发展的影响因素与促进

学习目标与探索性问题

- 入学可以在哪些方面影响儿童的心理发展？上学的孩子与不上学的孩子有什么不同吗？如果一个孩子在家里学习（如由家长教授各种知识）而不去上学，对他（或她）的心理发展有什么影响？
- 一个儿童的心理发展需要什么样的学校环境？在教学和平时的教育活动中，学校教育者应该为儿童创造一种什么样的学校环境？
- 许多人都认为，家庭是儿童的第一所学校，这种说法对吗？为什么？家庭是怎样影响儿童心理发展的？孩子应当生活在什么样的家庭环境中？或者说，做父母的应该为孩子创造一种什么样的家庭环境？
- 每个孩子都生活在一定的社会文化环境中，这种文化环境是怎样影响儿童的心理发展的？应该为孩子创设一种什么样的社会环境？
- 许多人认为，独生子女教育是很难的，无论怎样，都难以避免他们心理发展的一些缺点，真的如此吗？与非独生子女相比，独生子女教育具有哪些特殊性？应该怎样才能保证他们心理的健康发展？

第一节　儿童心理发展的影响因素

有这样两个小学生。甲自幼在城市长大，父母都是高级工程师，他们非常重视孩子的教育。甲三岁的时候就被送进幼儿园接受教育，随后进入教学质量较好的一所小学就读。与甲不同，乙从小在偏僻的农村长大，父母都是地地道道的农民，他们期望孩子能顺顺利利地长大，然后成为村里比较能干的人。到入学年龄，父母才遵照当地规定，把他送到当地的一所小学读书。在一项心理学研究中，甲和乙都成为了心理学家的研究对象。心理学家发现，尽管两个孩子年龄相同，但他们却在各个方面相差甚大：甲个头较高，长得比较壮实，智商超过了同龄的孩子，学习成绩很好，人显得很机灵，很会与其他的孩子相处，点子很多，很受同伴的欢迎，而且，他本来对自己的要求较高，有较高的“理想”，但最近却迷上了网络游戏；乙则个头较小，甚至有点瘦弱，智力测验结果显示，他智商偏低，学习成绩一般，他没有什么理想。为什么两个同龄的孩子差别如此之大？可能有哪些原因导致了这一结果？

在年幼时，孩子会经常提到他们的爸爸、妈妈或其他的亲人，在他们的心目中，爸爸、妈妈几乎是他们家庭的一切。如果有兄弟姐妹，儿童还会经常提到他们。入学后，他们会经常提到老师和身边的同学或同伴，提到他们每天在学校内外的所见所闻。儿童的社会关系不断拓展，所接触的社会环境也日益广泛，电影、电视、互联网等各种媒介对他们的影响也日益加深。所有这些，都对儿童的知识、能力、观念、态度和价值观发挥着积极或消极的影响。当然，这些都是影响儿童心理发展的环境因素。

一、学校对儿童心理发展的影响

儿童入学后，学校对儿童心理发展的影响增强。从进入幼儿园开始，学校的影响就开始了。一般说来，幼儿园教师更多地关注儿童的游戏和身体的健康成长。进入小学后，教师则更多地关注儿童的学习和人格的发展。尽管在不同的年龄阶段，学校在儿童心理发展过程中的作用有所不同，但从总体上看，学校的影响主要表现在生理发展、知识和能力的发展、态度的形成等方面。

（一）促进儿童身体的成长

学校可以促进儿童身体的健康成长。对于正在成长中的儿童和青少年来说，这一点显得非常重要。体育是所有的学校教育的重要组成部分。保障儿童身体的健康发育和成长，是教师义不容辞的责任。学校安排的各种活动，包括体育运动、劳动、娱乐活动，学校的假期和周末休息制度，都具有这方面的目的和作用。从另一方面来看，儿童在学校学习的过程，也往往是他们的脑和神经系统得到充分发展的过程，学校提供的各种知识、技能、文化价值观等方面的“刺激”更为丰富，也更为系统。

（二）促进儿童知识、技能的增长

学校在促进儿童知识、技能的增长方面，作用更为明显。增进学生的知识、技能，是学校更为重要的任务，同时，也是人类开设学校的一个根本目的。

儿童入学后，首要的任务是学会学习，或者说是逐渐掌握学习的技能，包括上课的技能、提出问题和回答问题的技能、思考问题的技能、完成家庭作业或学习任务的技能、与同伴讨论和合作学习的技能等。就具体的学习过程来说，他们需要学会阅读、书写、计算乃至绘画、手工制作等技能。学习技能的掌握是儿童从游戏向有意学习转变的关键所在。在入学后的一两年中，绝大多数儿童都能掌握这些基本的技能，进入正常的学习活动，并为以后的学习奠定基础。心理学家莫里森和他的同事们（Morrison，et al.，1995；1997）发现，入学的一年级儿童在阅读、记忆、语言和运算方面的技能，显著地好于与他们年龄相当的那些幼儿园儿童。毋庸置疑，学校的系统训练可以显著地提高儿童各方面的学习技能，这在入学后的第一年就表现出来了。

事实证明，以班级为单位进行的教学，有利于年龄相当的儿童迅速地学习知识、技能。在班级教学中，教师会根据学生的一般发展水平和接受能力，制订教学计划，安排教学内容，调整教学进度。教师对班级内学生的知识、技能的掌握负责，他们可以在学习方法或策略、学习进程等方面，对学生进行监督，并给予充分的指导。显然，这种有计划、有针对性的教学更容易提高学生的学习成绩。不仅如此，教师对儿童学业成就的期望还会及时传达给学生，转化为学生自身的期望，增强他们的学习动机。也就是说，在班级内，经常存在“教师期望效应”。而且，在相对稳定的班级内也容易形成某种教学气氛或班风。研究表明，良好的教学气氛有利于儿童学会相互合作，主动参与教学，自主地学习和探索，有利于他们知识和能力的提高。

另一方面，在同一班级内，儿童之间相互影响，他们可以相互讨论和合作，促进知识、技能的学习。儿童入学后，同伴之间的社会比较变得更为明显，儿童会在学习成绩、知识技能的学习方面相互比较，以班级中的同伴作为“参照系”，确定自己在班级中的地位，同时，他们也学会了与同伴竞争。在这种社会比较和同伴竞争的影响下，儿童往往能更快地掌握某些知识、技能。

对于那些具有特殊教育需要的儿童，包括具有学习障碍、智力低下、具有身心残疾的儿童，学校也往往能提供最好的帮助和教育，对这些儿童进行及时的干预、训练。例如，对于那些智力水平处于 50 ~ 70 之间、智力发展慢于平均水平的轻度迟滞儿童，可以通过常规的教育和训练，让他们达到三到六年级的教育水平，成年后可以独立地参加工作和生活。对于那些智商处于 35 ~ 50 之间、有言语和运动障碍的中度迟滞儿童，则可以特殊教育或训练，让他们掌握一些职业技能和社会技能。而对于那些智商在 20 ~ 40 之间或 20 以下、缺乏正常的言语和运动能力、无法正常生活和工作的重度或极重度迟滞儿童，则可以通过专门的干预，让他们学会照顾自己。另一方面，那些在智力、创造性、艺术、领导能力或某些学业领域表现非凡的资优儿童（又称为超常儿童或天才儿童），同样具有特殊的受教育需要。由于他们智力发展较快、水平较高，教育者通常会允许这些儿童超前发展，为他们提供有挑战性的学习任务。他们通常能够提前进入大学，或表现出某些特殊的能力。

（三）促进儿童个性、社会性的发展

通过前面几章的内容，不难看出学校对于促进儿童个性、社会性发展的作用。这种作用主要表现在以下几个方面：

1.学校纪律的影响

儿童入学后，需要遵守学校的各种纪律，包括课堂教学和课外活动的纪律、班级学习和生活的纪律、平时做作业和交作业的纪律等。这些纪律的体现就是学校的一系列制度。纪律是一种强制性的规则，遵守纪律则是一种社会义务。儿童必须学会自觉地遵守纪律，才能正常地学习，适应学校的生活，完成从家庭生活为主向学校生活为主的转变。在此过程中，儿童会逐渐形成对集体、纪律和社会义务的意识，学会自我控制和调节，自我控制能力和集体生活能力提高了，社会化程度也进一步提高了。

2.师生关系的影响

入学后，儿童要面对一种特殊的人际关系——师生关系。之所以说特殊，是因为这是儿童与成人之间的一种关系，而这种关系不同于家庭中的亲子关系。亲子关系是一种基于血缘关系建立起来的代际关系，而师生关系是基于教育者与受教育者的社会义务建立起来的一种关系。教师的义务就是要通过各种适当的教育方法和手段，将人类文化传承给儿童，让他们形成特定的知识、技能和态度，成为独立地承担社会责任的“社会人”。儿童的义务则是在既有的条件下接受和形成特定的知识、技能和态度。儿童一方面要适应这种人际关系，形成一定的师生交往能力，另一方面，又要学会以适当的方式接受教师施加的各种影响。

教师是学校和班级的管理者，他们监督、调节着儿童之间的关系，让儿童学会遵守社会规则。在儿童的行为不符合班级、学校和人际关系规范时，他们会批评、纠正这些行为；在儿童过分地自我中心，不能维持正常的同伴交往时，他们会适当地制止和引导。教师通过强化那些符合班级规范的行为，惩罚不符合规范的行为，逐渐让儿童懂得怎样才能为集体接纳，成为集体中的一个成员。在此过程中，教师实际上是在进行遵守社会规则的训练。儿童学会了遵守班级规则，就可以为他们学会遵守更广泛的社会规则奠定基础，换句话说，遵守班级规则是遵守更广泛的社会规则的前奏，广泛的社会规则是班级规则的延伸和拓展。

在学校生活中，教师的知识、观念、态度和价值观，可以直接或间接地通过“教师期望效应”影响儿童，促成儿童较高的自我效能感和勤奋感。前面提到，教师期

望学生获得什么样的发展，期望他们获得什么样的成绩或形成什么态度，都会通过言语、表情以及具体的行为传达给学生，学生在理解教师的期望之后，则会产生较高的自我期望，促使自己沿着教师所期望的方向发展，表现出与教师期望一致的行为。在此过程中，教师的期望、表扬和鼓励会促成学生较高的自我效能感。儿童在学习和平时的活动中，不断获得成功之后，他们就能形成一种勤奋感。这种勤奋感又会推动着他们积极地探索和尝试那些新的、陌生的领域。另外，教师关于态度或品德、价值观的教学则可以直接培养儿童对集体、对社会的积极态度。

3. 同伴关系的影响

随着年龄的增长，儿童的同伴关系的范围日益扩大，同伴交往的程度也在不断加深，逐渐形成相对稳定、亲密的友谊关系。大量研究证明，同伴关系的影响突出地表现在以下几个方面：

其一，同伴关系或友谊促进了儿童社会认知的发展。在同伴交往中，儿童的观点采择能力和移情能力逐渐提高，而自我中心逐渐减弱。他们发现，对同一件事情，每个人都可能具有自己的观点和感受。他们逐渐能够站在别人的立场上去体会别人的感受，进而表现出对同伴的同情心和分享、合作等亲社会行为。

其二，他们对规则的理解日益加深，并学会遵守同伴团体的社会规范或规则。在同伴团体中，他们逐渐理解遵守团体规则的意义，意识到每个成员都遵守团体规则，是一个团体存在的基本条件。同时，在同伴团体的压力下，儿童学会调节和控制自己的行为，使之符合团体的规范。因此，同伴团体是儿童学习社会生活、练习社会行为的重要场所。

其三，同伴交往可以满足儿童多方面的需要。前面提到，在同伴交往中，尤其是在友谊关系中，儿童可以获得来自同伴或朋友的亲密感。同时，他们可以满足安全的需要、自尊的需要、爱和归属的需要、社会交往的需要。同伴之间，尤其是好朋友之间，可以相互帮助，在儿童处于困境或感到烦恼的时候，也可以获得同伴或朋友的安慰。他们结成同伴团体之后，也往往能得到同伴团体的支持和帮助。那些在团体中占有一定地位的儿童则往往具有较高的自尊。同时，在同伴交往中，儿童不可避免地会产生各种冲突，包括意见、看法的不一致、利益的冲突等，面对这些冲突，儿童逐渐知道如何协调不同的观点，如何建立和谐的人际关系，形成积极解决问题的倾向和问题解决能力，甚至会发展出一定程度的社会创造性。

另外，在学校的同伴关系中，儿童不仅学会如何与别人合作，而且儿童之间的社会比较也会促成他们之间的竞争，在学习、运动以及各种课外活动中，都可能存在这种竞争。这对于儿童知识、能力的发展和态度的形成都具有积极的影响。同时，同伴之间的相互模仿或观察学习，既可能促进他们的认知能力和个性、社会性的发展，又可能给他们的发展带来消极的影响。

美国心理学家哈里斯（Harris，1995，2000）的群体社会化理论认为，在儿童的社会化过程中，同伴群体起着极为重要的作用，儿童主要是从同伴群体而不是成年人那里，学会理解和遵守社会规范。儿童会结成不同于成人社会的同伴群体，形成自己的“亚文化”，例如，同伴团体内有自己的一套行为规则和为人做事的规范，包括穿衣打扮和发型等都有自己的一套“约定”。儿童正是通过成为同龄人群体的成员、认同群体的规范，而学会如何为人做事的。

问题与讨论

你同意上面的这种观点吗？为什么？可以观察身边儿童的行为，或者回顾自己的成长经历，与别人讨论。

链接

在下面这两篇论文中，哈里斯（J. R. Harris）系统地提出和阐述了群体社会化理论：

Harris，JR. Where Is the Child’s Environment? A Group Socialization Theory of Development. Psychological Review，1995，102，3：458—489

Harris，JR. Socialization，Personality Development，and the Child’s Environments：Comment on Vandell. Developmental Psychology，2000，36，711—723

二、家庭对儿童心理发展的影响

家庭可能从哪些方面影响儿童的心理发展呢？人们经常说，家庭是人生的第一所学校，是人们最初的社会化场所。这话是有道理的。在儿童成长的过程中，尤其是儿童早期，家庭是儿童最主要的生活场所，它对儿童心理发展的影响也是最深远的。前面提到，各种心理发展理论，尤其是精神分析理论，十分重视家庭对于儿童人格发展的影响，精神分析理论的奠基人弗洛伊德甚至认为，一个人早年的生活经历决定了他成年后的人格或个性健康状况，换句话说，成年以后的人格问题或心理疾病，都可以从婴幼儿时期特别是人生最初五年的生活经历中找到根源。概括地说，家庭对儿童心理发展的影响主要表现在以下几个方面：

其一，家庭为儿童提供的资源影响着儿童生理和心理的发展。毋庸讳言，在物质生活比较丰裕的家庭中，儿童可以获取足够的营养，身体机能可以获得充分的发展。这又进一步促进了儿童心理的发展。更重要的是，家庭为儿童提供的智力资源，包括书籍、玩具等，直接影响着儿童的认知发展。大量研究表明，在那些智力资源比较丰富的家庭中，儿童通常智商较高，而且富于探索精神。

其二，父母对教育的态度和观念影响着儿童受教育的机会。那些重视教育的父母对子女的期望往往较高。一方面，这种期望可以转化为儿童的自我期望，另一方面，这些父母也更可能激励孩子在学习和生活中取得进步，为他们创造各种机会。例如，他们更可能让子女到较好的学校接受教育；更可能积极地寻求科学的教育方法，避免消极的教育方法；更可能允许孩子自由地探索，而不是束缚孩子的手脚，而且也更可能加强与老师的联系，及时了解孩子在学校的发展状况。简单地说，他们更可能为孩子的成功创造一切有利条件。这显然可以促进他们各方面能力的发展，形成“家长期望效应”。许多研究的确表明，在重视教育的家庭中，儿童在学校的学习成绩往往较好，长大后也更可能取得较高的成就，那些不重视教育的家庭则不然。

其三，父母的教养方式直接或间接地影响着儿童的认知能力，影响着各种个性、社会性品质的发展。大量研究都证明了这一点，其中，埃里克森、麦克贝（E. B. Maccoby）、鲍姆林德（(D. Baumrind）等人的研究最有说服力。

埃里克森等心理学家们概括了父母教养方式的两个维度：接受性—反应性，宽容—限制（或要求—控制），其中，接受性—反应性这一维度反映了父母对孩子关心或支持的程度，宽容—限制（要求—控制）这一维度则反映了父母对子女限制、管束或监督的程度。20 世纪 60 年代以来，鲍姆林德等人系统研究了父母教养方式对儿童心理发展的影响。他们从上述两个维度，把父母教养方式分为四类：专制型、权威型、放任型、忽视型（各类教养方式的特点见第四章）。

研究表明，不同的教养方式导致了不同的发展结果。对于那些权威型的父母来说，他们的孩子在幼儿时期通常比较愉快，有社会责任感，有积极的自我评价和较高的成就动机，会与成年人和同伴合作。专制型父母教养的孩子比较情绪化，不快乐，容易发火，有敌意，不好相处。溺爱型父母教养的孩子比较冲动、攻击性较强，比较霸道，自我中心，缺乏自制力、独立性和成就感。忽视型父母教养的孩子攻击性较强，问题行为（如很容易发脾气）较多。进入童年中期以后，甚至一直到青少年时期，上述教养方式下的孩子仍然表现出类似的差异，权威型教养方式下的孩子认知能力和社交能力较强，溺爱型教养方式下的孩子认知能力和社交能力较低，而专制型教养方式下的孩子处于二者之间。那些忽视型教养下的孩子通常学习成绩很差，到青少年时期以后，对人充满敌意，自私、叛逆，酗酒、吸毒等反社会行为和犯罪行为较多。可见，上述教养方式给儿童带来的感受是截然不同的，因而对他们的行为产生了不同的影响。

链接

下面的文献描述和分析了父母教养方式及其对子女的影响，可以作为参考读物：

Baumrind，D.（1971）. Current patterns of parental authority. Developmental Psychology Monographs，1971，4（1）：2

Maccoby，EE. Social development：Psychological growth and the parent-child relationship. New York：Harcourt Brace Jovanovich，1980

有的父母十分重视对孩子的早期教育，他们认识到早期发展的重要性，因而从孩子年幼时就开始了系统的教育。相反，另一些父母并不看重对孩子的早期教育。这反映了家庭的另一种影响。对超常儿童的研究表明，大部分智力超常、学业成绩优秀的孩子都接受过早期教育，许多父母从孩子出生起就制订了系统的早期教育计划，坚持对孩子进行早期教育。研究表明，婴儿的脑和神经系统具有高度的可塑性。因此，通过早期教育，这些儿童的脑和神经系统在早期获得了迅速的发展，他们通常在年幼时就表现出优秀的认知能力或某些特殊能力（如音乐、绘画能力）。当然，他们的超常行为与良好的遗传素质也是不可分割的。

拓展阅读

单亲家庭和离婚家庭对儿童心理发展的影响

如果儿童生活在一个特殊家庭中，如单亲家庭（只有父亲或母亲的家庭）和离婚家庭中，他的心理是否会受到重创？随着社会的变化，单亲家庭和离婚家庭明显增多。有人统计，在美国 18 岁以下的儿童中，与父亲或母亲一个人住在一起的大约占 1/4。其中，因父母一方亡故而形成的单亲家庭较少，更多的单亲家庭是由未婚生育、配偶离开或离婚造成的，而且，这些家庭中大多是只有母亲。

很多研究的确发现，单亲家庭和离婚家庭中长大的孩子心理和行为问题较多。但是，这种结果是必然的吗？许多学者认为，单亲家庭是否会对孩子带来不良的影响，这多半要看父母中的另一方是否在早期与儿童一起生活过、当时父母之间的关系如何，另外，单亲家庭的经济状况以及家长与儿童共处的时间、家庭内部的压力，也会影响儿童。如果太贫困，家庭内部压力太大，家长与孩子共处的时间少，通常会给儿童带来不利的影响。

在离婚的家庭中，孩子一般与父母亲中的一方组成单亲家庭，或者与继父母、祖父母、外祖父母或其他亲属住在一起，也可能被收养。父母离婚会给儿童带来什么样的影响？许多研究发现，这取决于以下因素：离婚时儿童的年龄、父母离婚以后的时间、家庭的经济状况等。在离婚以后的一段时间内，通常对儿童的影响较大。特别是在刚离婚时，儿童及其离婚的父亲或母亲通常都会有短期的心理失调现象，儿童可能感到焦虑、抑郁、恐惧，甚至有睡眠障碍，这大约要持续 6 个月到 2 年的时间。如果父母离婚发生在童年中期的早期阶段，他们往往会自责，认为是自己造成了家庭的破裂，而且，在选择跟随父亲还是母亲时会产生很大的压力。关于离婚的长期影响，研究结论不尽一致。一些研究发现，在离婚 2 年后，大多数儿童都开始恢复父母离婚前的状态。但是，也有研究发现，来自离婚家庭的儿童心理问题较多，甚至比正常家庭的儿童多一倍；离婚家庭的这些儿童在成年后离婚的风险也很高。

还有的学者认为，如果离婚前家庭的敌意和愤怒较多，离婚则可以减轻这种环境的消极影响，离婚反而有利于儿童的发展，如果离婚后父母亲都能与孩子保持亲密的关系，就会更好。但是，如果离婚前父母之间的冲突不太多，儿童就可能难以适应离婚带来的变化。

你是怎么看待这个问题的？单亲家庭或离婚家庭为什么会产生上述影响？可以观察一下你身边的这类孩子，看他们有什么特点。也可以就此问题，从互联网或图书馆搜集有关的资料，与别人讨论。

三、社会文化环境对儿童心理发展的影响

除了家庭和学校之外，儿童还生活在广阔的社会背景下。家庭和学校周围的社会环境、各种社会文化设施、文化价值观潜移默化地影响着儿童的心理发展。社会文化是一个比较宽泛的概念，它可以指儿童生活于其中的物质文化，包括各种建筑、设施、家庭和学校周围的网吧和游戏厅等；也可以指儿童沉浸于其中的精神文化，如电影、电视、报刊杂志、饮食、穿着打扮等载体所传播和承载的社会传统、习俗和价值观。那么，儿童所处的社会文化环境会从哪些方面影响他们的心理发展呢？这些影响是积极的还是消极的？

概括地说，社会文化的影响经常是内隐的或潜移默化的，但却是十分深刻的。从性质上看，社会文化对儿童心理发展的影响有积极的，也有消极的。从影响的方式来看，它不仅可以直接影响儿童的发展，而且可以通过父母、教师等间接地影响儿童。从影响的方面来看，社会文化既可以影响儿童的知识和能力，又可以影响儿童的态度、价值观和行为方式。围绕电视等新闻媒体进行的研究充分证明了这一点。

首先，社会文化价值观通常反映在父母和教师的教育观念、教育行为、教育期望上，而这又进一步影响儿童的学习，影响他们的心理发展。20 世纪 80 年代开始的一项跨国追踪研究发现，在整个中小学时期，美国儿童各项数学测验的成绩均低于中国和日本儿童。是美国的儿童比较笨吗？显然不是。这主要是由文化背景或价值观的差异造成的。相对而言，美国的父母和教师更看重儿童的天赋能力，注重儿童的自由选择和探索，对他们的课程学习成绩期望不高，相反，中国和日本的父母、教师特别看重儿童的学业成绩，对他们在学校的表现期望很高，而且，他们通常认为，后天的努力是儿童学业成绩的决定因素，经常督促儿童学习，儿童花在课程学习和家庭作业上的时间较多。社会经济地位不同的家庭也往往具有不同的教育观念和行为，对孩子持有不同的教育期望，中产阶级的家庭往往对孩子的期望较高，希望孩子具有较高的成就动机，而且注重培养孩子的独立性，相对贫困的家庭对孩子的期望往往较低，而且强调孩子的服从而不是独立。可以说，文化价值观可以“转化”为成人的教育观念和对儿童的期望，这些观念和期望又可以通过他们的言语、表情、行为表现出来，进一步转化为儿童的自我期望和价值观，进而影响他们的学习成绩。

社会文化对儿童个性、社会性的影响更为深刻。大量研究证明，在不同文化背景下，儿童的观念、态度、行为方式甚至是气质特征都有明显的差异。在中国、韩国、日本等集体主义文化背景下，儿童往往强调家庭和团体的重要性，更注重人际关系而不是个体的独立性；而在美国这样的个人主义文化背景下，儿童往往更看重个人的权利和自主性，更独立。从儿童一出生，成年人，包括儿童的父母和教师，就有意或无意地为儿童创设了特定的生活环境，并有意或无意地向儿童传达这些价值观，相应地，儿童也以明显的或内隐的方式逐渐接受和形成了这些价值观，形成了不同的行为方式和个性倾向，在早期可能表现为气质和依恋模式的差异，随后会表现为同伴关系模式的差异。例如，在陌生的情境中，中国孩子行为的抑制性较强，比较胆小，不敢大胆地探索环境，美国孩子抑制性较低，胆子比较大，能自信地探索环境。这是气质的文化差异。在不同的文化背景下，依恋类型的分布也有所差异（见第四章的有关内容）。

即使在同一个国家的不同文化中，儿童的个性、社会性品质也具有明显的差异。例如，在美国，亚洲裔儿童通常认为，家庭需要高于个人的需要，男性应当照顾父母和家庭；西班牙裔儿童很看重自己与家庭的关系，很看重家庭、社区和宗教组织，他们还倾向于把自己看做大家庭的核心，他们的自我与家庭是密切联系在一起的。

其次，文化媒体也可以直接或间接地影响儿童的认知发展。电视、电脑、互联网、报刊杂志等这些媒体在这一方面表现得最为明显。那些专门为儿童设计的教育节目和材料，可以在很大程度上促进儿童认知能力的提高。例如，美国心理学家的研究表明，世界著名的儿童节目《芝麻街》可以大大促进他们的一系列知识、能力的发展，幼儿观看电视节目越多，他们在字母测验和书写测验的成绩就越好，那些观看这种电视节目较多的一年级儿童适应学校生活的能力也增强了，对学校活动的兴趣也提高了。其他教育和教学节目也具有类似的影响。这些教育节目往往是针对不同年龄段的儿童设计的，其目的就在于促进儿童心理的不同侧面的发展，《芝麻街》就包括了算数、辨认字母、排列分类、简单的问题解决等一系列认知活动。因而，这些节目往往能显著地提高儿童的阅读能力、推理能力、口语表达能力乃至社交能力。而且，这些电视节目取材于儿童的日常生活，往往图文并茂，声音、图像、动作安排适当，可以极大地调动儿童的兴趣，吸引儿童的注意。

随着互联网的普及，它逐渐成为儿童搜索各类知识和信息的重要工具。儿童在网络上几乎可以搜集到他们所需要的各种信息，包括各种图文并茂的音视频资料，充分地满足他们的求知欲，促进知识的积累和能力的提高。计算机辅助教学、各种专门开发的教育教学软件对儿童也有很大的吸引力，有助于他们学习各门课程。另外，对于那些已识字的儿童来说，经常看报刊、杂志，对于提高阅读能力、写作能力很有帮助，而且可以了解世间百态，理解周围发生的各种事情以及人们的各种观点，积累社会知识，提高社会认知能力。另外，一些电脑游戏（包括智力竞赛一类的网络游戏）可以促进儿童智力的发展。这类游戏通常要求儿童在一定的时间内，高效率地完成任务，既要保证问题解决的速度，又要保证问题解决的正确性，因而可以提高他们的知觉反应能力、思维能力的发展。

媒体对儿童个性、社会性的发展似乎影响更大。电影、电视、互联网等一方面向儿童传达了社会的文化和价值观，促进了儿童的社会化，另一方面，媒体所宣传的榜样、所承载的信息也可能给儿童带来消极的影响。这突出地反映在电视和互联网的影响上。研究一再表明，儿童观看暴力电视节目的数量与他们的攻击性呈正相关，也就是说，随着儿童观看的暴力电视节目的增多，他们的攻击性行为也不断增多。与很少看这类节目的儿童相比，他们对人更有敌意。美国心理学家对幼儿、小学生、中学生乃至成年人的研究，澳大利亚、加拿大、英国、芬兰、波兰等国家的心理学家对小学男生和女生的研究，都发现了电视暴力与攻击性之间的这种关系。一些追踪研究甚至发现，在 8 岁时喜欢观看暴力电视节目的儿童，到 30 岁时更可能有犯罪行为。要注意，暴力行为不仅仅在电视上有，在互联网、电子游戏中也有。它们可能具有与暴力电视节目相同的影响。经常观看暴力性的电视节目，经常登录这类网站或经常玩这类电子游戏，都可能会降低儿童对现实中的暴力行为的敏感性，让他们对血腥的攻击变得迟钝。在现实生活中，他们也更容易攻击和欺负别人。不仅如此，国外心理学家还发现，某些电视节目可能会增强儿童的刻板印象（如关于男人和女人的刻板印象），电视广告还可能诱导儿童购买那些不利于身体发育的产品（如不健康的食品）。

另一方面，随着计算机的广泛应用和互联网的普及，大量儿童、青少年开始沉溺于网络和电子游戏，不能自拔。这种过度沉迷于网络的行为经常被称为“网络成瘾”。网络成瘾的儿童每周都用大量的时间浏览网页、上色情网站、看电影或电视节目、玩网络游戏、聊天，以至于身心健康受到严重的影响。他们经常感到身心疲惫，寝食不安，情绪烦躁，注意力难以集中，学习成绩下降，甚至荒废学业或辍学。这些儿童对网络形成了强烈的依赖，一旦离开电脑就感到难以适应。

从总体上看，各种媒体的作用至少体现在以下几个方面：提供各类信息和知识，包括新闻、教育、自然、社会等方面的信息和知识；提供各类活动，包括各类娱乐活动、聊天交友、虚拟社区等；提供各类榜样，包括正面的、符合社会主导价值观的榜样，也包括负面的、不符合社会主导价值观的榜样，甚至是反社会行为的榜样。因此，媒体在传播文化、价值观的同时，也在引导儿童的行为，在缺乏是非辨别能力、批判性的思维能力和自我控制能力的情况下，儿童极容易被不良的信息、不良的活动和不良的榜样所诱导，误入歧途，荒废学业，甚至一无所成。因此，为儿童创造一种良好的社会生活环境，促进他们个性、社会性的发展，显得十分必要。

当然，除了家庭、学校和社会文化环境之外，儿童自身的因素，特别是遗传素质，也是一个不可忽视的重要因素。正是遗传与环境相互作用、相互影响，最终促成了儿童特定的心理和行为特点。

问题与讨论

对许多儿童和青少年来说，电脑和互联网已经成为他们生活的重要组成部分。对此，有人大声叫好，认为这是时代进步的表现；有人则强烈反对，认为电脑和互联网导致了儿童、青少年的“堕落”，许多沉迷于网络和电子游戏的孩子荒废了学业和前程。你赞同哪一种观点？为什么？请根据有关的事实和研究资料，与别人进行讨论；也可以分成正反两方，就此问题进行辩论。

案例回顾

通过上面的学习，你能回答本节开头的那个案例中提出的问题吗？

第二节 儿童心理发展的促进

如果要促进儿童的心理发展，就要从影响心理发展的因素入手，改善儿童的各种生活环境。但是，在不同的年龄阶段，要促进儿童身心的健康发展，对环境的要求也是不同的，进入童年中期以后，儿童又会对家庭、学校和周围的社会文化环境提出怎样的要求呢？这个问题与儿童身心发展的特点密切相关。

一、开展儿童的身心健康教育

有这样一个孩子，他身体肥胖，极少活动，同伴都叫他“小胖墩”。在学校里，他感到很自卑，在别的孩子做游戏或开展什么活动的时候，他很少踊跃报名，而是表现得比较退缩。在家里，则经常不可一世，经常“命令”爸爸、妈妈为他做这做那，一旦不顺心，就哭闹不止，以至于父母感到不知所措。而且，在家里特别喜欢吃甜食和肥肉。其实，这个孩子只是众多有身心健康问题的儿童中的一个。他的问题主要是周围的环境造成的。

到了童年中期以后，儿童的健康和安全同样是应该引起成年人高度重视的问题。而且，相对于婴幼儿来说，这一时期儿童的健康和安全问题表现出自身的特点。其中，营养不良、肥胖和行为安全问题，是这一时期最典型的问题，也是这一时期的身心健康教育中需要重点考虑的问题。

（一）让儿童形成良好的生活习惯

让儿童形成良好的生活习惯，是保障儿童身体健康的最重要的措施之一，也是身心健康教育最重要的内容之一。所谓生活习惯，也就是日常生活的习惯，包括日常作息、时间安排和管理、饮食、活动等方面的习惯。健康的生活习惯可以让儿童保持有规律的生活，保障身体的健康发育。有调查表明，70% 以上的疾病都与人们不良的生活习惯有关，显然，重要的不是这个比例本身，而是人们的健康与生活习惯的这种关联。

健康的生活习惯可以避免营养不良、肥胖等问题。这些问题正是儿童最常见的问题。美国接近 1/3 的小学儿童有各种各样的营养不良问题，发展中国家的儿童营养不良问题更严重，在非洲南部的发展中国家，近一半的儿童有营养不良问题。长期的营养不良会导致长期持续的不良后果，在小学时期，营养不良的儿童通常身体成长缓慢，智商较低，动作协调能力差，粗心，注意力分散。当然，这一问题与国家或地区的经济发展状况或贫困有关，但与儿童自身的生活习惯也是密切相关的，发达国家普遍存在的营养不良问题就说明了这一点。许多孩子之所以出现这种问题，主要是因为平时具有不良的饮食和行为习惯，如偏食、少动。

保证营养平衡而丰富，是避免营养不良的重要方面。儿童需要平衡而丰富的营养，才能为身体和学习提供足够的能量。但是，这一时期，儿童常常过分地投入游戏、交友和他们感兴趣的活动，在饮食上则很少注意。因此，父母应当鼓励儿童形成健康的饮食习惯，按时进餐，不偏食，避免吃得太多或太少，保证营养均衡。在这一过程中，非常重要的是，让儿童深刻地认识到营养的重要性。父母应当以生动的事例说明营养的意义和各种饮食习惯的利害，让他们知道哪些吃法是健康的，哪些是不健康的，同时，应当强化（如表扬、奖赏）他们健康的饮食行为，并营造营养均衡的饮食条件。父母应当保证饮食的质量，新鲜的水果、蔬菜、牛奶和花生一类的食品既取用方便，又有益于身体健康，有助于这一时期的儿童满足营养的需要，应当多食。在埃及、肯尼亚和墨西哥开展的研究表明，饮食的质量（蛋白质、维生素和矿物质含量充分）比饮食的数量更重要，高质量的饮食而不是大量的饮食，可以促进儿童认知能力的发展。

形成良好的运动习惯，是保障身体健康的另一个重要方面，也是健康教育的另一重要内容。进入童年中期以后，儿童的体能大大增强，动作更加协调，他们已能参加各种活动和体育运动。让儿童形成对各种课外活动的兴趣，鼓励他们积极地参与各种体育活动，不仅可以促进骨骼和肌肉的生长，增强机体免疫力，而且，可以预防肥胖等常见的问题。

肥胖是根据儿童的年龄、性别和体格来定义的，通常，超过同一年龄、性别和体格的儿童的平均体重 20% 以上的儿童，就可以看做肥胖儿童。肥胖问题在发达国家和一些发展中国家都非常普遍。例如，美国 15% 的小学儿童有肥胖问题，其中，墨西哥裔美国儿童中有 24% 为肥胖儿童；1981—1996 年，加拿大 7—13 岁儿童中的肥胖发生率从 5% 增加到 13.5%。肥胖可能会给儿童带来一系列不利的影响。肥胖儿童更可能有持续终生的健康问题，如高血压和心脏病的发病率高于常人，而且，他们经常遭到同伴的嘲笑、拒绝或排斥，更可能产生情绪障碍，他们通常自尊较低，甚至会出现适应困难。

研究表明，肥胖不仅与遗传、父母养育方式和饮食环境有关，而且与儿童的运动习惯有着密切的关系。与体重正常的儿童相比，肥胖儿童通常比较懒，不爱活动，这一方面是造成肥胖的原因，另一方面也是肥胖引起的后果。这些孩子每天看电视的时间较多，看电视占用了儿童参加各种活动的时间，而且电视广告还经常会鼓励儿童吃那些高脂肪的不健康食品。

养成喜欢运动的习惯，一方面，要通过体育课等正常的教学活动，让儿童深刻地理解运动的意义，学会各种运动技能，包括各种球类运动技能以及跑、跳、掷等运动技能；鼓励他们积极参与各种课外活动，特别是各种体育活动。另一方面，要为他们创设各种有利条件，例如，为儿童提供足够的活动场所、体育器材，举办运动会等集体性体育活动。另外，促进儿童与同伴的交往，也有助于增加他们的活动机会。

（二）提高儿童的安全意识和自我保护技能

提高儿童的安全意识和自我保护技能，对于保护儿童的身心健康也是非常必要的。随着身体能力的增强，儿童的活动空间迅速扩大，他们更喜欢参加各种活动，成人不能像对待婴幼儿那样监控他们。相应地，他们遭受交通事故、跌伤、摔伤等意外伤害的可能性也大大增加。有调查表明，在整个童年中期，儿童遭遇的意外伤害持续增加。另一方面，儿童的呼吸道疾病（如哮喘）、视力和听力缺陷的发病率也较高，近视的发病率最高，其次是听力下降等听觉问题、哮喘等呼吸道疾病。从某种程度上说，这些疾病或伤害都与儿童缺乏安全意识和相应的自我保护技能有关。

学校可以开设专门的安全教育课程，提高儿童的安全意识，让儿童知道安全和自我保护的意义，知道在这一时期可能会有哪些常见的风险或安全问题，在每天的生活中要注意哪些方面，从事各种活动可能会受到哪些伤害，同时，教给儿童各种预防伤害、避免风险的技能，让他们掌握基本的规避风险的方法。例如，让儿童牢固地掌握、自觉地遵守交通规则，学会安全地过马路；学会科学用眼的方法和保护听力的方法；熟练地掌握从事各种体育活动时所必需的技能，包括各种球类技能和跑、跳、投、拉等动作技能；在生活中遇到各类意外时（如溺水、失火）的自救、救人技能；掌握安全地骑自行车的注意事项和技能。

这些技能和安全意识的培养，可以与相关课程的教学结合起来，与儿童基本的生活技能的培养结合起来。更重要的是，要与儿童问题解决能力的培养结合起来。一旦儿童具备了良好的问题解决能力，他们就能以积极的心态，选择适当、有效的方法，解决生活中遇到的各类问题，包括各类安全问题。另外，家庭和社会都要强化儿童遵守各种安全规则的意识和行为，通过榜样行为、生动的事例、社会宣传、公益广告等形式，潜移默化地影响儿童。

（三）对儿童进行心理健康教育

大量调查显示，中小学儿童的心理与行为问题十分普遍，世界各国儿童都存在着类似的现象，我国当然也不例外。前面提到的那个孩子就是一个典型的例子。他具有明显的情绪问题和同伴关系问题，而且，具有不良的生活习惯。实际上，除此之外，在小学儿童中还普遍存在学习障碍、厌学、亲子冲突、任性、攻击、孤独、抑郁、逆反、反社会行为、上网成瘾或游戏成瘾、自虐和虐待狂倾向等多种心理和行为问题。

心理健康的小学儿童通常能较好地适应环境，他们智力正常，能够较好地认识和评价自己，接纳和相信自己，能进行自我调节、自我控制；有正常的社会交往，能以积极的态度面对和解决生活中的各种问题。具有心理与行为问题的儿童则不然，他们通常缺乏良好的自我认识和自我调节能力，缺乏人际交往的能力和对周围环境的适应能力。小学儿童的心理健康问题逐渐引起社会的广泛关注。对儿童进行心理健康教育势在必行。

心理健康教育与我国建设和谐社会的主题是一致的，它的主要目的是实现心理的和谐或健康。它需要全社会的参与和投入。首先，家长、教师以及各类教育机构，都需要提高对儿童心理健康问题的意识，很好地理解和识别儿童的各种心理和行为问题，拥有预防这些问题的基本知识，为儿童创造良好的家庭环境、学校环境和社会环境。例如，形成适当的家庭教养方式（防止专断型和忽略型的教养方式）、教师领导方式（形成民主、权威的领导方式），加强对各类可能影响儿童的文化设施和娱乐场所（如网吧、电子游戏室）的管理。其次，学校需要配备专门的心理学专业人员，包括教师和专家，开设专门的心理健康课程，并设置专门的心理咨询和治疗场所，对儿童的各种心理与行为问题进行预防和治疗，而以预防为主。事实上，在我国的一些地区，已经明令规定在中小学配备专门的心理咨询师，为儿童提供专门的心理咨询或治疗服务。这说明，儿童的心理健康问题逐渐引起社会的重视。

可以说，这一时期，儿童的身心健康一方面需要成人的照顾和监督，另一方面，需要儿童的自我照顾、自我保护，其中，培养儿童健康的生活习惯、行为习惯至关重要，这是健康教育最基本的立足点。一旦儿童形成良好的习惯，就会大大地降低他们生活中的各种风险和意外事故，甚至会受益终身。

二、改善学校环境，促进儿童的心理发展

在儿童发展过程中，学校承担着更为直接的责任。因此，必须改善学校环境，

才能更好地促进儿童对知识、能力和态度的学习，促进他们的认知、个性和社会性的发展。学校除了鼓励学生进行体育锻炼，增进学生的身体健康，并创造安全的学校环境，让学生有充足的安全感之外，还应从以下几个方面付出努力：

（一）完善教育目标，培养儿童的各种技能

儿童入学后，他们的生活环境发生了重大变化，其中，系统学习各种知识和技能，适应有规则约束的集体或群体生活，成为这一时期的基本任务。这种变化要求儿童学习和提高各种技能，包括学习技能（阅读、运算、书写、注意听讲、完成和检查作业、提问和答问等方面的技能）、社会交往技能（同伴交往、师生交往、亲子交往、处理冲突、问候和帮助他人、进行交谈、理解别人、自我表达等方面的技能）、集体生活技能（遵守学校制度、遵守课堂纪律、遵守团体规则、爱护环境、应付紧急事件、合作学习、参与和组织活动、打扫卫生、讨论、理解和遵守老师要求、独立完成任务等方面的技能）等。这些技能是儿童顺利进行学习、社会交往和集体生活的心理条件，也是他们未来持续发展的基本条件。在学校里，儿童的许多技能常常被教育者所忽略，或者没有被列入学校的教育目标，这种状况是需要改变的。

通常，学校重视对儿童学习技能的培养，书面知识的学习要求儿童掌握文化符号系统，包括文字符号、数学符号等，要求他们形成与之有关的一系列技能。因此，在教学过程中，儿童逐渐学会如何在课堂内外接受教师传达的信息，学会如何阅读、书写、运算以及如何完成作业。这似乎是学校最基本的任务。美国心理学家谢弗（D. R. Shaffer）总结了有关的研究，发现那些能促进儿童学业能力发展的学校通常具有下列特点：重视学习成绩，为儿童制定学习目标，教师定期布置家庭作业，并进行检查、指导；重视班级管理，有良好的班风或教室气氛，对儿童有明确的期望，鼓励和表扬儿童努力学习的行为；有明确的纪律，并坚定地执行，很少对儿童进行体罚；重视团队合作，教师在校长的领导下通力合作，共同制定和执行教学目标。总之，在这些学校中，师生通常心情愉快，教学效率高，能够激励学生取得良好的学业成绩。

但是，许多教育者并不重视培养儿童的社会交往技能和集体生活技能的培养，其中社会交往技能尤甚。前面提到，在童年中期，他们的社会交往范围变得更为广泛，尤其是同伴关系变得广泛而深刻，同时，儿童在同伴中的地位影响着学习和个性、社会性的发展。相应地，社会交往技能的培养也变得更为重要。

学校可以开设专门的课程，让儿童知道如何与不同年龄、性别的同学交往，如何与老师、父母和家庭的其他成员交往，并对儿童的这一系列社会交往进行实际的指导。更重要的是，应当将这些技能的培养与儿童日常的学习、生活结合起来，也

就是说，在实际的学习过程中，让儿童掌握各种学习技能；在集体教学和集体生活过程中，让儿童掌握集体生活技能；在实际的同伴交往、师生交往和亲子交往中，让儿童掌握社会交往的技能。教师可以有目的地创设各种类型的学习情境、集体生活情境和社会交往情境，例如，让儿童相互讨论、组织游戏或集体活动，与异性的同学或教师交往等，在具体的情境中，对儿童的行为进行实际的指导和帮助。当然，儿童技能的学习过程同时包括了知、情、意、行等多个方面，因此，教师应当注意在儿童对技能的认知、感受的基础上，激发他们学习、运用技能的动机和行为。另一方面，通过角色扮演（让儿童扮演不同的人物或社会角色）、榜样示范、小组合作和讨论等方式，进行有针对性的训练，也可以有效地提高儿童的观点采择能力和社交技能。许多研究都证明了这一点。

（二）进行生活教育，提高儿童的问题解决能力

前面提到，童年中期的儿童会遇到各种问题，包括认知问题（如课程学习中遇到的问题）与社会性问题（如儿童自身的情绪调节问题、人际关系问题）。儿童要适应入学后的环境，就必须学会以适当的方式有效地解决各种认知问题和社会性问题，换句话说，应该具有一定的问题解决能力。虽然解决这两种问题的能力都很重要，但从目前学校教育的现状来看，解决社会性问题的能力（或社会性问题解决能力）显得尤为重要。

其实，生活中充满问题，在某种意义上，生活的本质就是持续的问题解决过程，生活能力在很大程度上就是问题解决能力。对儿童来说，学习就是学会解决一个又一个问题的过程；社会交往就是学会解决一个又一个社交问题（包括维持友谊和人际关系的问题）的过程。因此，提高儿童的问题解决能力，必须进行生活教育。

所谓生活教育，简单地说，就是培养儿童的生活能力的教育，是让儿童学会以适当而有效的方式进行生活的教育，其中，解决生活中遇到的各种问题的能力是儿童生活能力的核心。让儿童学会学习，学会遵守集体规范，学会与同伴、老师和父母交往，学会处理人际关系中的各种冲突，学会自我调节和控制，都是生活教育的重要内容。

我国近代教育家陶行知曾经提出“生活教育论”，主张将教育与生活一体化，将知识、技能与人格等方面的教育融于生活，在生活中渗透教育，以实现“生活即教育”“教育即生活”。在当时教育严重脱离实际的社会背景下，这种教育思想推动了教育

生活教育：旨在培养儿童的生活能力的教育，让儿童学会以适当而有效的方式进行生活的教育。

的改革。这里的生活教育不同于陶行知所说的“生活教育”，它的主要目的在于培养儿童解决各种生活问题（包括个人自身的问题、人际关系问题以及集体生活问题等）的技能和人格倾向，促使他们学会生活。

进行生活教育，首先要培养儿童各种基本的生活技能，其中，包括吃、穿、住、行方面的技能（如整理书包、坐车、骑车、过马路、餐饮、清洁卫生等技能）、社交技能（如交谈、打招呼、讨论等技能）、身体运动或活动技能（如各种球类运动技能和其他运动技能）、安全和自我保护技能（如基本的逃生技能、救人技能）、学习技能（听讲、表达、阅读、书写等技能）。这些技能是儿童解决生活中的各类问题的基本心理条件。教育心理学研究表明，技能的学习有一定的规律，从生疏到自动化要经历一个不断练习和应用的过程。生活技能的学习也不例外。教师应当通过榜样示范、练习和强化、适当的反馈等方式，结合儿童日常的生活活动，帮助儿童熟练地掌握这些技能。

在这些技能的基础上，学校教育者应进一步培养儿童的问题解决能力。首先是培养儿童解决学习或认知问题的能力。学习问题主要存在于儿童的课程学习中。教师除了让儿童掌握各科基本的知识之外，还应让儿童学会如何更好地学习，对中高年级儿童尤其如此，同时让儿童学会如何将所学的知识应用于生活中，解决生活中遇到的各种问题。这是一种更为重要的能力，也是激发儿童学习兴趣的重要手段。

其次是培养儿童解决社会性问题的能力。这些问题主要存在于课堂之外的生活中。教师除了应结合课程教学，让儿童学会合作和竞争之外，还应结合儿童的实际生活，包括实际的人际交往、自我调节等问题，进行具体的指导和帮助。另外，还可以围绕儿童生活中的典型问题，进行问题解决方面的教学。事实证明，以生活中的各种典型问题为起点，让儿童进行思考和讨论，找到解决问题的方法，可以有效地提高儿童解决社会性问题的能力，培养他们积极地解决问题的人格倾向。

（三）改善教师的观念和行为，促成儿童的勤奋感

埃里克森认为，这一时期儿童人格或个性发展的主要任务是形成勤奋感，避免自卑感。一个在学习和生活中不断取得成功的孩子，更容易形成勤奋感，他会感到自己是有能力做很多事情的，他会不断地尝试和探索他所能做的事情，积极参与自己感兴趣的活动。这种充满自信地探索周围世界的愿望和动机，就是勤奋感的表现。一个形成勤奋感的孩子往往具有较高的自我效能感或自信心。形成勤奋感的基本条件是持续的成功体验，或者说，儿童应不断地获得成功。一个不断地遭到失败的孩子很容易形成自卑感，他们倾向于退缩，不愿面对学习和生活中的任务和挑战，或者感到信心不足，自我怀疑。

拓展阅读

让儿童学会创造性地生活：创造性的生活教育

近年来，中小学生中的打架斗殴、离家出走、网络成瘾、辍学、酗酒、吸毒、自杀等社会问题层出不穷，各种各样的心理问题，如孤独、抑郁、敌对、考试焦虑、社交焦虑等，也令人担忧。事实表明，这些问题都与他们不能创造性地生活，不能有效完成生活中的各种任务有关。他们或者难以妥善地处理同学和朋友关系、师生关系、亲子关系，不能有效地解决同学和朋友冲突、师生冲突、亲子冲突，或者难以有效地自我调节、管理自己的学习和生活。显然，创造性的生活教育势在必行。学校在重视学科教育的同时，应高度重视学生社会创造性的培养和促进。创造性的生活教育是创造教育的重要内容，与心理健康教育也是相互促进的，它理应构成学校教育的重要组成部分。

创造性地生活，就是以创造性的方式，或者以新颖的（前所未有的）、独特的（与众不同的）、适当的（为社会所接纳的）、有效的方式，进行日常的生活和学习，解决生活中遇到的各种问题。创造性的生活教育的实质是生活中的创造教育，或者说是基于生活问题、增进生活质量的创造教育。对儿童和青少年进行这种教育，其目的在于，提高他们进行创造性生活的能力，促使他们形成进行创造性生活所必需的人格品质和心理健康状态。它立足于学生的日常生活和学习，而又服务于他们的日常生活和学习。换言之，在学校进行创造性的生活教育，就是要让学生学会生活，学会创造性地处理生活中的问题。

创造性的生活教育可以说是一项“系统工程”。它需要家庭、学校和社会等各个方面的共同参与。父母的教养方式、教师的领导方式、同伴关系和学生自身的社会技能都会影响到他们创造性解决问题的能力。如果父母给予孩子较多的理解和温暖，教师采用民主、温暖的领导方式，就能在很大程度上促进学生创造性的问题解决能力与人格的发展。同时，学生自身拥有良好的同伴关系和较高的社会技能，也有利于他们积累社会交往和活动经验，更好地解决社会生活中的各类问题。在创造性的生活教育过程中，学校教育者可以发挥关键作用。

概括地讲，在创造性的生活教育过程中，学校的主要作用在于，培养学生进行创造性生活的意识，提高他们创造性生活的能力，形成创造性生活所必需的动机和人格倾向。这需要由学校制定系统的教育方案，有计划地实施和开展相应的教育、教学。

就具体的教育内容来说，学校教育者可以根据不同年龄段的儿童和青少年的特点，从他们的生活中，选取典型的社会性问题，作为教育方案的核心内容。有关的研究表明，如果能从学生常见的人际交往问题入手，制定严格的教学方案，每周开展相应的课堂教学，同时注意改善学生的家庭环境（主要是父母教养方式）和学校环境（主要是教师的领导和管理方式），就可以有效地提高学生创造性地解决社会生活问题的意识和能力。下面就是这种教育方案的一个例子。

解决冲突：我怎样与朋友协调（系列方案之一）

一、说明

本方案主要用于培养小学生（三年级以上）社会创造性的思维能力与人格倾向，其中包括学校课程与教师管理方式改善、家长（父母）教养方式改善，学校课程共包括九个单元，分别涉及三类、九种典型的生活情境，包括同伴交往情境、师生交往情境、亲子交往情境，其中每种生活情境又包括三种不同性质的子情境，即发动交往情境、维持交往情境与解决冲突情境，课程主要采取班级讨论与小组活动的形式进行。本方案包括学校课程与教师管理方式改善、家长（父母）教养方式改善三部分，三部分同时进行，以社会性问题为核心，教师的管理方式、家长教养方式的改善协同展开。

二、教育目标

提高小学儿童的社会创造性，增强他们的思维能力与创造性人格倾向，增强他们提出和解决各种社会问题的意识。

1. 通过小组（4~7 人）讨论、班级汇报和班级讨论，提高学生解决与朋友之间的冲突的主动性以及解决问题的冒险性和挑战性（不怕困难和风险）；

2. 提高学生解决社会问题的思维能力，使他们能从多个角度灵活地、独创性地想办法，想出多种适当而有效的办法，主动解决自己与同伴或朋友之间的冲突。

三、课程活动主题

解决冲突：我怎样与朋友协调？（教师事先不指明这个主题，只呈现讨论问题，总结时再点明主题）

四、时间安排

在班会时间进行，时间为 50 分钟。

五、培养方案（课程部分）的组织和准备

学校课程主要在学校的班会时间开展，与学校的思想品德教育相结合。课程以小组讨论为主要形式，辅以教师总结、引导和反馈。教师在引导和组织课程的过程中要体现管理方式的改善，即师生平等、相互尊重的民主型管理观念和行为方式。具体准备工作如下。

1. 在尊重学生意愿的基础上，结合班集体的组织需要，将各个班级分成 6—9 个小组，每个小组成员轮流当组长，负责组织小组的讨论、总结小组讨论结果和组织班级汇报，小组长的担任次序由小组讨论决定；在分出小组后，可以让各个小组成员自我介绍，先进行一个“我是谁”的游戏，每个人都来介绍一下自己的外表、兴趣、才能、家庭、喜欢的人等情况，让大家相互熟悉。

2. 教师让全班明确班会讨论的主题，让各个小组讨论班会的开展形式，然后，由教师总结，确定班会的开展形式，也可以让班级选出班会主持人，在教师指导下，最后共同总结、确定讨论的形式；可以让每个小组成员轮流扮演故事中的角色，向全班学生呈现问题情境。

3. 每个单元的课程都包括以下部分或步骤：教师或班会主持人提出讨论主题；小组讨论；小组总结；班级汇报，即班级报告小组讨论结果；教师与大家一起分析，评论出主意最多小组、主意最适当和有效小组、最灵活小组、最具冒险性小组、最具挑战性小组、最具主动性小组；教师总结反馈，肯定成绩，强调向现实生活的推广和运用，结合班会主题布置由个人完成的课后自我反思作业，反思和总结自己在日常生活中提出和解决社会问题可以采用的方法以及最佳处理方法；教师总结、反馈。

4. 根据班会主题布置教室，保证每个小组的成员一起讨论和活动。

5. 教师创造平等、轻松、愉快、相互尊重的教室气氛，建立良好的师生关系，尤其要注意，保证那些平时比较害羞、焦虑，发言较少、参加集体活动较少学生的积极参与。

六、课程内容

学生对是否解决与朋友之间的冲突以及如何解决或协调的问题，进行分组讨论。问题情境为：“假设有一天，你和一位朋友在一起，他（或她）想玩一种游戏，但你想玩另一种游戏。这时，你会怎么办？为什么？请你尽可能多地说出你想到的办法，尽量说出跟别人不同的办法。”（或本周内某个学生遇到的某件相似的事情）

七、活动程序

1. 教师提出要讨论的问题（10 分钟左右）

教师可以从小学生的同学交往出发引出问题情境，如“我们与同学或好朋友在一起的时候，会发生各种各样的事情，比如，一起看戏、看电影，一起做游戏，但是，我们也会遇到与他们意见不一致的时候，这时，我们每个人可能都有不同的想法，也会采取不同的办法。今天，我们就要讨论这样一个问题。”通过角色扮演引出讨论问题（不提出解决同学或朋友冲突、协调同学或朋友关系这样的主题，要让学生自己决定如何对待和处理；事先确定由哪个小组扮演以及扮演方式）。

呈现故事情境：由其中一个组的成员扮演问题情境中的各个角色，包括“我”（可用具体的名字代替，如华华）、“我”的一位同学或朋友（可用具体的名字代替，如明明），故事内容包括：“我”与“我”的同学或朋友在一起，他（或她）想玩一种游戏（如打牌），但“我”想进行另一种活动（如下棋），这时，“我”该怎么做呢（做出思考的样子）？

故事扮演结束后，教师提出问题：“如果你是华华，这时你会怎么办呢？在你确定怎么办之后，你能想出哪些办法？确定最好的解决办法。”

2. 小组讨论（20 分钟左右）

在小组长主持和组织下，小组成员针对讨论主题进行讨论，大家自由发言，每个人都要发表意见，并记录提出的办法或意见。

3. 小组总结（与小组讨论结合进行）

小组长负责总结自己所在的小组的意见。

总结格式：

会怎样做？____________________

能想出哪些办法？____________________

____

____

最好的办法是：____________________

4. 班级汇报（10 分钟左右）

由小组长向全班报告小组讨论的结果。

5. 评价（10 分钟左右，与总结反馈、布置作业环节结合进行）

教师与大家一起分析，评出主意最多小组、主意最新颖独特小组、主意最适当和有效小组、最灵活小组、最具冒险性小组、最具挑战性小组、最具主动性小组，尽量保证每个小组至少能获得其中一个称号。

6. 教师总结反馈和概化

教师总结班会主题，肯定讨论的成绩，强调向现实生活的推广和运用。例如，“今天，每个小组都畅所欲言，大家讨论很热烈，思想很活跃，想出了各种各样的办法或主意，在我们的现实生活中，如果我们真正遇到这类问题，也应该主动想办法，想出最恰当、最有效、最好的办法，跟我们的同学或朋友进行协调，以更好地相处。”

7. 课后自我反思作业

结合班会主题，布置由个人完成的课后自我反思作业，反思和总结自己在同学或朋友交往中遇到的相似问题，解决的方法以及可以采用的方法和最佳处理方法。例如，“回忆你在与同学或朋友的交往中，所遇到的某一件相似的事情，当时你是怎样做的？对于这样一件事情，你能想出多少种办法？如果是现在，你会怎样做？最好的处理办法是怎样的？”由小组长检查作业是否完成，并向班主任教师报告。

作业格式：

在与同学或朋友交往的过程中，我遇到的类似事情是这样的：____________________

____

____

____

我当时是这样做的：______________________________

____

我能够采取的办法包括：____________________________

____

____

如果是现在，我会这样做：__________________________

____

八、教师管理方式的改善

教师管理方式的改善主要是指，在师生交往中，形成平等的、相互尊重的氛围。

1. 在平时的管理中，教师做到：

（1）与学生集体一起制订班级工作和管理计划，做出决定；

（2）尽可能鼓励集体的活动；

（3）客观地、无偏见地表扬和批评学生；

（4）在不损害集体的情况下，乐意指导、帮助或援助个别的学生。

2. 教师在班会讨论中体现民主的管理方式，例如，开展活动的过程中，先由学生讨论怎样开展活动、讨论，怎样完成老师布置的任务，然后教师与学生一起制订活动计划。

九、家长管理方式的改善

家长教养方式的改善主要是指，在家庭中，为儿童创造良好的亲子交往氛围。

1. 家长接纳孩子，喜欢孩子，并能让孩子感受到他们对孩子的爱；

2. 鼓励和支持孩子，允许孩子发展自己的长处，参与孩子的活动，希望孩子出类拔萃，在孩子取得成功时，感到高兴；

3. 允许孩子独立做事，尊重孩子的观点，容忍孩子有不同见解，允许孩子做自己感兴趣的事情；

4. 不过分干涉和保护孩子，不拒绝、否认孩子，不总是对孩子表现出不满、小气、挑剔、批评、粗俗无礼、大发脾气、严格限制、处处干涉，不动辄辱骂、惩罚孩子；

5. 在亲子交往中，包括遇到亲子冲突时，家长能与孩子平等地讨论如何最好地解决。

因此，在教育教学过程中，教师应当让儿童经常体验到成功。一方面，教师不应仅仅盯着学生的考试成绩，而应努力寻找儿童的长处或“闪光点”，看到儿童发展的潜能，看到他们在学习、个性表现等方面的进步或积极变化，并给予及时的肯定和鼓励，充分发挥“教师期望效应”。另一方面，教师应改变偏重学科考试成绩的一贯做法，对儿童进行多元的或多侧面的评价。美国心理学家加德纳的多元智力理论指出，除了语文、数学等学科体现的语言智力、数理逻辑智力，还存在空间智力（在绘画、雕刻、建筑、航海或旅行等活动中体现出来）、身体运动智力（在运动、舞蹈、体育比赛等活动中体现出来）、音乐智力（在作曲、歌唱、演奏等活动中体现出来）、人际关系智力（在人际交往、组织、管理等活动中体现出来）、自我认识智力（在自我认识、自我反省中体现出来）、自然智力（在认识自然的活动中体现出来）等智力形式。相应地，儿童也可能在这多个方面表现出某种程度的创造性。因此，教师应当认识到，一个儿童学习成绩可能不突出，在其他的某个方面则可能表现不凡；同时，一个儿童也可能同时在几个方面表现出突出的发展潜能。教师应当善于发现学生的"强项"，并给予肯定和鼓励。这是促成儿童勤奋感和自我效能感的基本途径，也是教育评价改革的重要方向。

（四）改善教师的领导方式

教师形成良好的领导方式，也有利于儿童个性、社会性的发展。20 世纪 30 年代末，心理学家勒温和怀特（K. Lewin & R.K. White，1939）在他们经典的研究中，根据教师的行为特点，将教师领导方式分为四类：强硬专断型、仁慈专断型、放任自流型、民主型，其中强硬专断型教师往往要求学生绝对地服从自己制定的规则或规范，仁慈专断型教师通过仁慈的行为让学生服从自己的要求，放任自流型教师对学生不管不问，放纵学生，无严格的纪律约束，而民主型教师则强调民主、平等，鼓励学生积极地探索，让学生在自主讨论的基础上制定和遵守班级规则，善于关心、爱护和协助学生。在不同的领导方式下，学生的反应截然不同。在专断型的领导方式下，学生往往依赖性较强，缺乏主见和探索精神；在放任自流型的领导方式下，学生往往行为散漫，无明确的目的，缺乏自我控制能力；而在民主型的领导方式下，学生通常学习兴趣浓厚，能够相互合作、相互鼓励，富有探索精神和创造性。

虽然在不同的文化背景下，上述领导方式对儿童的影响可能有所差异，但从总体上来看，民主型领导方式显然更符合儿童身心发展的特点，因而也更可能促进儿童的认知、个性和社会性的发展。与其他领导方式相比，民主型领导方式更温暖，也更强调理性，更能发挥儿童的主动性，开发他们的创造潜能。美国心理学家克洛普里（A. J. Cropley，1997）在总结有关研究的基础上指出，那些能促进学生创造性发展的教师，经常鼓励学生独立地学习，进行创造性的探索和尝试；采取师生合作的教学方式，善于采纳学生的建议，为学生提供探索的机会，帮助学生适应挫折或失败；鼓励学生发表自己的观点，不轻易对它们做出判断。

因此，要促进儿童心理的健康发展，培养儿童健康的个性、社会性品质，就需要教师改变不适当的领导观念和行为，在班级内乃至在学校内，形成以关爱、温暖、鼓励、民主、理性为特征的领导方式。这不仅需要教师本人具有健康的人格（如自信、博学、热情、乐观），而且需要教育管理机构制定相应的措施和政策，对教师的观念和行为提出明确的要求。

问题与讨论

对于超常儿童（智商较高或有特殊才能）和低常儿童（智力和社会适应能力低下，智商通常低于 70）的教育问题，一直争议很大。有的人认为，对这些儿童，应当根据他们的心理发展特点，单独设班和开设专门的学校；有的人则反对这种观点，认为这种做法不利于儿童的发展，它容易让超常儿童形成优越感，让低常儿童形成自卑感，因此，应当让这些儿童与普通儿童在一起接受教育。

在体育活动方面，有人认为，应该让小学生较早地参加成人组织的体育活动，如游泳、长短跑、足球、篮球等，让他们接受系统的训练，这一方面可以发展儿童的运动能力，另一方面，可以为成年人的专业体育队伍准备后备军；另一些人则认为，成人组织的体育锻炼会增加儿童的压力，竞争性太强，不如儿童自己组织的游戏好玩，应当让儿童自由地组织、选择和参加他们喜欢的活动。

对上面的两个问题，你持怎样的看法？请搜集有关的资料和事实，与别人进行讨论，发表自己的看法。

三、改善家庭环境，促进儿童的心理发展

家庭是人类社会的基本单位。在通常情况下，家庭关系通常包括夫妻关系、亲子关系（包括父子关系和母子关系）。对于一些特殊家庭，如单亲或离婚家庭、再婚家庭、由几代人构成的大家庭，家庭关系有所不同。例如，在包括几代人在内的大家庭中，不仅包括一般的夫妻关系和亲子关系，还可能包括祖孙关系；在再婚家庭中，则会形成继父母与子女之间的亲子关系以及无血缘关系的兄弟姐妹之间的关系。就家庭对儿童的影响来说，无论哪种家庭，都应与学校密切协作，共同保证儿童身体的健康成长，培养儿童的各种能力、态度，促进儿童个性和社会性的健康发展，而最重要的是，任何一种家庭，都需要为儿童提供基本的安全感和温暖感。

首先，父母应形成适当的养育方式，为儿童提供足够的安全感和温暖感。研究一再证明，那些从家庭获得充分的安全感的儿童，往往更自信，更富于探索精神，

他们勇于面对各种挑战性的认知任务和社会活动，在认知、个性和社会性的发展方面明显好于那些缺乏安全感的儿童。儿童心理的发展是连续的，童年中期儿童的心理是婴幼儿时期心理发展的延续。在婴幼儿时期，家庭应当为儿童提供足够的安全感和温暖感，儿童入学后，同样需要足够的安全感和温暖感。这是儿童的勤奋感和自信发展的基础。如果说，在早期，依恋对象是儿童的安全基地，儿童以他们为中心向四周探索，在感到不安全时就退回这个安全基地寻求庇护，那么，到了学龄期，整个家庭则成为儿童的安全基地，儿童从这里出发，走向学校乃至更广泛的社会，在感到不安全时或者遇到各种困难时，他们就会退回家庭中，从家庭关系中寻求安全。埃里克森指出，那些屡遭挫折、形成了自卑感的儿童往往会退回家庭中，对学习、社会交往或社会活动缺乏兴趣。从父母教养方式的影响，也可以清晰地看到这一点。

父母对孩子的接纳和反应有助于形成良好的亲子关系，创造温暖、安全的家庭氛围。有关的研究发现，那些对孩子的接纳性和反应性较高的父母，他们的孩子通常发展更好。这些父母更容易接纳孩子，对孩子的行为做出及时的反应。他们经常对孩子微笑，表现出对孩子的关爱，经常称赞、鼓励孩子，在孩子做错事的时候，也会表现得比较严厉。但是，他们总体上是比较慈爱的，很少无端地拒绝或忽略孩子。在这类父母的影响下，儿童往往表现出优越的学习能力、社会认知能力以及健康的情绪和个性。例如，他们学习成绩较好，善于理解别人，自尊较高。相反，在那些经常拒绝和忽略孩子的家庭中，儿童经常遭到批评、挖苦和惩罚，而且父母较少与他们沟通，因而，他们在学习、个性和社会性等方面往往表现较差，学习成绩落后，更容易感到焦虑、沮丧，难以与同伴相处，这种状况甚至会持续到青少年时期。显然，第一种父母能够为孩子带来充足的安全感和温暖感，因而，他们的孩子能够充满自信地进行学习、社交，参与各种社会活动；第二种父母则更容易让孩子感到冷漠和疏远，内心缺乏安全感。对这些孩子来说，他们较多的心理资源或精力都用于应付内心的焦虑、不安，而难以全身心地投入学习和社会活动。换句话说，在遭遇挫折或者产生不安全感的时候，他们无法像第一类孩子那样，退回自己的安全基地寻求保护和安慰，这时，他们的自卑感和对周围世界的不安全感会进一步增强。

前面提到，那些权威型父母对孩子的接纳性和反应性都很高，温暖而富有理性，他们的孩子通常具有良好的个性和社会性品质，而专制型、溺爱型和忽视型的父母或缺乏理性，不跟孩子讲道理，或放任自流，对孩子不管不问，因而孩子要么无法感受到父母的关爱和家庭的温暖（对专制型和忽视型父母而言），要么容易忽略或无视父母的关爱和温暖（对溺爱型父母而言）。相对而言，权威型的教养方式更可能促进儿童的心理发展。可以说，在儿童心理发展过程中，如果要让家庭发挥积极的影响，就需要营造一种安全、温暖的氛围，为儿童提供充足的安全感和情感温暖。

其次，父母应力所能及地为儿童提供丰富的智力资源和学习、探索机会，营造支持性的家庭环境。事实证明，如果家庭能为孩子提供充足的智力资源，为孩子提供丰富的学习和活动（如学习辅导、旅行、参加文化活动、学科竞赛、聚会交友）机会，儿童通常就能拓宽知识面，提高智力、学习能力、社交能力和问题解决能力。而且，在这些家庭长大的孩子通常敢于面对学习和生活中的各种挑战，富有探索精神。当然，父母能否为孩子提供充足的资源和机会，与家庭的社会经济地位或社会阶层有关。但重要的是，无论社会经济地位如何，父母都应力所能及地支持孩子的学习和探索。研究和现实一再表明，那种支持性的家庭环境（包括情感、物质、信息等方面的支持）更有助于增强儿童的各种能力以及自主性、创造性。

此外，在进行生活教育、培养儿童问题解决能力的过程中，家庭同样发挥着十分重要的作用。一方面，父母需要与学校保持一致，培养儿童的各种生活技能、良好的生活习惯和学习习惯（包括饮食习惯、作息习惯、做作业的习惯、集中注意做事和学习的习惯等），同时，改善自身的教养方式，结合儿童在家庭生活中所遇到的各种问题（包括各种突发事件），引导儿童学会思考和选择适当的问题解决方式；另一方面，父母也应当制订系统的家庭教育计划，有针对性地进行这方面的教育。其中，在生活中为孩子进行及时的指导十分重要。通过亲子沟通，父母可以了解儿童在现实中遇到的各种困惑或问题，并给予及时的帮助或指导，让他们学会怎样面对问题、怎样思考解决问题的办法、怎样抉择适当的问题解决办法，最终学会以适当而有效的方式解决问题。

当然，在家庭教育中，父母拥有养育孩子的知识和技能是至关重要的。例如，一些父母由于缺乏教育知识，经常用食物奖赏孩子，总是鼓励孩子多吃，结果，这些孩子经常会形成不良的饮食习惯，特别喜欢吃，而且吃饭时狼吞虎咽，因而很容易肥胖。研究表明，在童年中期，有相当多的肥胖儿童是父母不恰当的教养方式造成的。

四、改善社会文化环境，促进儿童的心理发展

改善社会文化环境，首要的是改善直接或间接地影响儿童心理的价值观环境。美国心理学家布朗芬布伦纳（U. Bronfenbrenner）认为，儿童的生活环境是一个由不同层次的环境（子系统）所构成的生态系统，其中，社会的文化氛围和价值观、国家政策等，构成了这个系统中最外层的子系统——“宏系统”，它可以通过影响成人的工作环境、儿童的家庭环境和学校环境，影响父母教养方式、教师的教育观念和

行为，影响儿童的心理发展，同时，它也构成了儿童成长的文化氛围（请参照第二章的有关内容）。可以说，儿童实质上是不同文化中的儿童。改善社会的价值观，最重要的是改变社会不良的教育观念。

前面提到，在不同的文化背景下，家长和教师往往持有不同的教育观念和教育方式。这已为许多跨文化研究所证明。虽然很难说哪一种价值观更好，但可以肯定的是，在不同的价值观的影响下，儿童心理发展的结果是不同的。在重视个人努力和学习成绩的文化背景下（如中国），儿童往往在课程的学习中付出更多的努力，学习成绩较好；在重视能力和自由活动的文化背景下（如美国），儿童往往喜欢自由的活动和探索，独立性较强。跨文化研究表明，中国教师更喜欢那些具有“宜人性”人格特点（如友好、勤奋、集体主义较强）的学生，而不是那些具有创造性人格特点（如好奇心强、愿意尝试、思维发散、喜欢接受挑战）的学生，而法国、德国等西方国家更重视培养学生的创新精神和创造能力。正是这种教育观念和行为的差异，导致了中国儿童与西方国家的儿童心理发展的差异：中国儿童考试成绩显著好于西方国家的儿童，创造力则明显低于西方国家的儿童。因此，国内的许多教育者、科学家和思想家呼吁，在教育改革过程中，应革新教育观念，以促进学生创造性的发展，培养杰出的创造性的人才。

与此相关的一个问题是教育管理和评价制度的改革。一个国家、地区的教育制度集中反映了其教育价值观，影响着学校教育的发展方向和儿童心理发展的方向。例如，中国实行严格的考试评价制度，考试成绩是评价学生发展状况的主要指标，也是决定学生能否升学或接受进一步教育的主要因素。在这种管理和评价制度下，教师更重视知识的传授，而不重视学生创造性的发展。另一方面，中国的教育管理体制对学校和教师的控制比较严格，因而限制了教师和学校的自主性，压抑了教师在教育中的创造性。与中国不同，西方国家往往给学校和教师充分的自主权，在教育过程中重视学生的实验能力和钻研能力，因而有利于激发教师的创造性，也有利于培养学生的创造性。当然，在家庭中，父母的教育观念和行为也应进行相应的转变。

改善社会文化环境的另一个重要方面是，优化学校之外的社会教育环境，特别是对各种媒体和儿童活动场所进行有效的管理。电影、电视、互联网、书籍、报刊杂志等媒体可以促进儿童的心理发展，也可以给儿童的心理特别是个性、社会性的发展带来不利的影响。因此，国家应加强对这些媒体的管理和控制。一方面，针对各年龄段儿童的特点，开发可以促进儿童身心发展的电影、电视节目、电脑软件，创作有益于儿童发展的文学作品，并为儿童欣赏和运用这些产品创造各种有利的条件，以促进儿童各类知识、技能和良好的个性品质的发展；另一方面，有关的机构和部门应对各类产品进行密切的监督，抵制不健康的电影、电视节目、网络资源和书报的影响。尤其需要引起注意的是，上述媒体中所涉及的各种榜样可能对儿童产生深远的影响，正面的或积极的榜样对儿童的发展具有积极的影响，而负面的或消极的榜样对儿童具有消极的影响，因而，各类出版和发行机构应依据心理学和教育学的基本原理，防止那些“消极榜样”类文化产品的出版和发行，而鼓励那些“积极榜样”类文化产品的出版和发行。这里的“消极榜样”是指那些违背社会伦理和人道主义、危害人类发展的行为榜样，如各类攻击和暴力行为的榜样、各类反社会行为的榜样；“积极榜样”是指那些符合社会伦理和人道主义、促进人类文明发展的行为榜样，如道德或利他主义行为榜样、各种学习进取行为的榜样。在榜样受到强化（如鼓励、表扬、肯定、奖赏）时，它们的影响会大大增强。

随着电脑和互联网的日益普及，对互联网和网吧、电子游戏场所的管理也变得更为迫切。由于监督不力，许多儿童出现上网成瘾、游戏成瘾等行为问题，活动时间减少，影响了身体健康和正常的学习、生活，而且，不健康的电子游戏（如充斥暴力、攻击情节的游戏）和网络内容（如暴力、色情内容）还可能给他们提供“消极榜样”，促成他们消极的观念和行为。因此，有关机构和部门理应对这类场所提出明确的要求，密切监督儿童、青少年在这些场所的行为，为他们制定明确的规范，防止他们登录不良网站、玩不良的电子游戏。更为重要的是，应通过各种有效的方式，提高儿童辨别是非的能力、抗拒诱惑的能力或自我控制能力，让儿童认识到各种消极内容的危害，并自觉地抵制它们的不良影响。在此过程中，家庭、学校乃至各级各类教育机构都发挥着重要的作用。

从国家政策层面来看，为处境不利的儿童提供经济支持和教育支持，提供充分

讨论

有人认为，媒体不应过分地关注那些“负面”榜样或消极的社会行为（如攻击行为、暴力行为或犯罪行为），特别是不应该对这类事件的当事人进行大肆宣传、报道，因为这种做法会强化人们对这类榜样的模仿。某些社会观众可能会受到潜在的强化，特别是那些与榜样人物的个性或处境相似的人更容易受到影响。国内外屡屡发生的儿童、青少年犯罪（如美国近年来接连发生的校园枪击案）就说明了这一点。社会应当更多地关注这些行为或事件的后果、当事人所受到的惩罚，而不是关注当事人本身。

你赞同这一种观点吗？为什么？可以通过互联网、图书馆等渠道，查找有关的事实和研究资料，进行讨论，也可以分成正反两方，就此问题进行辩论。

的受教育机会，显得尤其重要。处境不利的儿童是指那些家庭贫困或社会经济地位较低、无法获得正常发展机会的儿童，包括贫困儿童、特殊家庭的儿童（如单亲或离婚家庭的儿童、孤儿）、残疾儿童等。研究表明，贫困不仅会妨碍儿童的营养和身体健康，而且会加剧父母的情绪问题和压力感，导致不良的教养方式和亲子关系，从而妨碍儿童心理的发展。心理学家克林博格（O. Klineberg）甚至提出了“缺陷累积假说”（cumulative-deficit hypothesis），认为贫困的环境可以妨碍智力的增长，对智力的发展产生“抑制效应”，这种效应会随着时间的延长而累积，结果，儿童在贫困的环境中生活越久，智力水平越低。这种观点得到了许多研究的证实。因此，为贫困家庭提供充分的支持特别是经济支持是十分必要的。同样，国家也应力所能及地为其他处境不利的家庭提供支持。

更重要的是，应为处境不利的家庭和儿童提供教育上的支持，不仅要为儿童提供平等的受教育机会，而且要为他们的父母提供教育培训。国内外大量研究和事实证明，许多儿童不能健康地发展，不是因为他们的父母不想教育好孩子，而是因为父母缺乏教育子女的知识和能力，不懂得如何抚养和教育子女，不知道如何与孩子建立良好的亲子关系，不知道如何解决教育过程中出现的各种问题，也不知道如何与学校联合，共同教育孩子。因此，有必要通过各种有效的方式，为父母们提供“受教育机会”，以充分发挥家庭在儿童发展过程中的作用。

五、独生子女教育的特殊性

长期以来，一个家庭通常生育多个子女，在崇尚生育和“多子多福”的东方文化背景下尤其如此。在这种情况下，独生子女成为一个相对特殊的群体。我国自20世纪70年代推行计划生育政策以来，独生子女已经非常普遍。相应地，独生子女的教育问题也成为社会关注的焦点。独生子女具有哪些特殊性？如何才能避免独生子女教育中的某些缺点？

显然，独生子女及其教育的特殊性是与非独生子女相对而言的。没有兄弟姐妹，这是独生子女最大的特点，也是独生子女得名的原因所在。心理学研究表明，兄弟姐妹对于儿童的心理发展的确具有重要的影响。这种同胞关系可以为儿童提供情感支持，兄弟姐妹之间相互关心，相互安慰和照顾，特别是哥哥、姐姐们会关怀和照顾他们的弟弟或妹妹；年长的儿童容易成为弟弟、妹妹模仿或观察学习的对象，有助于促进他们学习各种技能；而且，兄弟姐妹之间的相处为儿童提供了练习人际交往、观点采择、问题解决的机会，儿童有可能逐渐学会考虑别人的观点和感受，学会如何与别人和谐地相处，学会如何解决人际冲突，促进品德的发展。另一方面，兄弟姐妹之间也会相互竞争和嫉妒，特别是年长的儿童在这方面表现得比较明显，在弟弟或妹妹出生之后，他们可能会失去父母的部分关爱，因而对弟弟妹妹不满，容易发生冲突。而且，儿童之间的竞争也可能促使他们努力争取优越的地位，取得优秀的成绩。但是，如果父母对孩子一视同仁，儿童就可以避免较多的冲突。通常，进入童年中期以后，儿童的这种同胞关系往往显得更亲密。有研究发现，有兄弟姐妹的儿童较少受到同伴的忽略或排斥。显然，独生子女既不能享受同胞带来的益处，也不会受到同胞的消极影响。

相应地，独生子女所享有的家庭资源、所接受的家庭教养方式也经常不同于非独生子女。通常，独生子女可以独享家庭的各种资源，包括父母的关爱、物质资源（包括饮食营养、住房等）和智力资源（如书籍、玩具、视听材料等智力资源），父母可能对孩子的期望更高，更重视孩子的教育，并为此投入更多的时间和精力。这显然有助于儿童认知或智力的发展，这也是独生子女经常在智力、学习成绩等方面优于非独生子女的重要原因。

另一方面，一些父母可能过分地宠爱孩子，特别是那些由“计划生育”政策所促成的独生子女，还可能会成为几代人关注的焦点，成为家里的“小皇帝”，他们集父母、祖父母的重重关爱于一身，过着衣来伸手、饭来张口的生活。在这种家庭环境下，儿童很容易形成自私或自我中心、任性、缺乏同情心等性格特点。但是，随着人们教育观念的转变，这类家庭明显减少。前面提到，从总体上看，独生子女与非独生子女在心理上不存在显著的差异，但在某些地区、某些具体的方面（如学习成绩、社会性品质），也可能存在某些差异。这种差异主要不是儿童自身的差异导致的，而是由家庭环境和父母教养方式的差异造成的。

在独生子女教育中，理应发挥家庭既有的优势，同时，也应避免这类家庭的消极影响。一方面，在只有一个孩子的情况下，父母理应对子女抱有较高的期望，对孩子的抚养和教育投入更多的时间和精力；同时，父母也应提高自身的文化程度，提高教育子女的能力。有研究证明，在父母文化程度较高、对子女期望较高的家庭，儿童在认知能力、学习动机、学习成绩以及个性、社会性等方面通常表现良好。学校和有关的教育机构可以通过各种有效的方式（如开设家长学校、加强家庭与学校的联系），为独生子女的父母提供足够的教育知识，促成他们良好的亲子关系，增强他们教育子女的能力。

另一方面，父母、教师还应促进独生子女与同伴的交往，扩大同伴交往的范围，

缺陷累积假说：克林博格（O. Klineberg）提出的概念，认为贫困的环境可以妨碍智力的增长，对智力的发展产生“抑制效应”，这种效应会随时间而累积，儿童在贫困的环境中生活越久，智力水平越低。

帮助他们建立良好的同伴关系。在此过程中，学校和有关的教育机构发挥着十分重要的影响，集体生活可以在很大程度上克服“独生”给儿童带来的不利影响。这很可能是独生子女与非独生子女在总体上没有显著差异的重要原因。在学校的集体生活中，独生子女可以与同龄的伙伴一起学习、游戏，从事各种社会活动，同伴之间的平等交往可以促进儿童个性、社会性品质的健康发展。而且，教师也应当结合独生子女的特点，开展相应的教育和教学。

另外，与非独生子女一样，独生子女家庭也应避免消极的教养方式，而形成积极的教养方式（见本章有关的内容），特别是要避免很多人围着一个孩子转、过分宠爱或纵容孩子的行为。在这种情况下,独生子女不仅可以避免一系列不良的性格特点，还会获得非独生子女的某些“益处”，集独生子女与非独生子女的“优势”于一身。

讨论

由于缺少兄弟姐妹，许多独生子女很容易成为一个家庭的“中心”，周围的人都顺着他们，相应地，这些孩子也很容易形成任性、自我中心等性格特点，要求父母凡事由着他们，一旦不能达到目的，就会哭闹不止，甚至离家出走或自杀；在与同伴相处时，他们也很少考虑别人的感受。怎样才能避免独生子女的这些缺点？请从互联网、图书馆等渠道查找有关的研究，搜集有关的事实，与别人进行讨论。

小结

影响儿童心理发展的因素是多种多样的，既包括儿童自身的因素（特别是遗传素质），又包括家庭、学校和社会文化等环境因素。多种因素的相互作用促成了儿童特定的心理和行为。

学校对于儿童心理发展的影响主要表现在生理发展、知识和能力的发展、态度的形成等方面，学校可以通过特定教育和教学，包括学校的纪律、师生关系、同伴关系等，促进儿童身体的成长，促进儿童知识、技能的增长，促进儿童个性、社会性的发展。

家庭对儿童心理发展的影响主要表现于，家庭提供的资源影响着儿童生理和心理的发展；父母对教育的态度和观念影响着儿童受教育的机会；父母的教养方式直接或间接地影响着儿童的认知能力，影响着各种个性、社会性品质的发展。

社会文化的影响经常是潜移默化的、深刻的。它不仅可以直接影响儿童的发展，而且可以通过父母、教师等间接地影响儿童。首先，社会文化价值观通常反映在父母和教师的教育观念、教育行为、教育期望上，而这又进一步影响到儿童的学习和心理发展。社会文化对儿童个性、社会性的影响更为深刻。其次，电视、电脑、互联网、报刊杂志等文化媒体也会直接或间接地影响儿童的认知和个性、社会性的发展。

促进儿童的心理健康发展，要从影响心理发展的因素入手，改善儿童的各种生活环境。首先应对儿童开展身心健康教育，让儿童形成良好的生活习惯；提高儿童的安全意识和自我保护技能；对儿童进行心理健康教育。必须改善学校环境，完善教育目标，培养儿童的各种技能；进行生活教育，提高儿童的问题解决能力，培养儿童的各种生活技能，让儿童学会以适当而有效的方式进行生活；改善教师的观念和行为，促成儿童的勤奋感，在教育教学过程中，教师应当让儿童经常体验到成功；同时，应改善教师的领导方式。从家庭环境来看，必须改善家庭环境，首先，父母应形成适当的养育方式，为儿童提供足够的安全感和温暖感；其次，父母应力所能及地为儿童提供丰富的智力资源和学习、探索机会，营造支持性的家庭环境；此外，父母还应拥有养育孩子的基本知识和技能。从社会文化环境来看，首先应改善直接或间接地影响儿童心理的价值观环境，其中最重要的是改变社会不良的教育观念；其次，应促进教育管理和评价制度的改革；此外，还应优化学校之外的社会教育环境，特别是对各种媒体和儿童活动场所进行有效的管理。从国家政策层面来看，应为处境不利的儿童提供经济支持和教育支持，提供充分的受教育机会。

独生子女教育具有自身的特殊性。在独生子女教育中，应发挥他们自身的优势，如资源占有和受教育机会方面的优势，同时应避免这类家庭的消极影响。父母应提高自身教育子女的能力，对子女抱有积极的期望。父母和教师还应促进独生子女与同伴的交往，扩大同伴交往的范围，帮助他们建立良好的同伴关系。另外，独生子女家庭也应避免消极的教养方式，而形成积极的教养态度和行为。

参考文献

[1] J. M. Sattler, R. D. Hoge 著，陈会昌等译校．儿童评价．北京：中国轻工业出版社，2008.

[2] 贝克著，朱永新等译．儿童发展．南京：江苏教育出版社，2002.

[3] 费尔德曼著，苏彦捷等译．发展心理学——人的毕生发展（第 4 版）．北京：世界图书出版公司，2007.

[4] 哈克著，白学军等译．改变心理学的 40 项研究：探索心理学研究的历史．北京：中国轻工业出版社，2004.

[5] 利伯特等著，刘范等译．发展心理学．北京：人民教育出版社，1983.

[6] 斯滕伯格主编，施建农等译．创造力手册．北京：北京理工大学出版社，2005.

[7] A. E. Jongsma 等著，田璐等译．儿童心理治疗指导计划（第 3 版）．北京：中国轻工业出版社，2005.

[8] D. R. Shaffer 著，邹泓等译．发展心理学——儿童与青少年．北京：中国轻工业出版社，2005.

[9] Daniel Fung, Li Zhong Ying 著，王虹译．学习困难——儿童心理健康手册 4. 北京：水利水电出版社，2004.

[10] H. Gardner 著，沈致隆译．多元智能．北京：新华出版社，1999.

[11] M. V. Covington, K. M. Teel 著，伍新春译．学习障碍的消除策略：促进学生成

功、高效地学习 . 北京 : 中国轻工业出版社 , 2002.

[12] W. L.Hewark 著，肖非等译 . 特殊需要儿童教育导论 (第 8 版). 北京 : 中国轻工业出版社，2007.

[13] 陈帼眉 . 学前心理学 . 北京 : 人民教育出版社 , 2003.

[14] 陈会昌 , 谷传华 . 小学儿童的交友状况及其与孤独感的关系 . 中国心理卫生杂志 , 2004, 18(3): 160-163.

[15] 陈会昌 , 谷传华 . 小学儿童的交友状况及其与孤独感的关系 . 中国心理卫生杂志 , 2004, 3.

[16] 陈会昌 , 谷传华 . 尤尼斯道德实践活动理论及其研究述评 . 心理科学 , 2004, 27(1): 156-158.

[17] 陈龙安 . 创造性思维与教学 . 北京 : 中国轻工业出版社 , 1999.

[18] 陈向明 . 质的研究方法与社会科学研究 . 北京 : 教育科学出版社 , 2000.

[19] 陈学诗 , 郑毅 , 崔永华 . 早期干预对独生子女气质培养作用的初步评估 . 中国心理卫生杂志 , 2006, 20(10): 695, 703.

[20] 陈英和 . 认知发展心理学 . 杭州 : 浙江人民出版社 , 1996.

[21] 程学超 , 谷传华 . 母亲行为与小学儿童自尊的关系 . 心理发展与教育 , 2001, 17(4): 23-27.

[22] 邓赐平 , 席居哲， 中国发展心理学概况 . 儿童研究网 (Child Research Net), 2004.

[23] 董奇 . 儿童创造力发展心理 . 杭州 : 浙江教育出版社 , 1993.

[24] 范存仁 , 万传文 , 林国彬等 . 西安市小学生中独生与非独生子女个性品质的比较研究 . 1994, 17(2): 70-75.

[25] 方富熹 , 方格 . 儿童发展心理学 . 北京 : 人民教育出版社 , 2005.

[26] 谷传华 , 陈会昌等 . 中国近现代社会创造性人物早期的家庭环境与父母教养方式 . 心理发展与教育 , 2003(4): 17-22

[27] 谷传华 , 黄春艳 , 周宗奎 . 小学儿童社会创造性与社会技能的关系及其教育启示 . 教育研究与实验 , 2008, 3: 56-59.

[28] 谷传华 , 李阳 , 周宗奎 . 小学儿童孤独感与社会创造性倾向的关系 . 中国健康心理学 , 2007, 16(4): 480-483.

[29] 谷传华 , 王美萍 . 儿童依恋理论述评 . 山东师大学报 , 2000, 45(1).

[30] 谷传华 , 张海霞 , 周宗奎 . 小学儿童的社会创造性倾向与教师领导方式的关系 . 中国临床心理学杂志 , 2009, 17(3): 284-286.

[31] 谷传华，张文新．小学儿童欺负与人格倾向的关系．心理学报，2003, 35（1）：101-105.

[32] 谷传华，张文新等．儿童欺负问题研究的现状和前瞻．心理发展与教育，2003, 19(1): 85-88.

[33] 谷传华，周宗奎，王菲．小学儿童的社会创造性倾向与人格倾向的关系．中国特殊教育，2008, 3: 91-96.

[34] 谷传华，周宗奎，种明慧．小学儿童社会创造性与其同伴关系、学业成绩的关系．心理发展与教育，2009, 25(3): 20-25.

[35] 谷传华，周宗奎．小学儿童社会创造性倾向与父母养育方式的关系．心理发展与教育，2008, 24 (2): 34-38.

[36] 谷传华．安全校园促进学生健康成长．河南教育，2007, 4.

[37] 谷传华．创造系统观及其对创造教育的启示．教育研究与实验，2005(3): 51-55.

[38] 谷传华．环境健康及其与心理健康的关系．湖北省心理学会 2008 年年会，湖北黄石，2008, 11.

[39] 谷传华．环境免疫力：心理健康教育的出发点．全国人本心理咨询与治疗大会，武汉，2009,3.

[40] 谷传华．让学生学会创造性地生活．人民教育，2010, 1: 9-11.

[41] 谷传华．小学儿童社会创造性倾向培养的实验研究．教育研究与实验，2007, 5: 65-69.

[42] 谷传华等．学龄初期儿童社会创造性的发展特点与促进研究．第十二届全国心理学学术大会，济南，2009, 11.

[43] 焦书兰，纪桂萍，荆其诚．独生子女与非独生子女认知发展的比较研究（广州市）．心理学报，1992, 1: 12-19.

[44] 荆其诚，万传文，林国彬等．二十年来中国独生子女的心理学研究．华人心理学报，2002, 2.

[45] 李汉松．西方心理学史．北京：北京师范大学出版社，1988.

[46] 李淑湘，陈会昌．6 － 15 岁儿童对友谊特性的认知及其发展．心理学报，1997, 1.

[47] 林崇德，白学军，李庆安．关于智力研究的新进展．北京师范大学学报（社会科学版），2004, 1: 25-32.

[48] 林崇德．发展心理学．杭州：浙江教育出版社，2002.

[49] 林崇德．学习与发展：中小学生心理能力发展与培养（修订版）．北京：北京师范大学出版社，1999.

[50] 林崇德 . 智力研究新进展与我的智力观 . 宁波大学学报 (教育科学版), 2007, 29(6): 1-5.

[51] 林崇德主编 . 发展心理学 . 北京 : 人民教育出版社 , 1999.

[52] 刘金花 . 儿童发展心理学 . 上海 : 华东师范大学出版社 , 1997.

[53] 缪小春 . 近二十年来的中国发展心理学 . 心理科学 , 2001, 24(1).

[54] 缪小春 . 心理学中的一个新兴的研究领域——毕生发展心理学 . 心理科学通讯 (现为心理科学进展) , 1990, 4.

[55] 纽曼著 , 白学军等译 . 发展心理学 (上下册). 西安 : 陕西师范大学出版社 , 2005.

[56] 申继亮 , 辛自强 . 迈进中的发展心理学事业 . 北京师范大学学报(人文社科版), 2002, 5.

[57] 申继亮等 . 创造力的跨文化研究及其对我国教育改革的启示 . 见中国心理学会编 . 心理学学科发展报告 . 北京 : 中国科学技术出版社 , 2007, 79-86.

[58] 王焕琛 , 柯华威 . 青少年心理学 . 台北 : 台湾心理出版社 , 1999.

[59] 王丽 , 岑国桢 . 西方儿童发展心理学视野下的相关职业及其要求 . 上海教育 , 2001, 20.

[60] 王美芳 , 陈会昌 . 小学高年级儿童的学业成绩、亲社会行为与同伴接纳、拒斥的关系 . 心理发展与教育 , 2000, 3, 7-11.

[61] 王美芳 . 儿童社会技能的发展与培养 . 北京 : 华文出版社 , 2003.

[62] 维果茨 (斯) 基著, 李维译 . 思维与语言 . 浙江 : 浙江教育出版社 , 1997.

[63] 新加坡 TBI 出版公司编 , 北京东方启达翻译中心译 . 儿童多动症——儿童心理健康手册 . 北京 : 水利水电出版社 , 2004.

[64] 姚树桥 , 谢家树 . 学龄期儿童适应技能评定量表的信度和效度研究 . 中国临床心理学杂志 , 2006, 11(1): 28-30.

[65] 俞国良 . 创造力心理学 . 杭州 : 浙江教育出版社 , 1999.

[66] 张庆林 , R. J. Sternberg. 创造性研究手册 . 成都 : 四川教育出版社 , 2002.

[67] 张文新 , 谷传华 . 创造力发展心理学 . 合肥：安徽教育出版社， 2005.

[68] 张文新 , 谷传华 . 中小学生创造力发展 . 北京 : 华艺出版社 , 1999.

[69] 张文新 , 谷传华等 . 儿童欺负问题与人格关系的研究述评 . 心理学动态 （现为心理科学进展）, 2001, 9(3): 215-220.

[70] 张文新 , 谷传华等 . 中小学生欺负问题中的性别差异的研究 . 心理科学 , 2000, 23(4): 435-439.

[71] 张文新等 . 中小学生的欺负问题与干预 . 济南 : 山东人民出版社 , 2006.

[72] 郑淑杰 , 陈会昌 , 陈欣银 . 儿童社会退缩行为影响因素的追踪研究 . 心理科学 , 2005, 28(4): 833-836.

[73] 中国心理学会编 . 心理学学科发展报告 . 北京 : 中国科学技术出版社 , 2007.

[74] 周宗奎 , 林崇德 . 小学儿童社交问题解决策略的发展研究 . 心理学报 ,1998,30(3): 274-280.

[75] 周宗奎 . 儿童的社会技能 . 武汉 : 华中师范大学出版社 , 2002.

[76] 周宗奎 . 现代儿童发展心理学 . 合肥 : 安徽人民出版社 , 1999.

[77] 朱滢 . 实验心理学 . 北京 : 北京大学出版社 , 2000.

[78] 朱智贤 , 林崇德 . 儿童心理学史 . 北京 : 北京师范大学出版社 , 2002.

[79] 朱智贤 , 林崇德 . 思维发展心理学 . 北京 : 北京师范大学出版社 , 1986.

[80] 朱智贤 . 儿童心理学 . 北京 : 人民教育出版社 , 1993.

[81] 朱智贤 . 儿童心理学 . 北京 : 人民教育出版社 , 2003.

[82] 邹泓 . 儿童的孤独感与同伴关系 . 心理发展与教育 , 1993, 9(2): 16-18.

[83] Anisfeld, M. Only tongue protrusion modeling is matched by neonates. Developmental Review, 1996, 16: 149-161.

[84] Asher, S R, Dodge, K A. Identifying children who are rejected by their peers. Developmental Psychology, 1986, 22: 444-449.

[85] Baer, J. The case for domain specificity in creativity. Creativity Research Journal, 1998, 11: 173-177.

[86] Baumrind, D. Current patterns of parental authority. Developmental Psychology Monographs, 1971, 4(1): 2.

[87] Bjorklund, D F. The role of immaturity in human development. Psychological Bulletin, 1997, 122: 153-169.

[88] Bloom, L. The transition from infancy to language: Acquring the power of expression. New York: Cambridge University Press, 1993.

[89] Bronfenbrenner, U. Ecological Systems Theory. Ross Vasta (Eds), Annals of Child Development, 1989, 6: 187-250.

[90] Bronfenbrenner, U. The Ecology of Human Development. US: Cambridge, Harvard University Press, 1979.

[91] Burns, R B. Introduction to research methods (4th edition). London: Sage Publications International Edition, 2000.

[92] Cairns, R B, Leung, M C, Buchanan, L, Cairns, B D. Friendships and social networks in childhood and adolescence: fluidity, reliability, and interrelations. Child Development, 1995, 66: 1330-1345.

[93] Carroll, J B. Human cognitive abilities: A survey of factor-analytic studies. New York: Cambridge University Press, 1993.

[94] Chang, E C, D’ Zurilla T J, Sanna L J. Social problem solving: Theory, research, and training. Washington: American Psychological Association, 2004.

[95] Chongde, L, Qing’ an, L. Multiple intelligence and the structure of thinking. Theory And Psychology, 2003, 13, 6.

[96] Coie, J D, Dodge, K A, Coppotelli, H. Dimensions and types of social status: A cross-age perspective. Developmental Psychology, 1982, 18: 557-570.

[97] Dodge, K A, Crick, N R. Social information-processing bases of aggressive behavior in children. Personality and Social Psychology Bulletin, 1990, 16: 8-22.

[98] Falbo, T, Polit, D. A quantitative review of the only-child literature: Research evidence and theory development. Psychological Bulletin, 1986, 100: 176-189.

[99] Falbo, T, Poston, DL, Jr. The academic, personality, and physical outcomes of only children in China. Child Development, 1993, 64: 18-35.

[100] Feldman, D H. The development of creativity. In R. J. Sternberg (Ed.), Handbook of Creativity. New York: Cambridge University Press, 1999: 169-186.

[101] Gu, C, Liyan, Liu, H. The Development of Social Creative Potential of Primary School Children. The 19th International Congress of the International Association for Cross-Cultural Psychology (IACCP), Jacobs University, Bremen,Germany, 2008.

[102] Gu, C, Zhang, W, Timonen, T E, Zhang, Y. Survey on the relations of the bullying problem among primary school children to their personality. International Council of Psychologists, 62nd Annual Convention, Jinan, China, 2004.

[103] Gu, C. The development of early attachment: An observation study on an infant throughout the first year. XXIX（29th）International Congress of Psychology, Berlin, Germany, 2008.

[104] Harlow, H. The Nature of Love. American Psychologist, 1958, 13: 673-685.

[105] Harris, J R. Socialization, Personality Development, and the Child’ s Environments: Comment on Vandell. Developmental Psychology, 2000, 36, 711-723.

[106] Harris, J R. Where Is the Child's Environment? A Group Socialization Theory of Development. Psychological Review, 1995, 102, 3: 458-489.

[107] Hornuth, S E. The ecology of the self: Relocation and self-concept change. European monographs in social psychology. New York: Cambridge University Press, 1990.

[108] Hudley, C. You did that on purpose: understanding and changing children's aggression. New Haven: Yale University Press, 2008.

[109] Maccoby, E E. Social development: Psychological growth and the parent-child relationship. New York: Harcourt Brace Jovanovich, 1980.

[110] Mouchiroud, C, Lubart, T. Social creativity: a cross-secitonal study of 6-to 11-year-old children. International Journal of Behavioral Development, 2002, 26(1): 60-69.

[111] Papalia, D E, Olds, S W, Feldman, R D. Human Development(ninth edition). McGraw-Hill Education Co. and Posts & Telecom Press, 2004(影印版).

[112] Piaget, J. The Language and Thought of the Child. UK: Routledge, 2001.

[113] Runco, M A. The creativity research handbook (volume 1). New Jersey: Hampton Press, 1997.

[114] Shaffer, D R. Developmental Psychology: Childhood and Adolescence (sixth edition). Thomson Learning and China Light Industry Press, 2004(影印版).

[115] Sroufe, L A & Rutter, M. The domain of developmental psychology. Child Development, 1984, 55: 17-29.

[116] Sternberg, R J. Beyond IQ. New York: Cambridge University Press, 1986.

[117] Sternberg, R J. Creativity or creativities? International Journal of Human-Computer Studies, 2005, 63: 370-382.

[118] Sternberg, R J. Handbook of Creativity. New York: Cambridge University Press, 1999.

[119] Welsh, M, Parke, R D, Widaman, K, O' Neil, R. Linkages Between Children' s Social and Academic Competence: A Longitudinal Analysis. Journal of School Psychology, 2001, 39(6): 463-481.

致老师们的一封信

尊敬的老师：

您好！

感谢您选择“万千心理”的教材！

为了给您的教学工作提供更周到贴心的服务，我们特别为选用“万千心理”系列教材的教师打造了一系列教学配套服务，其中包括：

1．**免费样书**：如果您选用了“万千心理”的原创教材或国外引进版教材进行授课，我们将免费提供教师样书；

2．**免费教辅**：如果您选用了“万千心理”的原创教材进行授课，将可以免费获得教师手册、教学演示及习题库等相关原创教辅资源；

3．**好书推荐**：我们将定期以电子邮件和宣传手册的形式为您推荐优秀教材、教辅，以及您感兴趣领域的最新书目和“万千心理”畅销书单；

4．**会员折扣**：您可享受全年最优购书折扣以及不定期的会员特惠活动；

5．**出版机会**：您将有可能成为我们优先选择的签约作者或译者。

您只需完整填写本页背后的教学配套服务申请表并传真或寄回给我们，即可享受上述服务。我们真诚期待您的加入！

北京万千电子图文信息有限公司（简称“万千公司”）是中国轻工业出版社与美国万国图文公司共同投资兴办的合资企业。“万千心理”是万千公司推出的心理学类图书品牌。十多年来，万千公司与美国心理学会（APA）、美国咨询协会（ACA）等心理机构进行了多项卓有成效的合作，并与世界排名前十位的出版集团，如培生教育有限公司（Pearson Education）、圣智学习出版集团（Cengage Learning）、麦格劳希尔公司（McGraw Hill）、约翰威利父子有限公司（John Wiley & Sons Inc.）等著名出版机构建立了良好的版权贸易与合作关系。时至今日，万千公司成功地策划并引进了数百种心理类图书，包括“心理学专业教材与教辅系列”、“心理学公共课教材系列”、“跨专业心理学教材系列”、“心理咨询与治疗系列”以及“心理自助系列”等心理学读物，共10余个系列、360余种图书。“万千心理”得到了心理学科领域专业人士的一致认同，受到了广大读者的喜爱。

此致

敬礼！

“万千心理”敬上

“万千心理” 教学配套服务申请表

个人信息			
教师姓名		职称	
研究领域			
所在学校		所在院系	
联系方式			
通讯地址			
联系电话		电子邮件	

所授课程信息						
	课程名称	授课级别（本科生 / 研究生）	学生人数	所使用教材名称	教材作者	出版社
课程A						
课程B						
课程C						

您的宝贵意见	
您对所使用教材的评价：	
您是否对心理学教材翻译有兴趣？ 是□ 否□	您是否对心理学教材编写有兴趣？ 是□ 否□
您认为心理学领域值得推荐的国外教材有哪些？ 您的推荐理由：	
教师签名： 日期：	

请将此表传真或邮寄给我们，“万千心理”诚邀您的加入！

中国轻工业出版社—北京万千电子图文信息有限公司
联系人：陈老师　　电子信箱：wqpsycho@126.com，wanqianpsy@163.com
地　址：北京市东城区朝内大街188号D座902　　邮编：100010
电　话：4006981619　010-65181109　　传真：010-65262933

官方网站：http://www.wqedu.com/　　官方微博：万千心理官方微博 http://weibo.com/wqpsy